Hegels Begriff der Handlung
ヘーゲルの行為概念
現代行為論との対話

ミヒャエル・クヴァンテ
Michael Quante

【訳】

高田　純　Makoto Takada
後藤弘志　Hiroshi Goto
渋谷繁明　Shigeaki Shibuya
竹島尚仁　Naohito Takeshima

リベルタス出版

凡　例

1 　本書は Michael Quante: Hegels Begriff der Handlung, frommann-holzboog, 1993 の訳である。
2 　本訳中で引用された著作名とその略記については、ヘーゲルのものを含めて、巻末の「文献表」を参照されたい。
3 　訳文中の〔　〕内は訳者による補足であり、［　］内は原語である。
4 　原文の強調箇所には傍点を付す。

目　次

　　凡　例　3
　　序　言　6
　　日本語版によせて　7
　　序　論　11

第１部　主観的意志 …………………………………………17

第１章　概念上の諸前提——人格と主体 ………………………23
　第１節　法から道徳への移行　23
　第２節　人格から主体へ　34
　　　１　人　格　35
　　　２　主　体　45
　第３節　意志の主観性　48
　第４節　主観的意志の形式面　57

第２章　意図性——主観的自由の形式 …………………………70
　第１節　行為知の形式　73
　　　１　自己帰着　76
　　　２　意図性と対自的自由　79
　　　３　意図性の主観的性格　84
　第２節　意図の思弁的意味　84
　第３節　客観性と相互主観性　89
　　　１　主観的意志の主体性の客観化　89
　　　２　他人の意志の反省論理的意味　96
　　　３　実行された目的の客観性　106

第３章　要　約 …………………………………………………109

第2部　行　為 …………………………………………………… 115

第4章　行為の形式 ………………………………………………… 121
第1節　出来事としての行為――因果関係　121
  1　行ないは変化をもたらす　124
  2　「責を負う」ことの両義性　131
  3　結果の分裂　137
第2節　記述のもとでの行為――企図と意図　140
  1　企図と意図　142
  2　意図性と帰責可能性――認知的なものの優位　146
  3　企図されたものと意図　156

第5章　行為の内容 ………………………………………………… 177
第1節　行為の内容　178
  1　行為内容の諸契機　178
  2　行為の合理性　181
  3　他者の福祉　185
第2節　合理的行為と道徳的態度　187
  1　行為概念の道徳哲学的中立性　187
  2　三つの論証　188
  3　行為と自律　192

第3部　結　語 …………………………………………………… 195

文献表　209
訳者あとがき　217
人名索引　223
事項索引　224

序　言

　本書は 1992 年夏学期にウェストファーレン・ヴィルヘルム大学（ミュンスター大学）哲学部において博士論文として受理された。私の指導教官、ルードヴィヒ・ジープ教授が深くつねに好意的な配慮をしていただいたことについてとくにお礼を申し上げる。私の研究の過程で、哲学的諸問題の扱いについて、またヘーゲル哲学との付き合いについて同教授から多くのことを学び、その成果が本書において表現されている。また、ペーター・ロース教授が多くの示唆を与え、つねに対話に応じてくださったことについても感謝を申しあげたい。

　ミュンスターの哲学研究室における協力的な雰囲気は多くの刺激的な議論をもたらし、私は本書の執筆のさいにそこからは多くの恩恵を受けた。本書の準備にあたっては、ガブリエル・アメングアル、アヒム・エングストラー、バルバラ・メルカー、ゲオルク・モーア、ガブリエル・ザンテル、およびマルクス・ヴィラシェクの諸氏が改善の提案をしてくださったことにお礼を申しあげる。

　ミヒャエル・アヴェルシュテッゲ氏に対しては、忍耐強い援助をいただき、最終原稿の作製における技術上の諸問題を解決していただいたことについて感謝を表する。

　　　　　　　　　　　　　1992 年 9 月ミュンスターにて　ミヒャエル・クヴァンテ

日本語版によせて

　私が20年まえに本書を構想したときには、ドイツ、イギリスおよびアメリカの分析哲学者のあいだではほとんどヘーゲルに関心が向けられていなかった。さらに確認しておきたいことであるが、ドイツの正統的なヘーゲル研究も、分析哲学の研究成果と取り組むという傾向をほとんどもっていなかった。ヘーゲル哲学と分析哲学とのあいだの対話に道を開くことが両方の側にとって実りあることであると私は確信しているが、さきの理由でこの確信はいずれの側でもほとんど支持されなかった。

　一方で、分析哲学の側では、ドイツの読者にとってさえ読解が困難なヘーゲルのテキストは理解不可能とみなされ、ヘーゲルの哲学的仮定は怪しげなものとみなされている。しかし、1990年代なかごろにはこのような状況は根本的に変化し、ブランダム〔Robert Brandom〕、マクドウェル〔John MacDowell〕という現代の分析哲学の重要な主張者が体系的な点でヘーゲルとのつながりを生産的な仕方でもとうと企てた。ヘーゲルに対してこのように明瞭な注目が行なわれることによって、分析哲学の陣営にヘーゲルへの関心が呼び起こされ、また、ヘーゲル哲学は無意味であるという無条件な疑いが晴らされて、両方の哲学の伝統のあいだの建設的な対話に道を開くことが可能となった。[1]しかし、少なくとも私が確信するところによれば、このような対話が意味と成果を得るのは、ヘーゲルの中心的テキストと諸概念が詳細にまたは体系的に正確に解釈されるばあいである。「広くヘーゲル的な意味で」というスタイルでヘーゲルに向かうことはおそらくレトリックとしては有効であろうが、事柄の面、すなわち相互理解の点ではそれ以上は進まない。

　他方で、正統的なヘーゲル研究は、ヘーゲルとの有意義な対話にとって分析哲学は全く不適当であるという先入観にとらわれていたし、または現在もとらわれている。このような評価はヘーゲル研究の側では分析哲学に対する理解不足、さらには無知によるものであり、しばしばつぎのような誤解に基づいている。すなわち、哲学的思考の方法としての分析哲学と、特定の哲学的な教説（たとえば科学主義あるいは自然主義）のセットとしての分析哲学とは区別されないというものである。分析哲学ということで、内容的な立場のみを理解するならば、このよ

---

(1) この点に展望については、文献2の著作を参照。文献1のなかには、ヘーゲルと分析哲学とのあいだのこのような議論をさらに進めるような論文が含まれている。

うに理解された分析哲学とヘーゲルとのあいだでいかに実りある対話が行われうるかを見てとることは困難になる。分析哲学に対するこのような見方は、正当に批判されうるこの哲学の問題点を指摘しているとしても、短絡的であり、またはそうであり続ける。

　本書で行なうように、重点を分析哲学の方法的側面におくならば、この哲学の方法上の自己理解と理想へと方向づけられる。

　このようにして、ヘーゲルのテキストと分析哲学の仕事とを相互に関係づける試みは両方の側で啓発的である。ヘーゲルの用語と分析哲学の理論枠との間には大きな隔たりがあるため、両方の哲学的なイディオムを十分に注意深く相互に「解釈的に」翻訳する必要がある。[2] さらにチャンスと確信を得るためには、この解釈作業は詳細に行われなければならない。相互に関係づけられる二つの理論が疎遠であるため、分析は一歩一歩小刻みに進められなければならない。[3]

　私が本書においてヘーゲルの仕事に接近する仕方はこの10年間における発展に基づくならば、おそらく同意されるチャンスを得るであろう。私が扱ったテーマは今後も独自の扱いを受けるに値する。本書の執筆時には行為についてのヘーゲルの概念を詳細に論ずる論文はほとんどなかったということを私は確認していた。[4] ヘーゲル研究一般、特殊的にはヘーゲルの実践哲学の研究には無数の仕事があることを考慮すれば、このことは驚くべき事実である。ヘーゲルの行為論と分析哲学の行為論との結合がこれまでも研究されなかったというだけではない。このことは少なくとも10年まえにはまだほとんど注目されていなかったのである。ヘーゲルが法哲学において明確に導入した行為概念そのものもヘーゲル研究においては広く注目されてはいなかった。このことはヘーゲルの『法哲学』の意味に関してきわめて驚くべき事実であった。ヘーゲルの行為概念はまさに、『法哲学』の道徳の部の体系的構成を明らかにするために適切であろうと私は想定するが、このことによって私は解釈上の無人島へ突き進むこととなった。

---

(2) 一つの翻訳は一つの対称的関係を表現することが考慮されなければならない。したがって、本書においては、ヘーゲルの洞察を分析哲学の行為論へ一方的に適合させることが問題なのではない。求められているのはむしろ、両方の構想の実行力を相互に明るみに出し、両方の構想において試みられた諸現象、すなわち人間の行為をよりよく理解することである。

(3) ヘーゲルの行為概念についての私の分析がこのような要求を十分満たしているかどうかは、もちろん読者自身の判定に委ねなければならない。

(4) この点の展望については、文献3における研究を参照。最近出た文献3もこのテーマに関する中心的テキストの抜粋集である。

解釈の仮説としての私の議論の根底にある命題が説得力をもちうるかどうかは、本書の記述をつうじて明らかにされなければならない。しかし、この 10 年間にヘーゲルの行為概念に取り組む研究はわずかしか登場していないということはやはり確認できる。それらの大部分は、私が本書で行なったのとは異なって、普遍的行為論に限定されるのではなく、実践哲学全体の文脈にとどまっており、この点ではヘーゲル自身の扱いと自己理解に従っているにすぎない。さらにこれらの研究はヘーゲルのテキストの内在的な再構成に限定されるか、あるいは体系的解釈にとっての別の基準点を選ぶかである。したがって、本書で示した解釈の提案はこの点でも最近の研究成果によって、時代遅れで余分なものとはみなされえない。

　私はこのような理由で日本語版に新しい注釈を加えることはしなかった。このような注釈は一方では私の議論の進行にとっては外的であり、他方では本書においてふさわしい場を十分に与えられないからである。新しい読解のために自分の解釈提案を変更する理由を私は見出さなかったので、ここではドイツ語版テキストを変更せずそのままの形で日本語版のテキストとしたい。[5]

　本書の日本語訳を出版するという私の願いを高田教授が力強く支持して下さったことにお礼を申し上げる。とくに高田教授と共訳者が、ヘーゲルについてのドイツ語テキストを内容的にふさわしく、語学上適切に日本語に翻訳するために多大な努力をされたことに対して感謝に意を表したい。

2010 年秋
ミヒャエル・クヴァンテ

文献

1. Halbig, C., Quante, M. & Siep, L. (Hrsg.) (2004): *Hegels Erbe*. Suhrkamp Verlag: Frankfurt am Main.
2. Halbig, C., Quante, M. & Siep, L. (2009): „Auswege oder Fluchtwege? Hegels Philosophie als Herausforderung für die Gegenwart" In: *Praxis*

（5）ここで、文献 5 を参照するようお願いしたい。私はそこでは、本書の解釈戦略をさらに跡付け、精神についてのヘーゲルの構想の中心的な基本諸概念を分析している。文献 4 も参照。

11, S.93-102 (Deutsch) und S.103-112 (Japanisch)「突破口か逃げ道か？現代に対するヘーゲル哲学の挑戦」（広島大学応用倫理学プロジェクト研究センター『ぷらくしす』第11号、2009年）
3. Laitinen, A. & Sandis, C. (Eds.) (2010): *Hegel on Action.* New York: Palgrave Macmillan.
4. Quante, M. (2010): „Hegel" In: O'Connor, T. & Sandis, C. (Eds.): *A Companion to the Philosophy of Action.* Oxford: Wiley-Blackwell, S.537-545
5. Quante, M. (2010): *Die Winklichkeit des Geistes. Studien zu Hegel.* Frankfurt am Main: Suhrkamp Verlag

序　論

　ヘーゲルを扱う数多くの文献があり、それらは彼の哲学の中心的な概念、命題、洞察を詳細に叙述し、説明していると想定してよい。しかし、それだけに、特別な歴史的なあるいは体系内在的な連関にではなく、ヘーゲルの哲学そのものの基本的諸概念に関係するような研究の隙間がなお存在することは驚くべきことである。まさにこのことはとくに行為の概念に当てはまるように思われる。しかし、行為は、ヘーゲルの体系における重要な箇所、すなわち『法哲学綱要』[1]の「道徳」の部において行為概念が用語として明確に導入されているにもかかわらず、この概念の根底にある彼の行為論的な前提や洞察を行為論的な考察の文脈においてたどる諸論文がほとんど見出されない。このことは少なくとも三つの理由によって驚くべきことである。第一に、『法哲学』のテキストによって示されるように、ヘーゲルは行為概念を単純に日常言語的に用いているのではなく、それを哲学的に展開しようと努力している。第二に、行為論的諸問題は最近の40年間に分析哲学において扱われてきた。そのさいに目指した認識の進歩は、ヘーゲルの思考を明確にすることを助けるものとなっている。[2] さらに第三に、まさにヘーゲルの社会哲学、倫理学、および道徳批判がつねに関心の中心におかれている。それだけにこの研究がおろそかにされてきたことは不思議である。しかし、ヘーゲルの哲学のこの部分が行為概念から独立しているなどということはなおさら真とは思われない。このことについて、少なくともヘーゲルの〔『法哲学』における〕道徳の部についての最初の注解者〔ミシュレ〕はつぎのように述べているが、私はこの点でそれに賛成する。

　「道徳的行為の内容がなにであるかを示し、展開するまえに、行為そのものの本性が、考察されなければならない。」[3]

『法哲学』の「道徳」の部についてのミシュレのこの注釈は不当にもほとんど忘れられているが、彼はヘーゲルの哲学の体系内在的論理と並んで、アリストテレスの行為論的考察を基準として用いていた。これに比べて、今日の解釈者はいっそう多様な手段と哲学的立場を採用することができる。

（1）以下ではヘーゲルのこの著作を引用するさいに、『法哲学』と記す。
（2）本書において「行為論」について語るばあい、このことによって考えているのは分析哲学の特定の立場ではなく、その分科の全体である。
（3）Michelet 1828, S.17f. 引用法については、巻末の文献表を参照。

現代の行為論の二つの研究領域

　行為論的諸問題をめぐってはこの間に見過ごすことができない議論があったが、そこでは二つの中心的な問題領域が区別されている。それを「行為の理由づけ（基礎づけ）」と、「行為の説明」という表示によって特徴づけることができる。行為を理由づけるわれわれの実践が投げかける哲学的諸問題は、「帰責可能性 [Zurechenbarkeit]」あるいは「意図性」の概念を説明することであり、また、行為の記述依存性を分析することである。行為を説明するわれわれの実践によって生じる諸問題は行為の記述の地位（因果的説明かどうか）、根拠の地位（出来事 [Ereignisse](events)かどうか）、あるいはまた行為と身体運動との関連である。まず、行為の理由づけの問題に向かう論者は、記述依存性を中心におくであろう。これに対して、行為の説明の位置を分析しようとする論者は、行為という出来事性格 [Ereignischaraker] を扱うべきである。しかし、両者の考察の方向は、行為の分析と、われわれが行為を記述するさいの概念枠という中心的問題とを目指している。

　ヘーゲルが行為の概念を導入するさいの体系的位置から想定されるように、彼はまず最初に行為の理由づけの問題を扱う。彼の『法哲学』のなかには行為の帰責可能性の理由づけについての考察が見出されるが、それは、評価可能性に関して行為の記述的依存性の困難さを除去しようとする関心によるものである。したがって、本書における研究はおもにこの問題領域を扱わなければならないであろう。

本書のテーゼと主張

　本書は行為論的諸問題への、事柄に即した関心から起草されたが、まず、ヘーゲルの哲学の中心的概念を説明しなければならない。しかし、ヘーゲルの議論はもっぱら内在的な解釈を行なうのではなく、事柄に即したその内容説明の価値を問うのであるから、本書は体系的な問題をも扱う。そのばあいに可能なかぎりヘーゲルの立場に基づくが、それが支持できないと思われるばあいには、私は内在的理由によってそれを擁護しようとはしなかった。

　粗描した主張に従えば、本書にとってつぎのような二つのテーゼが導きとなる。（1）ヘーゲルの体系の解釈に関しては私はつぎのように主張する。『法哲学』の§105–§125 の論理的構成が行為論的諸問題を扱うものであると理解するばあいに、その議論が首尾一貫していることを明らかにすることができる。〔ところが〕『法哲学』の「道徳」の部におけるヘーゲルの構想は不明瞭であり、異質な理論部分が強制的につけ加えられているとしばしば批判される。（2）体系的な点で私が主張するのは、意図的行為についての現代の論者の多くの洞察を先取りし、統合

するような一つの理論を細部にわたって展開することにヘーゲルは成功しているというテーゼである。このようにして、ヘーゲルは、今日ではたとえばカスタニエダが行なっているように、行為についての知の特殊的な論理的形式を「第一人称の命題」として分析し、このことによってそれを、自由に選択された意図の重要な特徴として把握した。さらに、ヘーゲルは、アンスコムとデイヴィドソンが行なっているように、出来事の面と行為記述の面とを区別する。このことによって出来事の因果性の問題と帰責可能性の問題とを適切に区別することが可能となる。さらにまた、ヘーゲルは意図のさまざまな種類を論理的に区別し、規定するに至る。ここでは彼は、アンスコムとゴールドマンが近年行為論において展開しているアプローチを先取りしている。私はここでこのアプローチを行為プラン論と呼びたい（ゴールドマン、ブランドあるいはブラットマン）。確認できることは、ヘーゲルが哲学的な概念枠と方法によって行為論の核心に及ぶさまざまな洞察を得て、これを一つのアプローチへ統合することができようになったということである。そのばあいに今日のアプローチにとっての重要な事実は、現代において——カスタニエダを除いて——しばしばおろそかにされているような諸要素をヘーゲルの行為論が含むということである。この意味でヘーゲルの行為論への取り組みは今日の読者にとっても体系的に実り豊かなものである。

　本書のテーマは行為についてのヘーゲルの概念の問題に限定される。そのため、この問題と接続する若干の問題領域は本書では研究されない。ヘーゲルによる心身問題の解決は行為論にとっての重要な面に限定され、粗描という形式において（結語で）扱われるにすぎない。ヘーゲルの意志論については、それが私の問題設定にとって直接に重要であるかぎりでのみ、私はそれを解釈する。法哲学および倫理学における問題設定も同様に主題化されない。行為論は本書においては理論哲学の一分科として理解される。したがって、ヘーゲルの理論の法哲学的な文脈はほとんどまったく視野の外におかれる[4]。

ヘーゲルの体系の扱いについて

　局部的な面を取り出すという問題設定のもとにヘーゲルを扱おうとを企てるいかなる論者も、このヘーゲルの哲学の体系的性格を受け入れるという問題に不可

（4）たしかにこの問題は、ヘーゲル哲学のなかで詳細に研究された領域に属す。また、テーマをこのように制限することにヘーゲル自身は留保なしに同意はしなかったであろうということにも注意しなければならないであろう。ヘーゲルにとっては行為の概念は実践哲学の枠内で説明されるべきものである。

避的に直面せざるをえない。ヘーゲルはおそらく他の哲学者に増して、その根本理念をその体系全体と構想へしっかりつなぎ止めた。また、理論と表現方法も彼の根本前提から分離することはできない。[5] そこで、本書がこれらの困難にいかに取り組むかをつぎに手短に述べることにしたい。

　ヘーゲルが依拠する弁証法的議論のすべての中心的概念を基礎づける力は彼の論理学から導き出される。このことから見て、ハルトマンのつぎのような命題がやはりつねに妥当する。「それ〔論理学〕なしには、ヘーゲルのすべての研究を解釈することは無意味である。」[6] 本書においてはヘーゲルの論理学は研究の対象とはならないが、『法哲学』において体系内在的意義を可能なかぎり正確に展開して示すために、私は『論理学』に立ち返り、『法哲学』の概念枠をこれへ関係づける。[7] しかし、そのばあいにヘーゲルの思弁的方法は根拠づけられていないので、それをヘーゲルの言明にとっての論拠として援用することはできない。私はその代わりに、現象において得られる事柄に即した論拠によってヘーゲルの諸命題を支持しようと努めた。私はヘーゲルのこれらの議論を叙述するばあいにのみ、ヘーゲルの論理学を、支払いを可能とする「一般的通貨」として用いる。これに対して、私はヘーゲルの行為論を体系的に基礎づけるばあいには、彼の体系には依拠しない。ヘーゲルの弁証法的方法をこのように扱うことはつぎのような利点をもつ。すなわち、このような方法を少しも信頼しない読者もヘーゲルの行為論における、事柄に即した論証をたどることができるという利点である。

論述についての注意

　本書の二つの主要な部分は、相互に独立に読まれうるように構想されている。第1部は〔『法哲学』の〕§104–§114〔ヘーゲルのテキストでは「道徳」の部の序論的部分〕の注釈として役立ちうるが、これらの節でヘーゲルの詳述が行為論的連関へ関係させられている。第2部では、ヘーゲルのテキストの構造は、叙述を導くものとしてはもはや用いられない。ここでは行為論の体系的問題が主導的となっている。それにもかかわらずこの部も§114–§125〔「道徳」の部の「企図と責任」および「意図と福祉」の前半〕の注釈として役立ちうる。

　第1章は、いかなる行為論的言明を含むかという視点から、主観的意志につい

---

(5) この問題については、Fulda 1989を参照。
(6) Hartmann 1957, S.216
(7) ヘーゲルの論理学を理解するさいに私はつぎの研究成果に従っている。Düsing 1884、Fulda 1989a、Henrich 1976, 1978、Horstmann 1990、Siep 1991、参照。

てのヘーゲルの理論を扱う。そのばあいに、ヘーゲルの出発点となる概念的諸前提が規定される（第1節）。これと関連して、主観的目的の特殊的形式が分析される（第2節）。ヘーゲルはそれを彼の用語の枠内で規定している。自由で責任ある行為の意図は、主観的目的のこのような特殊的形式に基づく。第1章の総括部（第3節）に続いて、第2章ではヘーゲルの行為概念が問題となる。そのばあいにまず行為論の一般的カテゴリーが規定される（第4節）。そこでは、起因と帰責可能性、および行為のさまざまな記述様式との関係が前面に登場する。最後に、行為の形式の説明に続いて、人間の行為において「なにのために意志するのか」に関連して、ヘーゲルの言明を考察する（第5節）。行為の内容のこのような分析のさいに、一方で行為の合理性が、他方で行為と道徳との関係が主題とされる。最終の部（第3部）において、このような考究の結果をまとめ、心身問題の解決についてのヘーゲルの解釈を粗描する。この解釈はヘーゲルの行為論の前述の解釈と一致するものである。

　本書の問題設定は二つの利点をもたらす。一方で、それは、特殊的で哲学的な中心問題を手がかりにして、ヘーゲルの哲学への広い展望をもつことを可能とする。他方で、彼の行為論は存在論的・神学的前提および方法論的前提からかなり独立に再構成されうる。したがって、私はテイラーのつぎのような見解に同意したい。

　　「もちろんヘーゲルの思想のように、思想のなんらかの高度に体系的な統一については、われわれは多くの視点から全体を再構成することができる。ある視点は他の視点よりもいっそう啓発的であるにもかかわらず、それぞれの視点はわれわれになにかを与える。行為の概念を強調するという視角からヘーゲルの思想に注目することは概して、より興味深い視点の一つを与えてくれると私は信じる。」[8]

　しかし、ヘーゲルの行為論への着目は彼の体系に「より興味深い」視点を与えるだけではなく、この哲学の体系的に実り豊かな部分を明らかにすると私は確信する。

---

(8) Taylor 1983, S.1 参照。

第1部
主観的意志

ヘーゲルは『法哲学』§113 で「行為」という概念を導入し、これを「主観的(主体的)あるいは道徳的な意志としての意志の発現」であると規定している (R§113節)。またこれに続けて、「道徳的な意志の発現であってはじめて行為」であると述べている (前掲箇所——強調はヘーゲル自身による)。第一の言明は、主観的・道徳的な意志が行為として発現するあらゆる形態についての説明である。この言明は、ある出来事が行為であるための十分条件を提示している。第二の言明は、主観的・道徳的な意志が発現することによってはじめて行為が成立することを述べている。これは、主観的あるいは道徳的な意志の発現でないような行為は存在しないということである。したがって、第二の言明は、ある出来事が行為であるための必要条件を挙げている。ヘーゲルがこの二つの言明をセットにすることによって、「道徳的あるいは主観的な意志の発現」という規定を、ある出来事に「行為」という規定が帰属するための必要かつ十分条件と見なそうとしていることは明らかである。

　ヘーゲルは、このような仕方で「行為」概念を導入した理由として、

　　「α)行為は、その外面性において、私によって私の行為として意識されている、β)行為は、当為というあり方での、概念との本質的な関係である、および、γ)行為は、他人の意志への本質的な関係である。」(R§113)

という「前述の諸契機」を行為が具えていることに言及している。この正当化の意味を確かめるためには、本書の論述が進むのを待たなければならないが、この正当化は、「前述の」つまり§104 から §112 で述べられた主観的な意志の概念展開を踏まえている。この正当化は、そこで展開された「主観的な意志」の諸規定が、行為に帰属する諸規定、すなわち「行為」概念の内実となるべき諸規定の基礎をなすという想定のうえに成り立っている。したがって、ヘーゲルがさきの引用箇所で提示した行為の三つの規定をより正確に理解するためには、それに先立って行なわれた概念展開を分析しておく必要がある。用語として「行為」概念が導入された同じ§113 でヘーゲルはこの概念を、抽象法の領域で展開された意志の諸関係から明確に区別している。ヘーゲルは、「強制と犯罪」という段落で取り上げられた「司法行為(訴訟)」(前掲箇所)ですら「たんに道徳的な本来の諸契機のうちの若干」(R§113)をもつにすぎないとして、ここ〔§113 以降〕ではじめて行為を主題にできる地点に達したと強

調している。ヘーゲル自身が強調しているように、司法行為はこれらの契機を「外面的な仕方で」「含む」(前掲箇所)にすぎず、それゆえ「本来の道徳的な行為である」という規定は、「司法行為としての行為からは区別された側面」(前掲箇所)である。(1)

　そこで、ヘーゲルの議論の進め方に沿う形で本書の論述を組み立てることにする。「行為」と「主観的あるいは道徳的な意志の発現」との強い結びつきを考慮すれば、ヘーゲルの行為概念を把握するにあたって、「主観的な意志」の分析から始めるのが正当である。また、ヘーゲル自身が〔行為概念を扱うべき場面を〕抽象法の領域から明確に区別しているので、本書における論考の範囲もまず、道徳の部〔『法哲学』第2部〕に限定してよい。本書の第1部ではヘーゲルの原典に直接に依拠して論を進めるが、そこでの構成は第2部の構成を目安としている。§105から§114でヘーゲルは、道徳領域全体の概念上の基礎となる意志の論理的(2)構造について詳論している。言い換えれば、ヘーゲルはそこで意志の一つの形態(3)としての道徳の思弁論理的構造について解説している。すでに述べたように、道徳を扱った第2部の第1章および第2章は、「行為」現象に特徴的なさまざまな観点や問題の解説として読める。これは、本書が主張しようとしているテーゼである。これに第3章も加えた第2部全体の基礎をなすのは「主観的な意志」の形態であり、この点についての解説が§105から§112で行なわれる。§113ではこれを基にして「行為」概念が導入される。つぎに§114でヘーゲルは行為概念のさまざまな次元を挙げ、これに沿ってそれ以降の章立てをしている。

---

(1) この時点ですでに見て取れるように、ある出来事はさまざまな視点から記述されること、またこの出来事は、ある視点から見れば、行為であるが、他の視点から見れば、たとえば訴訟として見られるということからヘーゲルは出発する。どの視点を選ぶかは、問題となっている出来事についての記述が果たすべき機能に応じて、実用的に確定される。そのさいに、「記述」概念には発話行為だけが含まれるのではない。それは、行為者の確信(行ないの時点での行為者の自己理解)や、出来事を観察している第三者による理解も含むような広い意味で捉えられるべきである。「ある記述においては」という表現は、現代の行為論論争においてはたいてい無定義のまま用いられるが、この概念を専門用語として導入している例として Chisholm 1981, 33頁を参照。また、Davidson 1985, 275頁以降、とくに 278頁におけるコメントも参照。

(2) 本書の第1部および第2部では「論理的」という語は、つねにヘーゲルがいう思弁論理的という意味で用いられている。

(3) 「形態 [Gestalt]」という語は、それぞれの場面で問題となっている定在を、概念的構造によって内在的に規定された定在として理解することができるということを意味している。その定在におけるそのつどの形態を確定するのは意志概念の論理的・存在論的展開であって、他の定在との外的関係ではない。この点については Fulda 1982, 413頁以降も参照。

§105から§113までの論証構造と概念展開をより詳しく見れば、つぎのような構成になっていることに気づく。はじめの三つの節では主観的な意志の形態の根本的諸概念が導入される。それらはすなわち「主観(主体)」(§105)、「主観性」(§106)、「自己規定」(§107)という概念である。それらは道徳の領域の原理であると同時に、それ以降の概念展開の論理的基礎でもある。つぎにヘーゲルは主観的な意志の基礎的形態の論理構造を「形式的」(§108)と特徴づけて、その論理的内実について解説している(§109)。この形式的性格は、道徳領域の内部での展開の両義的性格の根拠であり、この形態における意志の最も重要な特徴をなしている。また、それは、主観的な意志の発現が示す固有性の論理的基礎でもある(§110から§112)。

　本書の第1章はこの概念展開に沿って構成される。まずはじめに抽象法の領域から道徳の領域への移行についての分析を行ない(第1節)、これらの二つの領域の差異を明らかにすることによって、それ以降の論理的展開を確定する。そのさいに自己関係という概念を導入し、ヘーゲルの理論の解説を試みる。この概念はヘーゲル哲学から取ってこられたものではないが、この概念を用いることによって、一般にヘーゲルにおける「意志」を、自己自身を組織化し「規定する」実体の自己関係として考えることができるというテーゼを主張したい。人格および主体(主観)という「諸形態」もこのような自己関係として理解することができる。つぎに、第2節では「人格」および「主体」という、それぞれ「抽象法」の領域と「道徳」の領域の原理をなす自己関係について解説し、それらのなかで行なわれる意志のさらなる展開の跡を辿る。そこでのテーゼは、「人格」が意志の普遍的契機であり、意志の特殊的契機は所有[4]に対する人格の関係であるというものである。意志の普遍的および特殊的契機はここではまず即自的に(それ自体で)個別性という統一へと媒介されている。そのさいにこの形態における意志は同時に、即自存在する自由[5]であり、この自由は物件に対する人格の関係のあり方のなかに(つまり自由なものとして)顕現してくるが、まだ関係項自身にとっては与えられていない。これに対して、「主体」においては、意志の普遍的および特殊的契機が関係それ自体のなかで内在的に媒介されており、そのため個別性が意志自身にとって定立されている。この段階において自由は対自的となる。

---

(4) ここで用語上の規則について注意をしておくならば、本書で問題なのはつぎのことである。本書で「所有」というばあいにつねに、さきに関係として特徴づけた人格の意志に含まれる意図もともに考えられている。意志に対するこのような関係を離れては、客体は所有ではありえない。この意味では特殊性の契機は人格にも属している。しかし、そこではそれがたんなる可能性にとどまる。ただし、この「可能性」自体は人格に概念的に(「必然的に」)属しており、これを「放棄」することは許されない。

すなわち、自由はここでは、自己の活動を自由な決断の表現として理解する行為主体の自由の意識として解釈される。[6]

第1章、第2節において論理的諸規定を解説するさいに基礎にしたのは、ヘーゲルがカントにおける適法性と道徳の区別をさきの二つの原理の区別として把握し、それを解釈し直しているという理解である。続く第3節では、ヘーゲルが「主観性」概念を意志との関係でどのような意味で使用しているかについて考察する。そこでのテーゼは、ヘーゲルが主観性を自己規定として理解し、行為者の自由な

(5) 客観的精神の基礎となるのは「自由な知性としての意志」(E§481) である。本書ではのちにこれを「狭義の意志」と名づける。この形態においては「精神は自己を自由なものとして」(E§482) 知っており、知性を欠く意志とは違って、一般に対自的な自由ついて語ることができる。しかし、自由のこの高次の形成は当面はまたもや直接的に、つまり即自的に行われる。本書で狭義の意志の自由について語るばあいには、つねに対自的な自由が考えられている。客観的精神におけるさらなる概念展開は、対自的な自由にさらに「即自的・対自的・即自かつ対自的」という第二列の演算子によって達成される。この解釈によれば、抽象法は、対自的な自由の即自存在であり、これに対して、道徳は、対自的な自由の対自存在である。本書では用語上の簡便化のために、〈対自的〉という自由の最初の規定は省略することにする。というのは、客観的精神においてはすべての形態が対自的自由を基礎にしているからである。ただし、混同が生じる可能性があるばあいにのみ、詳しい特徴づけを行なうことにする。

(6) ヘーゲルは『法哲学』においても、哲学体系の他の諸部分でもさまざまな仕方で「自由」について語っているが、「具体的自由」(R§129, §141) と「形式的自由」(R§10, §22, §123) とを区別し、前者を「現実的」自由 (R§10, §22, §23)、後者を「主観的」自由 (R106, §121) と呼んでいるのは『法哲学』においてだけである。ヘーゲルは同書でさらに「恣意の自由」と「自己規定の自由」とを区別し (たとえば R§15)、そのばあいに後者を——その形式的な性格のゆえに——本来の具体的な自由から区別している。たんに主観的な自律は、それが社会共同体の人倫的文脈と対立するばあいには「否定的自由」(R§5) となり、破壊的力を発動する可能性がある。フランス革命に関するヘーゲルの解釈がこのような考察の背景にあることは周知のとおりであり、ここでこの点に立ち入る必要はない。「自由」のそのつど重要な規定については本書の論述につれて取り上げる予定であり、またヘーゲルの自由概念の諸解釈もすでに存在するので (Angehrn 1977、参照)、ここでは、ヘーゲルがつねに自由の基礎となっていると考える思弁的根本構造について手短に触れるにとどめたい。自由の源となるのは「純粋な自己関係」の能力 (Angehrn 1977, 19頁) である。これはヘーゲルの用語では、「他者において自己自身のもとにあること」と表現することもできる。それゆえ、ヘーゲルにおいて「自由」は、主体－客体の差異を包括することを意味し、ヘーゲルが「無限性」と呼ぶ論理的性質を意味する。この自己関係が人格性と個別的な自由の意識——選択の自由であれ道徳的自律であれ——の基礎にある。ただし、意志の構造の内部でこの自己関係がどのような論理的位置を占めているかをそのつど正確に示すという解釈上の課題は残る。本書の第1章はこの課題と取り組む予定である。

決断という観念をこの形式における意志の形態（これは同時に概念一般の・形・式でもある）として解説しているというものである。この理解に従えば、「主観性」についてのより正確な規定がヘーゲルにおける行為概念の研究にとって直接的な重要性をもつことは明らかであろう。ただし、意志の自由が対自的となる形態は、ヘーゲルがその思弁論理学に依拠して説明しているように、それ自身「形式的」にとどまる。ここから直ちに引き出されるのが第4節のテーゼである。すなわち、この形式性という特徴はヘーゲルが道徳全般を批判するさいの鍵であり、この点に限っても重要な観点である。さらにそれは道徳の全領域にとって、またヘーゲルの行為概念にとってはなおさら、その基礎となる論理的基本型を表している。

これらの四段階の論述をつうじて、ヘーゲルが使用する根本諸概念、および彼が要求する論理的諸規定を解説したあとで、第2章では、ヘーゲル自身がこのような概念的な見取り図から引き出した帰結について考察する。そこでは、彼が§113で際立たせ、それに先立つ諸節で三つの「固有性」として展開した三つの規定がなにであったかを明確にしたい。

主観的な意志の目的活動の固有性は、意・図・的・行・為の理論の確立を保証するにあたってのヘーゲル行為論の第一の礎石をなす。これが本書の第2章の中心的テーゼである。ヘーゲルにおける「形式」、「内容」、「主観性」という概念は、まず彼自身が提示した論理的関係のなかで規定され、つぎに行為概念という本書の主題との関連で論じられている。このような理解のポイントとなる部分をテーゼの形でまとめるならば、「対自的な自由という道徳の立場における内容の同一性についてのより詳細な固有の規定」(R§110)[7]についてのヘーゲルの分析は、意・図・的・行・為という概念の論理的分析として解釈可能であるということになる。まず第1節で意・図・性を自由な行為に特有な特徴として規定し、つぎに自由な行為のこのような特徴についてのヘーゲル自身の解釈を分析する（第2節）。締めくくりに、行為において遂行される目的の客体化を主観性と相互主観性の関係という視点で論じる（第3節）。第3章では、それまでの論考で獲得された解釈の成果およびそれによって解決された問題と、解決されないまま残された問題とをまとめる。第3章における著者の意図は、それまでの節で獲得されたばらばらの論点を・一・つにまとめ上げることにある。したがって、このまとめは本書の論考を要約して再述するのみでなく、議論を一歩押し進めるものでもあることに注意を促しておきたい。

---

(7) このコメントはそのままではまだ理解しにくい。これを理解できるようにすることが本書の第1部の課題である。これに対して、これを納得できるものにすることは、本書全体を貫く関心である。

第1章　概念上の諸前提——人格と主体

第1節　法から道徳への移行

　犯罪および復讐する正義は、「意志の展開の形態」(R§104) を「即自的な（それ自体で存在する）普遍的な意志と、前者の即自的な個別的な意志に対抗する対自的な意志との区別」にまで進んだものとして「明らかに」する（前掲箇所）。[8] ヘーゲルの理解によれば、普遍的で即時的な意志は、抽象法におけるさまざまな法規定の体系である。これらの規定は「人格性」という原理を基礎にしており、この原理は概念としての意志の普遍的契機の表現でもある。ヘーゲルはこの普遍的契機を「私は私である」という公式の形で言い換えている。これは思考する自己関係を言い表わしている。この自己関係においては主体―客体の差異が克服されている。なぜなら、主体と客体とを結ぶ連辞は主体と客体との同一性を表現しているからである。これが「私は私である」という公式についてのヘーゲルの解釈である。同時にこの公式は、あらゆる規定性から自由であり、あらゆる客体へと向かうことのできる思考する意志の自由の意識の表現でもある。客体へのこのような関係を（即自の段階で）現実化したものが占有取得 [Besitznahme] であり、所有関係 [Eigentumsverhältnisse] である。さらに、ヘーゲルによれば、この公式は、この自己関係が完全に「普遍的」であることも表現している。あらゆる思考する意志は自己に対してこのような関係にあり、そこにはこの意志の個別性、特殊的意志がまったく入りこんでいない。ヘーゲルはこの——普遍的な契機と直接的な即自の協働関係という——所見を用いて、適法性を抽象法という文脈での適法性の規

---

(8) ヘーゲルにおける法論は、「私は私である [Ich = Ich]」という公式で表現される意志の普遍的契機がすべての形態の自由と法との源であるというテーゼに依拠している。即自的な意志の段階においては、この自己関係は「物件」によって媒介されている。即自的な普遍的意志は抽象法の領域と同じものを指している。これに対して、対自的な普遍的意志は道徳領域と同じものを指している。本書で抽象法を即自的な普遍的意志と同一視するばあいには、つねに二つの部分〔普遍的と即自的〕の協働関係を念頭においている。ただし、叙述上の理由で短縮表現（「普遍的」を省いて、たんに「即自的」と表記）を用いることにする。この意志が「普遍的」であるのは、「普遍的」契機すなわち思考あるいは理性によってである。

定の原理として基礎づけている。ヘーゲルが主張するテーゼは、「私は私である」という公式の形で表現される意志の自己関係が適法性の概念的基礎をなしているというものである。この自己関係は完全に「普遍的」であるので、抽象法においては普遍的な内容、つまりあらゆる特殊的意志によって意欲されることのできる内容が許される。このためには、このような内容を特殊的意志の普遍性へ矛盾なくもたらすことができることが要求される。これは抽象化という思考テストによってチェックされる。したがって、カントの提唱した普遍化テストは抽象法にふさわしい。また、さきの公式が意志の「普遍的」契機を表現しているかぎりで、ヘーゲルも同様の見方をしている。すなわち、ヘーゲルはここでは法関係についてのカントの理解に従っているが (R§29)、ヘーゲルがそこから読み取ったのは、無矛盾性の原理を基にした否定的規定のみである。

　ヘーゲルが意志に関する理論で哲学的に基礎づけようとしている適法性という観念は、人間の振る舞いに適用された一つの解釈図式として理解することができる。普遍化可能性のテストはこの振る舞いの記述を可能にし、そこに「許可されている」、あるいは「禁止されている」という述語を帰属させる。この原理によれば、それぞれの振る舞いは、理性的な、つまり普遍化可能な規則に従うべき振る舞いの事例として記述される。[9] ここでは、振る舞いにおけるこのような「普遍的」性質のみが考慮に入れられ、個人の特殊的視点は消し去られる。したがって、本書で「適法性」という表現を使用するばあいに、ある行為当事者の特定の志操のようななにかではなく、人間の行ないにおける、ある特定の側面に向けられた視点のみが考えられている。

　抽象法、道徳、適法性および普遍化可能性のあいだにはつぎのような関係が成り立っている。すなわち、抽象化可能性という手続きは意志の抽象的契機に適したものであるから、抽象法の領域にふさわしい。これに対して、道徳の領域においては主観的な意志の形式的性格のゆえにこの手続きは空転してしまう。抽象法においてはこの手続きは特定の行ないに「許可されている」、あるいは「禁止されている」という述語を帰属させることを可能にするが、道徳領域においてはそうは行かない。同時に、普遍化可能性という手続きはその形式的性格のために、人倫の領域に適用することができない。したがって、あらゆる法がこの手続きに従うというわけではない。[10] それゆえ、普遍化テストのみに依拠して行ないに帰属

---

(9) すなわち、ある振る舞いが理性的であるとは、それが普遍化可能な規則に従っていることと同じことであるという理解がヘーゲル理論の基礎にある。行為論上のこのような前提については、本書の進展の過程で立ち入って考察する予定である。

(10) ヘーゲル自身少しあとの箇所で「形式的な法」について語っている (R§126、参照)。

させられる「許可されている」および「禁止されている」という述語は、「抽象法の意味で許可されている」(あるいは「禁止されている」)という意味に限定してよい。道徳の領域においてはこの手続きによってはいずれにせよいかなる成果も得られないので、「許可されている」および「禁止されている」という定式化で事足りる。[11]

用語の確定

　人間の振る舞いに向けられる多様な視点を概念として区別するために、ここでいくつかの用語を確定しておきたい。[12]

　ヘーゲルはその自然哲学において本能を「無意識な仕方で働く目的活動」として記述し (E§360)、『エンツュクロペディー』§359 の補追 [Zusatz] では意志を実践的な過程一般と同じものと見なしている。また、『法哲学』§8 の補追では意志一般は「目的の形式」であると述べられている。『大論理学』の目的論に関する章においてもヘーゲルは、目的を具えた形態としての有機体を取り扱っている (LII385〔寺沢訳『大論理学』3、228 頁、参照〕)。ここから広義の意志概念と狭義のそれとを区別する必要が生じる。広義の意志概念は人間の目的活動全般をカバーするものと考えるべきであるのに対して、狭義の意志概念は「知性」あるいは「思考」、および表象能力を前提している。狭義の意志は自己意識的な目的活動を意味する。ヘーゲルは後者の意志概念を『エンツュクロペディー』§468 で導入している。また、『法哲学』では理性的な意志のみが問題になっているため、広義の意志概念を取りあげているさきの補追でヘーゲルは、広義の意志概念は「以降の論述にとって余計」であると付け加えている (R§8R)。しかしながら、本書の以降の論述にとってはこの区別はまったく余計というわけではない。そこで、用語に関する目下の論考においてこれを取りあげておきたい。詳しくいえば、つぎのような区別が重要となる。「活動」および「意志の発現 (表現)」は、あらゆる意志の (つまり広義・狭義両方の意志の) 発現を包括する用語として使用される。この文脈で遂行者を意味する用語として使用されるのは、「活動する人 [Tätiger]」あるいは「活動者 [Tätiges]」という用語である。これに対して、「行な

---

(11) 意志の普遍的契機の表現であるという点は抽象法の領域と道徳の領域とに共通しており、ここからいずれの領域にも普遍化手続きを適用する方向へ向かう。道徳という対自存在では、この基準が内容をもたないということになる (R§135、参照)。これに対して、即自存在の段階では事情が異なる。というのは、そこでは「所有」制度によって、「確立した原理があらかじめ根本におかれている」からである (前掲箇所)。

(12) ここで扱われるのは著者による用語の確定であって、ヘーゲル自身の用語法とは一致しない。

[Tun]」という用語は狭義の意志概念の領域でのみ使用され、後者の文脈で遂行者 [Ausführendes] を意味するのが「行為当事者 [Akteur]」という用語である。

　適法性の視点から見れば、この「行ない」に関する記述の特徴は、行為者を「人格」として理解することにある。このような記述においては、遂行者は法人格として把握され、出来事の生起に対する視点としては、理性性と普遍化可能性を尺度とする外的視点のみが採用される。このばあいに適法性の立場での記述とは、行ないを「所行（行われたこと）[Tat]」として記述するという特殊的な事例である。また、この「所行」の概念は、出来事としての行為に関して行ないを行為者 [Handelndes] 自身とは異なる視点から把握するあらゆる記述を含む。本書においては専門的な法学上の視点が問題となっているのではないので、ここでこれ以上詳細な区別に言及することは控える（本書、第4章 第1節、参照）。これに対して、ある振る舞いを遂行者自身の視点から記述すれば、その振る舞いは「行為」として把握され、遂行者は「主体」として把握される。このような記述においては遂行者は道徳的人格として捉えられ、出来事の生起は遂行者の選択とその特殊な視点の成果として捉えられる。

　したがって、「行ない」とは、活動と呼ばれるものの集合から、狭義の意志を含むような活動を選び出したもののことである。また、「行ない」として記述される出来事は、「所行」としても「行為」としても把握することができる。「行ない」は、「所行」か「行為」かという区別に対して中立であると同時に、両者の領域を確定している。「所行」および「行為」という二つの記述の仕方は共通の外延をもつものと理解されている。[13]

　最後に「内実 [Gehalt]」と「内容 [Inhalt]」をも区別しておこう。本書で「内実」というばあいは、広義の意志の客体を指すものと理解していただきたい。すなわち、それは「欲求」と「内容」の両者を含む。これに対して、狭義の意志の客体を指すばあいには、つねにこれを「内容」と呼ぶことにする。ここで起こりえる誤解に対する予防線を張っておくならば、狭義の意志を含むものであれ広義の意志を含むものであれ、問題にしているのはつねに個々の具体的な振る舞いである。もちろん、行ないとは見なされないような活動を人間がなすことは十分考えられ

---

[13]「所行」と「行為」という区別はヘーゲルによる区別とは一致していない。ヘーゲルによる区別についてはのちに取り上げることにする（本書、第4章 第1節、参照）。エンスカトも「行為の法的性格」と「行為の道徳性」との相違を「さまざまな行為性格」の区別として解釈し、これを外延的に「行為のさまざまなクラス」のあいだの区別として捉えてはならないとしている。引用はすべて Enskat 1986, 63 頁からのもの。

る。活動と活動するものとの関係はつぎのようである。すなわち、ある出来事がたとえば行ないとして解釈されるばあいに、それには行為者および狭義の意志が含まれていることが想定されている。同じ出来事を活動として記述するばあいには、そこには意志作用が含まれているということのみが想定されているのであって、ひょっとするとそれが行ないでもあったのではないかという問題は未決のままである。出来事の記述の仕方が、それを引き起したものをいかに捉えるかを決定する。[14] また、ある出来事のタイプがある個人にとっては行ないであるが、別の個人にとっては活動であるということも起こりえる。さらに、ある時点の、ある個人にとっては、ある振る舞いは行ないであるが、別の時点における同じ個人にとっては活動であるということも考えられる。[15]

しかし、ヘーゲルが抽象法の立場で行ないの尺度として承認した適法性が意志および「法の理念」(R§1) の規定を尽くしたと見なしてはならない。[16] この尺度を用いるかぎりでは、「理性的なものはもちろんこのような自由に制限を加えるものとしてのみ」(R§29) 働き出すことができるという理解にしか到達しない。ヘーゲルにとって、抽象法の領域はこれで語り尽くされているが、法あるいは自由の理念の全体を語り尽くすにはまだ不十分である。このように、適法性 (即自という形式での普遍的契機の表現) から道徳 (対自という形式での普遍的契機の表現) へ向けて意志概念をさらに規定する必要が、「強制と犯罪」を扱った段落においても生じることになる (R§90)。これらの現象を分析することはそれ自体、「また同時に意志の形成された内面的な概念の規定性である」(R§104)。

犯　罪

行為者が特殊的な意志として、即自的に妥当している抽象法を侵害しようとする決断は犯罪という形で表れる。これは「個人の意欲」(R§100) によって生じるのであり、犯罪という所行のなかには同時に行為の「形式的に理性的なもので

---

(14) ヘーゲルはその反照 (反省) 論理の諸概念におけるこのような含意関係を「前提」として解釈している。
(15) たとえば、喫煙を始めたばかりの時点ではタバコに火をつけることは行ないであるが、しばらくたつならば〔習慣化したのちには〕活動となる。この段階では、タバコに手を伸ばすことは、自己抑制なしになされる。
(16) ヘーゲルは、彼に先行するルソー、カント、フィヒテがまさにこの誤りを犯しているとして彼らの哲学構想を非難するが、この非難はたしかにまったく正当とはいえない。ここではこれ以上ヘーゲルの意志論の法哲学的次元へ立ち入ることはできないので、この点については Baum 1978 を参照されたい。

あるもの」(前掲箇所) も含まれる。それゆえ、所行のなかに含まれる (否定的であり、制限を課す) 普遍的理性性の表現としての即自存在する抽象法にはつぎのような行ないが対応する。すなわち、適法性という尺度に照らせば非理性的であり、自由な人格の相互の共存を不可能にするという意味で無矛盾性の条件を侵害しているが、——知性の意欲としては——形式的に理性的でもあるような行ないである。これは、理性の尺度に従っていながらも、それを貫徹できないでいる行ないである。

したがって、ヘーゲルにとって、犯罪は普遍的に理性的なものの否定としてのみ存在するので、それ自体で空無である。[17] (人格としての) 犯罪者については、ヘーゲルは刑罰を普遍的理性の回復として解釈することによって、犯罪に内在するこの空無性から刑罰の理性性を導出する。この回復は、普遍化可能かつ合法則的 [gesetzmäßig] (合法的 [regelhaft]) であろうとし (R§100 参照)、特殊的意志の侵害であろうとする (§96 参照) 理性的な意欲の発現としてのその行ないの内在的尺度に照らして、犯罪者を判定する。それゆえ「刑罰」とは、犯罪者を犯罪者自身の「原則」に「包摂」することである (HE§414、E§500)。同時にそれは、その論理的地位の点では、先行して行なわれた否定のさらなる否定であり、したがって肯定である。法は自らに対するこの否定を耐え抜いて自分の有効性を証明するという意味で、刑罰を加えることをつうじはじめて法の「実在性」が現れてくる。

概念としての意志は犯罪においては自己矛盾の状態にある。この自己矛盾を廃棄するのが刑罰である。この内在的な否定の廃棄において法は (ヘーゲル的意味での) 理念となる。意志が自己矛盾に陥りうるためには、意志における二つの規定が矛盾に陥らなければならない。すなわち、そのためには (普遍的意志と特殊的意志という) これらの二つの規定が相互に対立することが必要となる。ヘーゲル論理学によれば、矛盾に陥りうる二つの規定が「反照 (反省) 規定」であること、つまりいずれの規定も、それぞれを否定する契機としての対立項への関係を自分のなかに含むことが追加的に妥当するばあいに、両者は対立という規定のなかにある (LII40ff.〔寺沢訳『大論理学』2、79 頁以降〕、参照)。[18] 犯罪はこれらすべての条件を満たしている。というのは、犯罪においては、普遍的意志を含むような特殊的意志がその行ないによって同時にこの普遍的意志を否定しているからである。すなわち、意志の一方の規定は、本質的に意志の他方の規定と暗黙の関係の

---

(17) ここで注意しておきたいのは、犯罪は「犯意のない不法」(R§84) とは異なって、不法性についての知を含んでいるということである。
(18) この点については、Wolff 1981, 146 頁以降、参照。

なかにあるにもかかわらず、前者が後者を否定している。このような仕方でこれら二つの規定の統一としての意志は自己矛盾のなかにある。

　ここに、ヘーゲルが刑罰を犯罪者に対する「尊敬」であると見なす論理的根拠がある (R§100)。犯罪者に刑罰を加えることによってのみ、犯罪は一般に理性的意志の表現として認められる。そのばあいにヘーゲルは総じて、他の刑罰理論がどれも犯罪者を理性的な存在としては捉えないか、犯罪を否定としては捉えないかのいずれかであるとして批判する。しかし、ヘーゲルの主張するとおりに、この二つのことを行おうとするならば、適法性の基礎となる抽象的理性性と行為者の対自的に自由な形式的理性性とが矛盾に陥りうることを概念上認めなければならない。また、これはさらに、普遍的意志と特殊的意志とが「対立」(R§104) のなかにあるということを含意している。ヘーゲルの議論は、普遍的意志を適法性として一面的に規定するばあいに (R§29)、特殊的意志はこれと矛盾に陥りうるに至るということを根拠にしている。矛盾の二つの面は意志自体の契機であるので、そこにおいては意志自体が自己矛盾に陥るのであり、これを廃棄するのが刑罰である。このことによって法は理念となり、意志は「概念」として自己の有効性を証明する。ヘーゲルの解釈によれば、適法性と道徳は対立をなし、しかも対立するそれぞれの関係項は同時に、それぞれを否定する対立項を自己のなかに含むのであり、いわば内在的尺度としてともに含むのである。したがって、適法性と道徳との一致もたんなる可能性以上のものではなく、概念的には「当為」として要求されるが、この段階で両者の一致が概念的に保証されることは期待できない。ここに、ヘーゲルが道徳領域を当為の領域として特徴づけた理由がある。

復讐する正義

　刑罰のなかに含まれる犯罪の否定はさらに意志の特殊な形態、すなわち復讐する正義を要求する (R§104)。ヘーゲルはこの形態を、「報復」(R§101) ならびに普遍的意志、すなわち法状態の回復を欲する特殊的意志として規定する。この「復讐」は「内容に従えば正当なこと」である (R§102)。なぜなら、その目標は法自身の妥当性にあるからである。しかし、それは「形式の点では……主観的意志の行為」である (前掲箇所)。なぜなら、復讐する正義は、害を受けた個人の意志規定であるからであるが、この個人は被害者として特殊的意志でもある。このように主観的意志という形式で定立されているかぎり、復讐は偶然的に正当であるにすぎない。ヘーゲルがいうように、ある主観的意志はその形式に基づいて、「生起するいかなる侵害のなかにも自己の無限性の侵害を読み取ることができる」(前掲箇所)。した

がって、形式と内容との一致は復讐という形態においては概念的に保証されていない。このように、一致がたんに偶然的でしかないことから、復讐には、損害を加えることのみが目標であるかのような印象も付きまとうことになる。

刑罰を行なう正義

このような理由から、ヘーゲルは「報復」という思想のなかには「復讐する」正義のみでなく、「刑罰を行なう正義」という形態も含まれていると考える (R§103)。ここでのヘーゲルの推論を支えているのは、法が理念であるためには、否定の否定を遂行しなければならないということである。ところが、復讐する正義という形態においては、一度報復が行なわれればそれが相手からの復讐を招くという仕方で、無限反復に陥る恐れがある。ここでは否定の否定に到達する代わりに、「悪無限」(LII125〔邦訳『全集』『大論理学』上巻の一 160 頁〕) という状態を招く恐れがある。すなわち、あらゆる否定は単純な否定にとどまり、否定の否定としての無限性と単純な否定としての有限性との対立がつねに新たに生み出される恐れがある (LII125ff.〔邦訳『全集』『大論理学』上巻の一 160 頁以降〕)。このことは現象の次元ではつぎのような事態に対応する。すなわち、主観的意志の復讐においては法の回復などとても望めず、新たな法の侵害が生じるばかりで、これがまた報復を招く。ところで、このような危険の概念的な原因は、復讐する正義という形態は主観的意志という形式で登場するが、そこでは形式と内容とがまだ対応していないという点にある。〔形式とは異なって〕内容は偶然的にのみ正当であるという両者のこのズレが、求められた (法の回復においてもすでに考えられてはいた) 否定の否定の妨げとなっている。したがって、この意味ではこの思想のなかには「刑罰を行なう正義」という形態もすでに含まれている。すなわち、法の回復は、

「主観的な関心 (利害) や主観的な形態から、および実力の偶然性から解放された正義、したがって復讐するのではなく刑罰を行なう正義を要求すること」(R§103)

を含む。ヘーゲルによれば、貫徹する実力 (強制力) を備えた「刑罰を行なう正義」という、ここで要求されている決定機関はさらにつぎのことを含む。すなわち、

「ここには、さしあたりは、特殊的で主観的な意志でありながら普遍的なものそのものを欲するような意志の要求が存在する。」(前掲箇所)

ヘーゲルの議論から明らかになるのは、侵害された法秩序を刑罰によって回復

する可能性と、特殊的意志と普遍的意志の概念上必要な一致という思想とのあいだには概念的な連関があるということである。利害関心を越えて中立的な仕方で法を貫徹する決定機関は、法の回復のみを特殊的内容として含むような特殊的意志を暗に想定することなしには、考えられない。

　ヘーゲルの議論のなかでこの概念的な連関を支えているのは、法が理念とならなければならず、またそのためには否定の否定を遂行する必要があるという想定である。すなわち、ヘーゲルの議論はその思弁論理学を、また概念としての意志、および理念としての法を内容的前提にしていると断定せざるをえない。しかし、このような手段によって、犯罪者をたんに強制を加えられるべき者ではなく、刑罰を加えられるべき者として取り扱うという、日常的理解にも目配りの利いた刑罰分析が可能となっていることも見て取れる。このおかげでヘーゲルの観念では、犯罪者を「動物」と見なし、また刑罰を威嚇としてしか理解しないということを避けられる。さらにヘーゲルは、刑罰をまさに否定の否定として捉えたおかげで、刑罰を加えられるべき人のさまざまな権利に介入するような処罰をどのようにして正当化するかという難問を回避している。また最後に、概念としての意志という理論によって、法を意志の普遍的契機という即自的に理性的な形態として理解しつつ、同時に犯罪を理性的行為として特徴づけることに成功している。このような仕方によるのでなければ、法と普遍的理性との同一視を断念するか、それとも、犯罪の非理性性のゆえに犯罪を不自由として捉えるかというジレンマは避けられなかったと考えられる。

移　行

　普遍的なものそのものを意欲する特殊的意志の要求は、ヘーゲルにとっては「道徳の概念」（前掲箇所）と同義である。その意味ではこの概念は、犯罪および刑罰を行なう正義という形態そのものから得られたものである。カントにおいては並列されていた「適法性」と「道徳」という規定は、ここでは反照論理によって相互に結びつけられている。すなわち、刑罰という実践は、さきに論じた意味での道徳の概念を前提し、[19]しかも同時に適法性それ自体の概念運動の帰結として定立されている。したがって、一方には前提するという論理的含意関係があり、他方にはさらなる展開、つまり意志の新たな形態の定立が行なわれている。

---

(19) ヘーゲルがこのような概念規定のさいにカントの解釈に従っていることは明らかである。ここでは定言命法という理念が基礎になり、それが道徳の原理となるべきであるとされる（この点については本書、第5章 第2節、参照）。

このように「法から道徳への移行」というヘーゲルの規定を理解できる地点に達した。『法哲学』§104 ではつぎのようにいわれる。

> 「意志の概念に従えば、意志の自己における現実化はつぎのことである。まず、即自存在と直接的あり方 (意志はこのようなあり方において存在し、これを抽象法において形態としてもつ) の形式を廃棄すること (§21)、また、そのことによってさしあたり、即自的な普遍的な意志と個別的で対自的な意志との対立のなかに身をおくこと、つぎに、この対立の廃棄、つまり否定の否定をつうじて、定在における意志として (この意志は即自的に自由な意志であるのみなく、対自的にも自由な意志となるが)、すなわち、自己に関係する否定性として規定することである。意志は抽象法においては人格性として存在するにすぎないが、このような人格性をいまや意志は自己の対象とする。すなわち、自由のこのように対自的に無限な主観性が道徳の立場の原理を構成する。」

ヘーゲルのこの論述は、普遍的で即自的な意志が、刑罰において、抽象法の特徴である直接性という形式を廃棄することによって「現実的」なものとなるというヘーゲルの刑罰観を出発点にしている。ただし、この「否定の否定」をつうじて道徳の立場が成立する場は刑罰それ自体ではない。道徳の立場の本質は、むしろ「即自的な普遍的な意志と対自的な個別的な意志との対立のなかに身をおく」という意志の自己関係にある。重要なのは、この箇所で「対立のなかへ身をおき入れる」のではなく、「対立のなかに身をおいている」とされていることである。道徳の立場、あるいは「自由の対自的に無限な主観性」は対立のなかに「おかれて」いる。すなわち、それは「刑罰」そのもののなかに概念的に含意されたものである。したがって、道徳の立場とは、ヘーゲルがすぐのちに述べているように、「意志の自己への反省」(R§105) の契機である。道徳の立場の概念上の源は、行ないを犯罪および刑罰を行なう正義として理解することにある。刑罰を行なう決定機関を導入することは、特殊的意志と普遍的意志との一致という思想、しかもこの一致が特殊的意志自身に対して与えられているという思想を含む。この一致のみが、刑罰を行なう正義という概念において考えられていた報復という思想を満足させることができる。それゆえ、道徳の立場は、即自的な意志のたんに抽象的な普遍性という自己関係を越え出るような意志の新たな自己関係として解釈される (R§29 参照)。このように意志は自己へと反省されており、普遍的意志と特殊的意志との関係へと入り込むが、この関係とは、概念としての意志における普遍的契機と特殊的契機との自己関係でもある。

ヘーゲルはこの新たな自己関係を、意志がそこにおいて「ただたんに即自的に自由な意志であるのみでなく、対自的にも自由な意志である」(R§104) と規定している。ヘーゲルは、自己自身へ関係するというこの規定を、「私は私である」という自由の意識においてすでに即自的に自己関係的であり、それゆえに無限であるような意志の無限性が対自的となることとして捉えている。すなわち、意志は——抽象法におけるように——客体へ自由に関係し、それによって客体を所有するのではなく、道徳的主体のなかで自己自身へ自由に関係する。なぜなら、犯罪と刑罰をつうじて作り出された対立のなかには、特殊的意志が普遍的意志そのものを意欲すべしという要求が「定立されて」いるからである。

意志の自由はこれまで客体に対して、それを取得するという関わり方でのみ発現し、他の人格に対しては、それを制限するという否定的関わり方でのみ発現していたが、いまやこのことによって概念的にさらに展開されて、主観的自由へ到達している。この意志の自由の本質は、主体が自己自身を規定して、即自的に理性的なもの、また合法的なものを意欲するようにすることにある。しかし、主体の対自的な自由は犯罪そのものにおいても考えられていたのであり、このような主体はそのばあいに特殊的内容のために、すなわち普遍的内容に反して決断し、このようにしてこの特殊的内容を普遍的内容とする。このばあいにも自由の対自存在は、ある特殊的内容への主体の決断のなかで考えられている。

このように自由についての規定を進展させ、即自的な自由を対自的とするような意志内在的な自己関係として、言い換えれば、即自的な意志と対自的な意志とのあいだのこのような関係として規定するばあいに、そこには行為者についての捉え方の変化もともに考えられている。ヘーゲルの用語ではこのさらなる展開は、「人格を主体」(R§105) としてさらに規定していくことと呼ばれる。そこで次節ではこの規定について考察し、道徳の立場および主観的意志の意味をより正確に捉えてみたい。

用語に関する追記——自己関係について

ヘーゲルのテキストを解釈するために、私はヘーゲル理論の構成部分ではない概念を使用した。私見では、自己関係という概念は二つの理由でヘーゲル理論の解釈に役立つ。ヘーゲルの議論においては一般に二つの次元を区別する必要がある。思弁論理的次元ではヘーゲルは意志の多様な形態を、絶対者が自己関係をつうじて現実化したものとして展開している。ヘーゲル哲学全体は、自己を思考しかつこの思考のなかで自己を自己自身へ展開させる絶対者というテーゼを用いて、

存在論的(およびその他形而上学的)諸問題を解決しようとする試みと理解できる。ヘーゲルはこの絶対者を、その自己認識および自己産出過程をつうじてますます高次の、またますます十全な存在様式(形態および概念)へ高まっていく絶対的主観性として捉える。私には、自己関係という用語がヘーゲル形而上学のこのような特徴を示唆するのに適しているように思われる。[20]つぎに、自己関係という表現は、ヘーゲルが取り上げ、本書がその解釈を試みた現象の次元においてもやはりもっともなものである。(私が理解した)ヘーゲル理論によれば、「人格」と「主体」は、絶対的実体の存在論的な自己関係を基礎とする具体的主体の自己関係として理解することができる。ヘーゲルによる現象の記述をこのような形而上学的な下部構造から切り離すならば、人格性[Personalität]と主体性とはいずれも「理性的行為者」の二つの記述方法あるいは二つの種類の自己解釈であるというイメージはなお魅力をもっている。

したがって、「自己関係」という用語の選択はつぎの二つの機能を果たしている。一方で、この用語は、ヘーゲルの哲学的思索の二つの次元を結び付けているものを示してくれる。他方で、この用語は、形而上学的背景を抜きにしても直観的に納得できる現象の記述を可能にしてくれる。さらに、この用語を選ぶことで、ヘーゲル哲学に含まれる現代的特徴のいくつかが浮き彫りにされる。これらはヘーゲル哲学に固有の用語法に固執していたのでは、むしろ見えないまま終わるであろう。

このような利点にもかかわらず、ここで選択された用語の欠点についても自覚しておくべきであろう。「自己関係」という概念は正確な哲学的専門概念ではなく、日常言語で用いられる概念でもない。後者に関しては、概念をたんなる足がかりとしながら、この概念によって記述された現象自体を把握しようとする読者がどのような直観的な先行理解をもっているかに委ねるしかない。また、哲学的専門用語としての「自己関係」概念の地位に関していえば、それは正確な概念というよりもむしろ研究プログラムと呼ぶ方がよい。この用語の背景に隠された諸問題は固有の研究を必要としており、本書では扱うことはできない。

第2節　人格から主体へ

本節では、それぞれ抽象法および道徳の領域の原理をなす「人格」と「主体」と

---

[20] この用語を確定するにあたっては、ディーター・ヘンリッヒの論文から重要な刺激を得た。Henrich 1982, 3頁および1982a, Essays 4と5、参照。

いう二つの自己関係を分析する。そのさいに、概念としての意志のどの契機がそれぞれの原理の基礎にあるかを問う。このようなやり方によって、それぞれの原理を特徴づける論理的契機を際立たせたい。「人格性 [Persönlichkeit]」のばあいには、意志の普遍的契機、すなわち「私は私である」という思考する自己関係がこのような契機であろう。とはいえ、基礎となるべき概念としての意志の他の諸契機も抽象法の領域にとって重要であることを否認してはならない。人格にはもちろん特殊性および個別性という契機も属している。ただし、それは所有に対する媒介的関係をつうじてのみである。このことが、ここで主張したいテーゼである。「主体」に関しては、これと対応する形で主張したいテーゼは、自己への反照としての個別性という論理的契機がその思弁論理的基礎をなしているということである。また、個別性は普遍性と特殊性との「統一」であるのであるから、この統一においては概念の他の諸契機が統合されている。

1 人　格

人格概念の論理

　『法哲学』第１部「抽象法」の序論をなす§34 から§40 では「人格」概念が導入され、ヘーゲルが「抽象法」の枠内でこの概念をどのような意味で使用するのかが示される。概念の展開の開始時期にはまだようやく「その抽象的概念において」(R§34) 存在するにすぎず、それゆえ「直接性という規定」(前掲箇所) をもつ意志は、「ある主体の、自己における個別的な意志」である (前掲箇所)。概念として規定された意志には特殊性の契機が帰属する。一方で、この契機は、具体的な主体の意志が「もろもろの規定された目的の広汎な内容」(前掲箇所) をつねに含むということのなかに見出される。しかし、他方で、意志は、「排他的な個別性」(前掲箇所) としては、「同時に、外的で直接に眼前に見出される世界として」(前掲箇所) のこの特殊的内容へ関係する。概念としての意志を「排他的な個別性」と見なす規定はヘーゲル論理学においては概念一般に——概念としての意志のみにではなく——帰属する普遍性の規定も含む。この普遍性の契機は、「形式的な普遍性、つまり自己意識的ではあっても、その他の点ではその個別性において無内容で単純な自己関係」(R§35) である。この関係が具体的主体を人格へ規定する。したがって、ヘーゲルにとって「人格性」(前掲箇所) は概念的規定の次元では概念としての意志の普遍的契機と同一である。

自由という現象

　ヘーゲルがこれまでの記述においてその思弁論理学を用いて説明しようと試みている現象は、自己のあらゆる規定性に対して距離をとり、これを捨象することができるという主体の意識である。この能力に関する知のなかには「まったく純粋な関係」(§35) が現れている。この関係は捨象を介してのみ成立するかぎりでは、たしかに有限にとどまるが、同時に有限性の内部における自由の意識の表現でもある。この知のなかに現れる意志の自己関係は、「完全に抽象的な自我としての自己についての自己意識」(前掲箇所) が登場する時点で始まる。自己意識のこの形式は、「思考する」自己状態（自分の与えられたあり方）であることによって、主観的精神の理論においてそれまでに説明された自己状態の他のあり方、たとえば「自己感情」から区別される。[21] この差異を表現するのが「自我」という指示（指標）的な [indexikalisch] 表現である。すなわち、この表現には、普遍的な自己関係と具体的な「この」とのあいだの思考的自己関係が示されている。この自己関係についての知は思考する意志の普遍的契機であり、「私は私である」という言明の形で表わされる。「私は私である」ことは、ヘーゲルにとっては「自己意識の表現」(E§424) であり、これが「抽象的自由」（前掲箇所）を形成している。[22]

人格の原理

　したがって、「人格性」は、具体的主体が自己の自由についての知をもち、自己

---

(21) この点については、Siep 1990、参照。
(22) 〈私は私である〉の解釈についてのヘーゲルの分析をさらに体系的に展開するためには、指示表現の機能に関して、その「直示 [direct reference]」、つまり意味を介さない関係の解明を試みる研究が重要な意味をもつ（この点については Kaplan の諸論文、とくに 1989 年の論文、参照）。この意味論的な固有種の基礎になっている「思考の働き」を問題にするならば、ドイツ観念論の自己意識論との関係、および「自己への純粋な反省（反照）」というヘーゲルの観念との関係が確定される。「本質的指示語 [essential indexicals]」についての論争の文脈のなかで主観性理論との関係を扱ったものとしては、Castañeda 1967、Anscombe 1975、Perry 1979、Chisholm 1981 がある。チザムは直示という観念を堅持しているのに対して、カスタニエダはしばらくたつうちにこの理論を放棄し (Castañeda 1982, 148 頁、参照)、自己関係を「私－ガイズ [I-guises]」と名づけられる特殊的な対象によって再び媒介するような自己意識論を展開している（この点については Castañeda 1987、参照）。カスタニエダはのちに展開した存在論（ガイズ理論）を前提にして、直示という観念に対して全般的な批判を行なっている。Castañeda 1989、参照。〔訳注：「本質的指示語」は、主語が自分の活動について語るさいに使用する指示語である。「ガイズ」は統一的世界の個的現われを意味する。私についても性格がそのつど現れるとされる。〕

に対して特定の関係に立つ時点で成立する。

> 「それゆえに、人格性には、自己を対象として知るということ、しかも、思考によって単純な無限性へ高められ、このことによって自己と純粋に同一となった対象として知るということが属している。」(R§35)

このようにして「人格性」は、あらゆる具体的規定を捨象することができるという具体的主体の意識という形で表現された特殊的な自己関係として規定されている。このような完全な捨象によって自己関係は同時に完全に普遍的である。また、それは、たとえ個々の具体的な主体のそのつどの自己関係においてのみ実現されるとしても、このような自己関係において自己に対峙している具体的諸主体のいずれにあっても同一の類型となっている。したがって、「人格性」という自己関係は思考する意志の契機にすぎない。主体が自己に対してこのような関係にあるとき、「このかぎりで主体は人格である」(前掲箇所)。「主体は個人でもある」(R§35R)という点で「人格と主体とは……異なっている」(前掲箇所)とヘーゲルが主張することができるのはそのためである。すなわち、人格は、この個体性(個人性)すなわち特殊性の契機を完全に捨象したものである。[23]

このようなヘーゲルの考察に対して、やはり人格の数多性を考えることはできるのではないか、したがって数的同一性として表現されるような個別性は保持されるのではないかという反論は不可能である。というのは、「数的な多」(LII39〔寺沢訳『大論理学』2、64頁〕)は、『論理学』における「差異性」に関する注でヘーゲルが述べているように、「まだなんらの特定の差異性も含まない」(前掲箇所)ために、「同等性と不等性に対して無関与」(前掲箇所)である。しかし、なにかが個別

---

[23] 用語の明確化のために言及しておくならば、これらの節における「主体」という用語のヘーゲルの使用法と、道徳の部における彼のこの概念の使用法とは同一ではない。明らかに、ここで問題にしている箇所ではヘーゲルは「主体」概念をより包括的な意味で用いている。ある補遺では、「いかなる生きたものも総じて主体である」(R§35Z)といわれる。これは『エンツュクロペディー』§350における概念の使用法と重なる。したがって、引用を除いては、混乱を避けるために、「具体的」という特別の追加を加えることにする。「人格」および「主体」は自己関係であるが、これに対して、具体的主体は、この自己関係のなかに立つことのできるような存在者である。そのためには知性と思考とが必要である。ここでつぎのことにも注意しておきたい。ヘーゲルにおける「人格」あるいは「人格性」という概念は、『法哲学』の他の箇所でも、抽象法の冒頭の部分よりも広い意味をもっている。ただし、人格概念に共通の根本特徴、つまりさきに素描した思考する自己関係があることをヘーゲル自身が際立たせている(R§35、R、参照)。この点については、Siep 1986, 415頁以降およびSiep 1989と1992も参照。

性をもつことができるのは、それが「ある規定によって」(前掲箇所) 他のものとは異なっているばあいのみである。

ヘーゲルは『法哲学』の緒論(R§5 から§7)で、「私は私である」という自己関係を、意志の普遍的契機および思考と同一視しており (R§5)、そのため、いかなる思考する具体的主体にも、この自己関係を受け入れる可能性が認められている。というのは、この自己関係においては完全に普遍的な仕方で、それぞれの特殊的個人——「この者としての自我」——に対して関係が成立するからである。[24]

同時にこの自己関係は、思考する具体的主体の自由の表現でもある。というのは、このような主体に対してはもはやいかなる規定性も直接的に向けられていないからである。この主体はあらゆるものに対して距離をとることができる。ヘーゲルがなん度も強調しているように、いざとなれば自殺をつうじてもそうできる。[25]「人格性」の段階における自由の特徴は、原理的にはいかなる特殊性をも否定することができるというその否定的性格である。この自由は、所有としての客体への観念的関係のなかに表現される。この関係において意志は、自分の「利害(関心)」(R§53R)をつうじて、しかも「普遍的仕方で」(前掲箇所) 客体へ関係する。したがって、ここにあるのは、物件によって媒介された、それゆえたんに即自的な自己関係である。しかし、思考する自己関係においては、あらゆる規定性からのこのような自由以上のものはまだ定立されていない。ヘーゲルは、このたんに制限的な性格を適法性と同一視し、そこから抽象法の領域の特殊的な性格を展開した。「人格性は……抽象的でそれゆえに形式的な法の概念、およびそれ自身抽象的なその基盤をなす」(R§36) というのがヘーゲルのテーゼである。

---

[24] 個々の具体的主体にとって、「私は私である」という公式によって表現される人格性の自己関係は同時に完全に個別化という機能をもつ。これは、「私」という指標的表現に含まれる一人称の視点に基づく。これに対して、質的には、また三人称の視点から見れば、この自己関係は個別化されていない。私見では、ここに、ヘーゲルがこの二つの視点のあいだに見て取ったいくつかの非対称性の概念的根拠がある。言語学的にみれば、これらの非対称性が「私」という語の意味論のなかに沈殿している。この点については、Nagel 1983、および 1986, 54 頁から 66 頁、参照。

[25] ただし、ヘーゲルによれば、具体的主体は自殺の「権利」をもっているわけではない (R§70、参照)。そのばあいの彼の論拠は、自殺は「外的活動の包括的な総体性、つまり生命」(前掲箇所) を無化 (根絶) するが、生命は人格性の総体性としては、「なんら外的なものではない」(前掲箇所) というものである。ヘーゲルによれば、そもそも人がさまざまな権利の担い手となるものを破壊する権利は存在しえない。ヘーゲルのこの考察は、彼が「緊急避難権」を解釈するさいにも重要となる (R§127)。

第一の帰結

「人格」の原理のこの形式的性格からの第一の帰結は、「法の命令」（前掲箇所）という形でしかこの原理自身を定式化することができないということにある。[26] 人格であることは、それが自己自身へ、他の具体的主体へ、また可能な客体へ特定の仕方で関係するかぎりで、思考する個人に帰属する属性である。それは、思考することができる具体的主体が、具体的主体として即自的に自己に帰属していた自由を対自にまでもたらすという可能性である。具体的主体であることは自由それ自体のことである。思考は、具体的主体自身にとっての自由が生じるための必要条件である。自由という対自は、「私は私である」という思考する自己関係という形で表現される。「自己を思考したことのない者は自由ではない」（R§5、R）ともヘーゲルがいうことできるのはこのためである。このばあいに自由は自己にとっての自由と理解できる。それゆえ、自己にとって自由なのは、自己に対して「人格」あるいは「主体」という自己関係にあるばあいのみである。なぜなら、「自己の存在」（前掲箇所）をこのような自己関係におくときに、自分があらゆる規定性から自由であることを知るからである。ヘーゲルの意志論の理解が困難な理由は、狭義の意志にはじめて属す自己にとっての自由も、当初はそれ自身即自的にすぎず、直接的形式のなかにあるという点にある。まさにこの直接性のゆえに、この自由は物件への関係において自己を顕現するようになる。したがって、「人格」とは、その直接的形式における対自的な自由なのである。[27]

第二の帰結

「人格性」の形式的性格の第一の帰結は、具体的主体にとってのたんなる可能性

---

(26) ヘーゲル理論の枠内で、そもそもこの命令がいかなる位置をもつべきかを問うことができる。この命令は歴史から切り離された道徳の原理ではありえない。おそらくヘーゲルは、世界精神の普遍的展開に基づいて、彼と同時代の市民にこのような自己関係を要求することができると思っているのであろう。

(27) ヘーゲルにおける「即自的」、「対自的」、「即かつ対自的」という概念を演算子として理解するならば、狭義の意志においてはつねにこの演算子の反復が生じていると考えなければならない。はめ込まれた（つまり内部列の）「対自的」が狭義の意志全般に帰属しているかぎりは、この意志の多様な形態を説明するばあいに、この語が指し示している意志の質に言及しなければならないのはもちろんである。しかし、そのばあい多様な形態のあいだの差異にとって重要なのは外部列における相違である。したがって、叙述の過程ではしばしば、省略した仕方で後者の列の諸規定のみを問題にする。『法哲学』の構成は論理的構造に従うのであって、もちろん歴史的展開に従うのではない。

であるというものであるが、この帰結以上に重要なのは第二の結果である。それはすなわち、「人格性」が「抽象法の概念」と抽象法の「それ自身抽象的な基盤」(R§36)とをなすため、人格性が抽象法の論理構造全体を規定していることである。

「人格性」が現存するのは、あらゆる特殊性が捨象されるばあいのみであるから、抽象法においては特殊性は捨象されなければならない。ただし、この特殊性には具体的主体のそのつどの特殊的意志の、そのつど特殊な「規定根拠」(R§37)も含まれる。特殊的意志の正当化は——抽象法の領域においては——普遍性という形式をもつことにのみ基づいている。そのため、抽象法は行ないの内実に対しては「たんに可能性」にすぎない(R§38)。なぜなら、それはいくつかの内容を不可能なものとして排除するのみであるが、それによってなんらかの具体的内容の必然性が示されることはないであろうからである。[28]排除されない内容に対しては、「それゆえに、この法の規定」として「たんに許可あるいは権能」が与えられるにすぎない(前掲箇所)。ヘーゲルによれば、選別のための唯一の基準は、「人格性と、それから帰結するものとを侵害しない」(前掲箇所)ということにすぎない。ある内容が禁止されるのは、それが「人格性」の原理と一致不可能なばあいである。これに対して、それがこの原理と一致可能なばあいには、それはたんに許可されてはいるが、だからといってまだ命令されているわけではない。すなわち、抽象法の立場から見るならば、それはこの原理と少しも対立しない。

ヘーゲルはここで、つぎのように定義される二つの術語を用いている。(抽象法の意味で)「許可されている」のは、人格性の原理と一致可能なあらゆる行ないである。この原理は、思考する他の諸主体の自由な自己関係と共存する原理として考えることができる。(抽象法の意味で)「禁止されている」のは、思考する他の諸主体の自由と一致不可能な行ないである。また、法的に「命令されている」のは、その不作為(差し控え) [Unterlassung] が禁止されているような行ないである。すなわち、不作為を行ないの一種として理解すれば、法の命令は法的禁令に基づいていることになる。ヘーゲルはこのことに同意して、つぎのように述べている。「それゆえに、法的禁令のみが存在するのみであって、法の命令の肯定的

---

(28) ヘーゲルは普遍化可能性テストの無内容性を非難するが、抽象法の段階ではこの自らの非難から免れている。というのは、「人格性」という自己関係には所有制度も概念的に含まれているからである(R§40、参照)。この制度は普遍化可能性テストに対して否定的な基準を提供する。これに対して、道徳の段階では、抽象法全体が主観的意志の「対象」であるため、このような直接的妥当性は否定されることになる(R§105R)。したがって、後者においては、普遍化手続きのさいに矛盾を生じさせるかもしれないようないかなる内容も潜在していない。

な形態はその形態の究極的な内容の点では禁止を根底においている」(R§38)。[29]

非対称

ヘーゲルは「人格性」という自己関係の構造から、なぜたんなる「可能性」すなわち「許可」が同時に他の(思考する)具体的主体に対する法(権利)でもありえるのかという理由も引き出している。

> 「許可というのは、規定性が私に対してのみ外的物件でありつつも、法(権利)それ自体とは同一ではないためである。他者に対して私が現存するのは物件においてであって、したがって他者にとってのたんなる可能性ではない。」(R§38R)

この言明のなかには三つのことが示されている。第一に、可能なのは許可のみであって、いかなる積極的な法の命令でもないということが「人格性」概念自身からもう一度導き出される。私は人格としては(定義上)あらゆる規定性を捨象し、それらから距離をとることができる。したがって、純粋に概念的にいえば、人格にとって、そこから逃れることが不可能なようないかなる規定性も、物件に対するいかなる積極的な法(権利)——しかも人格がそれを必然的に使用しなければならないような法——もありえない。第二に、さきのヘーゲルのコメントは、あらゆる規定性から身を引く原理的可能性とは、特定の思考する具体的主体がそのつど自己自身に対してのみとることができる視点であるということが示されている。したがって、他の具体的主体を人格として承認することは、その主体も規定性に対して距離をとる可能性をもつと想定するということでしかない。承認する具体的主体にとっては、この可能性からはいかなる法も導き出されることはなく、むしろ、人格として承認される具体的主体の意志の告知を待つほかない。[30] 第三に、ヘーゲルは、私にとっての法と他者にとっての法とのあいだのこのような非対称性をつぎの主張の論拠にしている。すなわち、「人

---

(29) ただし、このような筋立てからはつぎの問題が生じる。すなわち、命令されるべきものを引き出す推論が妥当性をもつためには、ある行ないと不作為とが矛盾関係におかれなければならないが、特定の不作為と矛盾するのはどのような行ないであるかを述べるのは困難である。この点については、Anscombe 1957 の §31 と §32 における指摘を参照。

(30) したがって、たとえば、ある人格に属している客体を、かつてはそうだったかもしれないが、いまはその人格もこの客体を自分の所有物としては見ていない(つまり、「もはやこの物件に自分の意志を込めていない」)という理由で、その人格から単純に奪い去ることはできない。

格性」は、自己自身に定在を、つまり他の人格にとっても把握可能ななんらかの内容を与えるために、自己を表明しなければならないという主張である。この表明は「占有取得」をつうじて、すなわち意志をもたない客体を「物件」として取り扱うことをつうじて行なわれる (R§40)。

人格の特殊化

　さきに示したように、抽象法の段階では、「人格性」の原理そのもののなかに所有制度が含意されているかぎりで、ヘーゲルにとって普遍化可能性の手続きは無内容ではない。そこで、ここではこの連関を明らかにしておきたい。ヘーゲルは「人格性」の原理の構造から、自己に定在を与える唯一の可能性が客体の占有獲得 (取得) にあることを導き出す。「意志の人格性は主体的なものとして」(R§39)、すなわち自己に対する関係づけとして、可能的物件の客体領域としての「眼前の自然に対して関係する」(前掲箇所)。すなわち、この主体的なものが客体化されるのは、眼前の自然へと活動をつうじて現実化することによってのみである。たんなる可能性が定在を獲得するためには、人格は占有獲得をつうじて「かの自然的な定在を自己自身の定在として定立」(前掲箇所) しようとしなければならない。これが第一段階である。第二段階では、この「なければならない」を基礎づける必要があるとヘーゲルは考える。ヘーゲルはその思弁論理学に依拠して、より詳しく言えば、「人格性」の原理を概念としての意志の普遍的契機と同一視することによって、この基礎づけに至る。すなわち、概念の契機としては「人格性」は意志一般と同様に、主体—客体の差異を克服するよう規定されている (R§32、R§33、参照)。「眼前の自然に」(R§39) 対立しているかぎり、「人格性」は、媒介されていない他者を自己に対抗して「客体的なもの」としてもっているような「主体的なもの」(前掲箇所) にすぎない。したがって、「人格性」は、たんに主体的なものにとどまるかぎりは、それに属する概念の本性にふさわしくない。ヘーゲルがコメントしているように、人格性は、「それ (自分の概念本性との差異——クヴァンテ) を廃棄して、自己に実在性を与えようとする活動するもの」(前掲箇所) である。「人格性」は、概念としての意志の普遍的契機としての自分自身の概念本性に適っているためには、自己を表明しなければならない。

　ヘーゲルの論証は明らかに二つの前提のうえに成り立っている。第一の前提は、可能的物件の集合と、「人格性」という主体的なものに対立するものとしての客体との同一視である。この点については、「所有」の制度のこのような演繹に実際に代案が存在しないのか、なぜ占有とは異なる定在形式で「人格性」を客体化する

可能性はないといえるのかという疑問が湧くかもしれない。第二に、ヘーゲルの論証はその思弁論理学に基づくが、この思弁論理学自体が方法上の内容的な諸前提のうえに成り立っている。なかでも、ヘーゲルの証明過程は、主体─客体の差異を包括するような統一性が可能であることを前提しているという点で、循環論法に陥っているような印象を呼び起こす。「人格性」にとって、自己に定在を与える必要性はその概念の本性から生じるが、この本性は即自的につねにすでにこのような統一性のなかにある。

異論
　ヘーゲルの意志論全体の思弁的構成はその反照論理学に決定的に依存している。この論理学においてヘーゲルは、「定立」と「前提」という論理を用いて、なぜこの文脈では論点先取が方法的に誤りでないどころか、まさに要求されるのかを基礎づけようとしている。ここで決定的な役割を果たしているのが、このようなやり方を採用しないかぎりは自己意識の現象にふさわしい論理を展開することはできないというヘーゲルの考えであると思われる。そこで、ここで、さきのヘーゲルの論証に対して持ちあがるかもしれない異論に論駁しておきたい。その異論とは、ヘーゲルが方法的にだけでなく、内容的にも論点先取の誤りを犯しているというものである。その理由は、「人格性」という自己関係は「私は私である」という契機を必要条件としているが、この契機が明らかにそれ自体すでに主体─客体の差異を包括するような統一性の一つの事例であるということにある。この異論は論駁可能であるが、ただしこの論駁もヘーゲルの方法を用いて行なうしかない。というのは、「私は私である」という契機は反照（反省）それ自体にほかならないからである。したがって、内容上の論点先取は方法上の論点先取に還元される。さらに、ヘーゲルがここで「絶対的区別」（LII32f.〔寺沢訳『大論理学』2、56頁以降〕）を模範として「人格性」という自己関係を構成したことも見て取れる。これによれば、「同一性は……その全体であるとともに、またその契機であるのと同様に、区別もその全体であるとともに、またその契機である」（LII30〔邦訳、58頁〕）。同じ箇所でヘーゲルはこの構造を、「反照の本質的性質として、またすべての活動性と自己運動との規定的な根源として」（前掲箇所）規定している。この関係を意志へ移していえば、同一性としての「私は私である」という普遍的契機は、全体としての同一性である意志の「契機または被定立有（定立されたあり方）」（前掲箇所）となるということができる。というのは、「この同一性は反照として自己自身への否定的な関係である」（前掲箇所）からである。このように、内

容上の論点先取は反照の運動へ還元される。そうであるとすれば、(ほとんど) すべてが反照の運動に掛ってくることになる。[31]

したがって、人格はあらゆる規定性に対して距離をとることができるが、それにもかかわらず「人格性」についての (ヘーゲルの) 概念には、主観的なものとしての人格性に対峙する客体を占有獲得することによって、それを「自己自身の定在として定立する」(R§39) ことが含まれる。自己の所有としての物件に対する人格の関係づけのなかには「人格性」という自己関係の概念的構造が現実化されている。占有と所有とは「自己にのみ関係する人格」(R§40) の自由であるとヘーゲルがいうことができるのはこのためである。[32] 同時に、この内的な主観的自由の発現は、「対象性と内容とを生み出す」(R§38、R) という意味での「積極的な行ない」である (前掲箇所)。また、この行ないのなかでこの自由は、合法的要求という形式をとって他の人格に対して現実的となる。

他者の意志

すでに占有獲得の段階にも他の諸人格の意志に対する関係が含まれている。というのは、他の諸人格に与えられる可能性は制限され、他の諸人格はそれぞれの正当な意志を相互に承認し合わなければならないからである。[33] 諸人格は人格として、人格の正当な表明を侵害してはならないという抽象法の要求に等しく従っている。したがって、抽象法のより高次の形式はたしかにそのつどの他の人格の意志に対していっそう明示的な関係をもつことになるが、法関係が (これが「人格性」にとって「定在」を獲得するための唯一の可能性であるというヘーゲルのテーゼに基づけば) 物件によって媒介されている点に変わりはない。契約も最終的には「人格に対する権利 (法) をではなく、……つねに物件に対する法権利を」(R§40) 与える。ヘーゲルがつぎのように主張できるのはこのためである。抽象法においては (自己関係としての) 意志の自由はつねに物件のなかにのみ表われ、

---

(31) しかし、自己意識という現象、「私」の意味論、および自己帰着 (自己帰責) について満足できる分析がまだないかぎりで、ヘーゲルの試みはなおアクチュアルであり続ける。この点については、Düsing 1983a および 1992 も参照。

(32) ヘーゲルはここで「物件」という概念を最広義に用いている。したがって、これには「給付 [Leistung]」も含まれている。ヘーゲルは当該の節で、とくにカントが法を「物件法 (物権) と人格法 (債権) と物件的人格法 (物権的債権)」(R§40) に区別していることを不適切として批判している。

(33) 「自由という理念」の展開のためにこの「承認」が担う機能については、Siep 1979, 286 頁以降および 1982a、参照。

特殊的意志の相互の関係はつねに物件によってのみ媒介されるのであり、特殊的意志と抽象的意志の関係自体を概念的に直接把握することはできない。しかし、このことが行なわれるのは、意志の自己関係がもはや「人格性」ではなく、「主体性」となるときである。

2 主 体

『法哲学』第2部の最初の節でヘーゲルは、このような問題の考察にとって重要となる主体（主観）という概念を導入している。

> 「道徳の立場は、意志が即自的に無限であるのみでなく、対自的にも無限であるかぎりで、意志の立場である……。人格を主体へと規定するのは意志のこのような自己への反省（反照）であり、即自存在および直接性に対抗し、このようななかで発展するもろもろの規定されたあり方に対抗する意志の対自存在する同一性である。」（R§105）

抽象法における自由の諸形態の原理として基礎となっている「人格性」という自己関係においてもすでに意志は即自的に無限であった。この段階の意志の自己関係が「即自的」にとどまっているのは、たとえば占有取得が意志の自由の表現である、つまり自由で思考する意志のみが占有関係に入ることができるのに対して、その意志は自己の自由そのものにではなく、物件に関係するからである。人格性の「立場」において意志が「無限」であり、それゆえに自由であるのは、あらゆる特殊的内容を捨象することができるという人格の能力において現れる思考的自己関係をつうじてである。

法を、したがって普遍的意志を意欲するよう自己を規定する特殊的意志という概念は、犯罪、強制、刑罰等々という現象の分析、あるいはそれら現象の社会的理解の分析から引き出されたものである。ヘーゲルは現象に関するこの所見をつぎのように概念的に規定している。すなわち、そこには（ⅰ）「意志の自己への反省」（前掲箇所）が現存し、それによって（ⅱ）意志は「対自的にも無限」（前掲箇所）となり、その結果、（ⅲ）「自由にとってのより高い地盤が規定」（R§106）される。この段階にまでさらに展開された自己関係において意志を捉えるならば、具体的主観はもはや人格ではなく、主体であると考えられる。

この新たな自己関係のなかに「意志の自己への反省」（R§105）が現存するのは、特殊的意志に対して普遍的意志を意欲するよう自己自身を規定することが要求さ

れるからである。ところで、概念としての意志についてのヘーゲルの規定に従うならば、すなわち、意志の普遍的契機と特殊的契機との本質論理的な（数的ではなく）同一性というテーゼを受け入れるならば[34]意志の自己関係とは、ある具体的な主体の内部の意志の特殊的契機と普遍的契機とが相互に関係し合っているようなあり方であると考えられる。ヘーゲルがこの運動を「意志の自己への反省」と呼ぶのは、それが物件をつうじて媒介されたものではなく、概念に内在する関係を意味しているからである。また、この自己への反省において意志が「対自的に無限」なのは、それが自由に自己自身へ関係するからである。法（権利）を自由の表現として貫徹することを決断する特殊的意志という思想のなかには、この内容へ向かう自由の意識が含まれている。このことは、犯罪を自由で意図的な行ないとして理解することのなかに、特殊的意志がこの同じ内容からの自由をもち、この内容に反する決断を自由に行なうことができるという思想が含まれていたのと同様である。このような「自由な意志の内面性」(R§105R)において思考された関係（振る舞い）が、ヘーゲルによって——道徳を主題とした第2部の意味で——「主観性」と名づけられた自己関係である。ここに含まれている「自由のより高い地盤」は、自己の自由に関する知が主観性の基礎をなしているという点に表れている。この知がなければ、「決断」という思想は考えられない。これまでは「物件」との関わりでのみ表現されていた自由は、いまやさらに展開されて、「意志の自己における自己自身への純粋な関係」（前掲箇所）である「主体的自由」（前掲箇所）として考えられている。

　ヘーゲルはここで、カントの道徳概念を概念論理的に分析し、意志の自己への反省として規定しようと試みている。適法性は、（抽象法との関わりにおいて）行ないを「許可されている」、あるいは「禁止されている」として評価することのたんに形式的な性質であるが、このような適法性が、「人格性」という自己関係の普遍的性格から帰結したのに対して、なぜ道徳が行為当事者の内的視点を採用するのかがここで明らかとなる。道徳で問題となるのは、もはや、ある行ないが法的に許容できるか否かではない。いかなる理由によってその行ないが遂行されたの

---

[34] このような概念展開のためにはどのような想定が必要となるかを、ヘーゲルはつぎのように明示している。「それ自体としては、純粋に主観的な意志と即自的な意志とは同一である (R§105R)。選択の自由の意識としての純粋に主観的な意志と、抽象法における自由一般の形態としての即自的な意志とは、即自的・概念的に同一である。ただし、道徳性の段階では、この同一性はまだ純粋に主観的な意志自身に対して「定立」されていない。この構図も、なにかが全体であると同時にその契機でもあるという論理的関係を基本にしていることは明らかである。

かがいまや重要になる。まさにこのこと、つまり行為当事者はなにかが合法的であることを理由にして、それを行なう（あるいは犯罪の場合には、それが合法的であるにもかかわらずそれに反することを行なう）ということが、犯罪の概念的帰結、ならびに刑罰を行なう正義の概念的帰結であった。したがって、行為当事者はもはやたんに人格すなわち法（権利）の担い手としてではなく、その「動機」（R§124）を考慮に入れているような主体として考察される。適法性の段階では、合法的であろうとする行ないの普遍的性質と、行為者の具体的でそのつど特殊的な動機とが分離されたが、行ないを考察するための新たに得られた立場ではこの分離は維持できない。むしろ、そこでは行為当事者の意図、見解および理由が行為当事者自身の行ないにとって重要となる。なぜなら、適法性の立場で行ないを吟味することは、行為者をたんに人格としてのみ考察することであり、そこでは行為者の個体性（個人性）やその意志の特殊的なものは捨象されているからである。行為当事者が自由に決断する者、すなわち主体として見られるばあいには、まさにこの特殊性が重要になるのである。

　「主体」という概念に関しても、他者の視点と自己の視点のあいだに非対称性があることに注意しておく必要がある。私にとって私が主体であるのは、自分が自由に選択する存在であることを知っているばあいである。〔これに対して〕他者が私を主体として観察するのは、他者が私の行ないを私の意図に照らして記述し、それを私の選択の表現として把握するばあいである。これをより正確に定式化すれば、私の行ないが所行として記述されるばあいには、私が主体であることが想定されている。これに対して、私の行ないが行為として記述されるばあいには、私は特定の主体として承認されている。後者のばあいには私の視点が考慮に入れられているからである。行ないを行為として記述するという特殊な記述の仕方のなかには、それを行なうだれかがいかなる者なのかが示されている。

　「人格」および「主体」という概念がある行ないの行為者を記述するために使用されるばあいに、それらは外延を異にする概念としてではなく、観点の相違として理解されるべきである。もちろん、ヘーゲル自身の分析からたしかに明らかになったように、「人格」と「所行」という概念は「主体」と「行為」という概念を含意している。これは、犯罪と刑罰についての（日常的）理解に即しても読み取れるとおりである。しかし、「人格」および「主体」が意志の自己関係の構造を指すものとして使用されるばあいには、これらの二つの概念は異なったものである。ヘーゲルの体系においてこの二つの概念は、区別可能な二つの論理的構造の表現である。ただし、ヘーゲル論理学に従えば、このばあいにもこれらの二つの概念のあ

いだには論理的な含意関係がある。まさにこの反照論理的な含意が、さきに確認した含意の基礎となっている。また、そこで含意として示された依存関係を論理的構造の次元で、その基礎となる概念のさらなる展開として捉えなければならないということは、「定立」と「前提」という反照論理のもう一つの応用例である。

したがって、ヘーゲルが意志のこのような新たな自己関係を「主観性（主体性）」と呼んだことは、ヘーゲルが「自由な決断」を概念としての意志の契機であり、概念自身の主観性の現実化であると理解しなければならないと考えたこととつながる。それゆえ、道徳の部の論理構成を見とおすためには、「意志の主観性」(R§106) に関するヘーゲルの言明をより正確に分析することが必要である。

第3節　意志の主観性

『法哲学』第25節でヘーゲルは、その『法哲学』の文脈で使用される「主観的なもの」という概念のさまざまな意味を詳細に説明している。ヘーゲルはそこで三つの意味を区別しているが、ここでは原典とは異なった順序でこれらの意味に言及しておきたい。

主観性1

まず、主観的なものという概念は「恣意（選択意志）[Willkür] としての、任意の諸目的の偶然的内容としての意志の特殊性」(R§25) という意味で理解することができる。この用法では「主観的」は、たとえば特定の主観に対してのみ当てはまる目的の特殊個別性（特有性）[Partikularität]、あるいはまた、なにかをしようという決断、あるいはなにかに反した決断をするさいに、ある主観にとって重要となる理由の特殊個別性を意味する。

主観性2

「主観的なもの」は、「意欲されたものが、その内容の点でどうであろうと、まだようやく自己意識に属する内容にすぎず、実現されてはいない目的であるかぎりでの」「一面的な形式」(R§25) を意味するばあいがある。まだ実現されていない意図をたんに主観的で、まだ現実化されていない意図と呼ぶばあいには、このような意味で用いられる。

ヘーゲルによれば、この用法の背景には、けっして現実化されることのない意図に対する低い評価がある。しかし、それ以上に、この用法には、自己意識とし

第 1 章　概念上の諸前提——人格と主体　49

ての形式的意志の規定性、すなわち自己の主観的目的に対する関係に関して「意識の」(R§8) 段階における形式的意志の規定性が表現されている。これは、意志が直接的な他者としての、つまり「外面的で直接的な現存在としての」(前掲箇所) 客体へ関係することを意味する。

　ヘーゲルは形式的意志のこのような論理的規定を用いて、なぜ意志が活動であるのかを説明しようと試みる。意志は (ヘーゲルの意味での) 概念という構造をもつかぎりで、主体—客体の差異を包括している。意志は自己自身へ関係し、このことによって (ヘーゲルの意味で) 無限であり、したがって自由である。同時に意志は、たんに形式的で即自的にのみ自由な意志としては、まだ「主観的なものと、外面的で直接的な現存在としての客観的なもの」との形式的な「対立」(R§8) にとらわれている。ヘーゲルによれば、このことによってつぎの二つのことが説明されたことになる。第一に、なぜ意志が活動的であるのかが示される。すなわち、「意志の活動」(R§28) は、「主観性と客観性との矛盾を廃棄」(前掲箇所) しようとする意志の概念本性そのものの表現にほかならない。このことが行なわれるのは、意志が実践的な能力として、その眼前の外界を変化させ、そのなかで自分の主観的目的を現実化し、それを客観的にすることによってである。第二に、ヘーゲルは、主体—客体の差異を包括する概念であるという意志の論理的構造から、目的のなかに含まれる「実践的表象」(R§4R) を導出するが、この表象のなかで主観的目的は、「それがあってほしいと……自我が欲するもの」(前掲箇所) として規定されている。ヘーゲルはさらに同じ箇所でばらばらの能力というイメージをも批判しており、理論的能力と実践的能力の分離に反対し、それらは「二つの能力などではない」(前掲箇所) と述べている。

　ここには、ヘーゲルがつぎのようなイメージを描いていることが示されている。すなわち、内実は実践的表象のなかで目的として捉えられ、この目的は思考する自己関係としての意志の理論的構成要素によって内容となる。これに対して、現実化されるべき目的としての内実の「実践的」性格は意志全体の論理的構造から説明される。本書では今後ヘーゲル理論の解釈のために「命題 [Propositionen]」という理論的構想を援用したい。ヘーゲルは『法哲学』において狭義の意志概念を前提としたうえで、この構想を用いて、主観的意志によって捉えられた目的が実践的様態をとると同時に、理論的構造をもつのはなぜなのかを明らかにしようと試みている。ヘーゲルがこの説明に成功するのは、理論的構成要素としての意識を実践的構成要素としての意志のなかに統合することによってである。「意志の活動」(R§28) を把握するためには、形式的意志のなかに統合された構成要素

としての「意識の立場」(R§108) が不可欠である。この立場は、主観から独立に存在する外界の想定を含意している。意志がその主観的目的を現実化するために、実践的に働きかけることができるのは、このような外界に対してのみである。簡潔にいえば、実践的立場あるいは行為についてのわれわれの日常的な意識は素朴実在論を含意している。

　このようなヘーゲルの考察の目的は、因果的関係を指し示すことにあるのではない。むしろ、ヘーゲルが望むのは——哲学的説明についての彼の理解によれば——概念連関の論理思弁的な説明を提示することである。すなわち、概念という構造をもつ意志が、まだ現実化されていないという意味で主観的であるような目的を自分で立てるとすれば、この意志は、この目的が主観的であるにすぎないという知(意識)をもたなければならない。また、このことが可能なのは、意志がこの知において、主観から独立に存在するものとして規定された外界へ関係し、活動をつうじてそのなかに自己を外化することによってである。このような連関によって意識の立場はそこに含意されている。ヘーゲルの説明にはさらに、意志は、たんに主観的な目的が不適切であることについての知をもっているという主張も含まれている。ヘーゲルはこのテーゼを、「自己への無限の反省として」(R§109) 規定されている意志の概念の本性によって基礎づける。また、主観的なものとしての意志に帰せられるこの規定から、目的のたんなる主観性のなかに、ある限界が「意志自身にとっても自覚されて」(前掲箇所) おり、その結果、意志は現実化という活動によってこの限界を廃棄するということが明らかにされる。ヘーゲルの概念的展開は、行為についてのわれわれの意識の分析を示す。すなわち、そのばあいに説明すべきなのは、ある内実が実践的様態において捉えられるのはなぜなのかということである。ところで、いま述べられたように、この説明に成功するのは、これから意志の主観性の第三の意味が説明されるばあいのみである。[35]

---

[35] もう一つ説明する必要があるのは、なぜ主観—客観としての「絶対者」が構造的にいって自己自身についての思考であるだけでなく、自己自身についての意欲でもなければならないかである。ヘーゲルはこの主題を『大論理学』の最後から二番目の章の第二段落〔第3篇 第2章B. 絶対的理念〕で扱っているが、ここではこの主題をしかるべく詳しく扱うことはできない。ヘーゲルは『法哲学』§28の欄外メモでこの体系内在的な連関について、「精神は理念であろうと意欲する——概念と定在」と手短に言及している。この問題が興味をひくのは、なによりも、これが最終的には、自己意識がつねに具現と感覚的経験を前提するか否かという問題と関わっているからである。

主観性3

　ヘーゲルは『大論理学』第3巻、第1篇で主観性について論じているが、そこでは、思弁論理学において把握された「普遍性」、「特殊性」、「個別性」という概念の分析から考察を始めている。ヘーゲルの形而上学におけるこの難解な教説を本書で扱う必要はない（またそうすることは不可能である）ので、以降は、ヘーゲルにとって「概念の」唯一の「契機」(LII239〔寺沢訳『大論理学』3、47頁〕）であるこれら三つの概念が、ヘーゲル理論において概念という構造をもつと見なされた「意志」に対してどのように適用されるかのみを考察したい。

　ヘーゲルは『法哲学』の§5から§7で、意志のどの特徴が「概念の」三つの契機に一致しているのかを規定している。このなかで「個別性」は、ヘーゲル論理学における成果に即して、他の二つの契機〔普遍性と特殊性〕の「統一」(R§7)として規定されるが、「意志」は「自己へ反省し、このことによって普遍性にまで連れ戻された特殊性」としてこのような統一であるとされる。個別性の規定は、すでにみたように道徳の段階でヘーゲルが意志を規定していたものと同様なものとして展開されている。すなわち、それは、それ自体で合法的な目的の実現に向けて、あるいはそれに反して自由に決断するものとして主体が理解されるばあいに、この「主体」の概念に含まれると考えられるような意志の諸形態として展開されている。普遍性と特殊性との統一としてのこのような個別性——ヘーゲルは『法哲学』第7節に手書きで「主観性といった方がよい」と書き加えている——は「自我の自己規定」（前掲箇所）と同一視される。この自己規定において自由な意志は自分に特殊的内容を与え、この内容を自分の目的として定立し、しかもこの自己制限にもかかわらずそこにおいて自己が自由であり、この特殊的内容に対して再び距離をとることもできる存在であることを知っている。「意志の概念あるいは実体性をなす」（前掲箇所）この自由の意識はすでに「人格性」にとってもその基礎となっていたが、そこではまだ「普遍的なもの」という規定にとどまっていた。

主観性と道徳の立場

　道徳の立場では、「主観性が今度は概念の規定されたあり方を構成」(R§106)する。というのは、ここではまさに主体の「動機」が考慮に入れられ、「知と洞察と意図」(R§105、R)を伴って自由に選択された理由からなされる行為への決断が尺度とされるからである。このことによって自己規定は活動的原理として、すなわち道徳の領域についてのさらなる説明のための基礎として選び出される。対自的に自由な意志の決断は、「自由もしくは即自的な意志が現実的である」(R§106)

ことができる唯一の「場」である。即自的な意志が「現実的」であるのは、この意志が活動的原理として「定在」を獲得するばあいである。[36] しかし、このことは、犯罪および刑罰を行なう正義に関するヘーゲルの分析から明らかになったように、この特殊的意志が主観へ、つまりその特殊的意欲が同時に普遍的なものへの意欲でもあるよう、主観へ規定されるばあいに、法を即自的な意志として意欲しようと決断する、というようにのみ理解されうる。

　刑罰を行なう (たんに復讐的ではない) 正義の可能性は、「同時に対自的な個人としての主観の」意志が「存在する」(前掲箇所) ことに依拠している。このばあいに、〈存在する〉とは、個別的意志のこのような対自存在が即自的な意志から「区別されて」(前掲箇所) いることを意味する。このようなヘーゲルの主張に関して考慮に入れておくべきなのは、この「区別」が反照 (反省) 論理的概念であるという点である。すなわち、それは即自的に区別される二つの存在者の存在論的無関与ではなく、一つの構造の二つの相関項の反照論理的な相対的独立を意味するのであって、そこではそれぞれの対立項への暗黙の関係によってこそ両者の独立を保つことができる。

　ヘーゲルによれば、この反照論理的意味での区別はつぎの三つの機能を果たす。第一に、意志一般の普遍的理性性と、ある主体の意志の特殊的理性性とを区別する必要がある。というのは、この区別がなければ、犯罪者が行為者であり、また犯罪者の行ないが意欲の表現であることがまったく不可能になるであろうからである。特殊的意志と普遍的意志とが——ここでの「区別」はこのように理解されるべきである——相互の相対的独立も保っていないならば、そもそも両者が葛藤するということも考えられえないであろう。第二に、自由が「理念」であるべきであるとすれば、それは「定在」と「現実性」ももっていなければならない。しかし、法 (権利) が「現実的」となるのは刑罰においてのみ、つまり、その否定 (犯罪) をくぐりぬけて自分の有効性を証明し、この否定自体を否定することによってである。このことは、特殊的意志が、刑罰を行なう正義を行使するという仕方で行

---

(36) 本書において「定在」という語は、ある普遍的なものの例示 [Instantiierung]、例化 [Exemplifikation] を意味すると同時に、ある個別的概念の他の個別的概念に対する規定性をも意味すると理解していただきたい。これは、ヘーゲルが『大論理学』の該当箇所で挙げている三つの意味をすべて網羅している (LI96f.〔邦訳『全集』『大論理学』上巻の一 117 頁〕以降、参照)。二つの概念が「定在」をもつのは、それらが意味として互いに区別可能であり、かつそれぞれがそれだけとして (対自的に) 規定されているばあいである。即自的な普遍意志が「定在」をもつのは、ある人格の行為において「定在するもの」となる (つまりそのなかに例化されている) ばあいである。

なわれる。そのためには、特殊的意志が自己に対して普遍的意志（法）を意欲することが、しかも自分の決断、自己規定によってそれを意欲することが要求される。さらに——またこれが区別の担うべき第三の課題であるが——そもそも差異を受け入れることによってのみ道徳（そこでは、ある行ないの動機の理由への問いが重要になるが）にとっての空間が作り出されうる。この区別を設けないかぎりは、対自的に絶対的に自由な行為という思想は最終的に成り立たなくなるであろう。というのは、そのばあいには、法に反する決断は自由ではなく、それはもはや自由な意志の発現ではないことになるであろうからである。さらに、そのばあいに、知$\overset{\cdot}{り}$$\overset{\cdot}{つ}$$\overset{\cdot}{つ}$法に反して決断することもできるという個々人の自由の意識は明らかに事実であるにもかかわらず、それを概念的に捉え返すこともももはや不可能となるであろう。しかし、一般に流布している意志に関する「知性主義的」観念とは異なり、この個々人の自由の意識は「悪」への自由、つまり法に適っていない行ないをなそうとする自由な決断も含んでいる。[37]だが、本書が理解したヘーゲルの刑罰論に従えば、まさにこのような自由の意識のみが、刑罰という概念を保持することをそもそも可能にしてくれる。[38]われわれの自己理解と法の実践はまさに、この概念を想定することに基づく。通常われわれは、自由な行為としての犯罪と、たとえば衝動的犯罪者や中毒患者の振る舞いとを区別しているが、ヘーゲルの反省（反照）論理はこのような困難な問題に対しても解答を与えることができる。

　概念としての意志が、自己自身のなかで二つに分裂し、かつこの分離において「自己のもとに」とどまる点で、自己のなかに否定性を「耐え忍んで担う」ことが許されるとすれば、また意志が実体として、対立者へと深まることのできるような区別を自己のなかに定立することが認められるとすれば、つぎのような若干の主張が納得できるものとなる。（1）自由は法（権利）へ向けられ、あるいはこれに反する、ある特殊的意志の自由な決断において自由の即自として「現実性」をもつという意味で、（ヘーゲルの意味での）「理念」として考えることができる。いかなる決断も、意志が自己自身を規定することとしての特殊的意志の$\overset{\cdot}{具}$$\overset{\cdot}{体}$$\overset{\cdot}{的}$決断として規定される。（2）法に反する決断も（行為者の理性的意欲の表現として）自由なものと考え

---

(37) 知性主義ということで理解されているのは、理性的存在者が自由な決心によって、否定的な質を知っていながら、不道徳なことや非合法なことを行なうということは考えられないというテーゼである。

(38) このことはポトハストが、ある論文 (Pothast 1980) で、これとは反対のテーゼから引き出した帰結にも示されている。ポトハストは彼の論文で、法哲学および道徳哲学にとって重要な意味で、刑罰の正当化のための基礎を提供しないような自由の証明は行なわれえないという結論に達している。

ることができる。犯罪はあくまでも一つの行ないであり、処罰される者から理性的に自由に行為する存在としての「栄誉」を奪わずに、刑罰という観念を正当化できる。(3)状況に応じて「別なように行為することもできる」という行為者の自由の個別的意識を概念的に分析することができる。(4)個別的行為者の自由な自己規定の理由が問題となる場としての道徳を行為概念の一つの次元として展開し、合法性の原理の観点に従った行為の観察から概念的に区別することができる。(5)行為の「主観性」の説明が可能となる。(6)行為の評価の諸問題を、その基礎となる概念の分析をつうじてその発生の点で指摘し、またこれを解決することができる。

いうまでもなく、意志の自己における自己関係としての主体の行為意識の反照論理的分析の成果はきわめてさまざまな次元にわたっている。しかし、ここでは概念としての意志の「実在的契機」(R§106)である「定在」、「現実性」あるいは「存在」という諸規定の展開という、体系上の理由でヘーゲルにとって重要な意味をもつ成果をこれ以上主題にすることは控えたい。また、刑罰の正当性の哲学的基礎づけに関するヘーゲルの試みについても議論は控えたい。ここで重要なのは、ヘーゲルがその行為概念を展開している概念的な関連領域の枠を確定することのみである。したがって、本書の問題設定にとって中心的となるのは、さきに挙げたポイントのなかでとくに、行為論の基礎的問題に関わる(3)から(6)までである。

道徳の領域における主観性の展開

ヘーゲルによれば、主観性および意志の自己規定という、そのつどの特殊的意志の自由な決断のなかで働いている原理は、道徳の領域においては展開過程を辿るが、この過程は両義的である。ヘーゲルは『法哲学』§106と§107で、のちの展開過程を先取りしてつぎの二つの観点に言及している。

> 「それゆえ、第二の圏域である道徳は全体として自由の概念の実在的側面を示す。また、この圏域の過程は、さしあたりたんに対自的な意志を、つまり即自的な意志あるいは普遍的意志とは直接的に即自的に同一であるにすぎない意志をその区別(そこではこの意志が深化していく)に従って廃棄することであり、また即自的な意志と対自的に同一なものとしてこの意志を定立することである。」(R§106)

第一の観点から見れば、道徳の領域は区別と欠陥によって特徴づけられている。それは、ある特殊的な行為主体自身の対自的な意志と、法としての即自的な意志とが意志の自由の表現として即自的には同一であるにもかかわらず、この主体に

とってはまだ同一化するに至っていないという点に現れている。道徳の部においてはこの区別が深まり、対自的な自由が即自的な自由からつねにますます乖離し、「悪」と「良心」という仕方で普遍的意志との対立に至り、普遍的意志の内在的な無矛盾性のために道徳の全領域が「止揚 [Aufheben]」されなければならなくなる。[39] この止揚はたんなる否定と同一視されてはならない。この止揚の本質は、対自的な意志自身が、即自的な意志と同一であることを知っているという点にある。この止揚のなかで、論理的により高い自己関係としての「実直な（法を生み出す）[rechtschaffen] 意志」が成立し、これが人倫の領域の概念的基礎をなる。

この視点に立つとき、道徳および、そこで展開されるすべての概念の領域全体は、解消されない区別から生じた概念的対立によって貫かれており、この区別が道徳自体にとって構成的となっている。したがって、この領域自身の内部でこの対立の概念的解消を望むことはできないことになる。この点についてヘーゲル自身がつぎのように記している。

「全体は、α）存在するもの、β）それが私にとって、私のなかでそうであるところのものとの対立のなかを運動している。」(R§114R)

つぎに、第二の観点から見たとき、道徳において考えられている「意志の自己規定」(R§107) は、——個別性として——同時に「意志の概念の契機」（前掲箇所）でもあり、そのため「主観性はただたんに意志の定在の側面であるばかりでなく、意志固有の規定」（前掲箇所）ともなっている。「意志の自己規定」という定式化はつぎの二つの観点で捉えることができる。まず、これは概念としての意志（たとえば刑罰を行なう正義として「現実的」となるために、ある特殊的意志のなかで定在を獲得するような意志）の自己への内的反省を意味する。これが「自己規定」であるのは、そこでは即自的な意志が自由な決断[40]において、ある特殊的意志の動機

---

(39) 誤解を避けるために述べておくならば、良心と悪はそれぞれこの対立の一側面であって、その一面が普遍的意志である。内的に矛盾し合っているのは悪と良心に関するいくつかの理論的観念であって、この対立そのものではない。ここで問題になっている「アウフヘーベン（止揚）」がけっして単純な否定ではないことは、Siep 1981 および 1982 に示されているとおりである。

(40) ヘーゲルは意志のこのような「決心」をその論理学における推論の理論と結びつけている (R§7R、および LII394〔寺沢訳『大論理学』3、239 頁〕、参照)。このため、意志は形式の次元においてもすでに理念である。しかし、内容がまだ形式にふさわしいものとして定立されていないため、道徳の領域は形式的にとどまっており (LII481〔寺沢訳『大論理学』3、348 頁〕、参照)、内容が与えられるのは「判断」をつうじてのみである。

となるよう自分を規定するからである。この自己関係は意志自身の概念本性から必然的帰結である（R§5から§7、参照）。さらに——これが別の観点であるが——この「自己規定」は、対自的に自由な意志が自己自身に与える規定として理解されなければならない。それはまたそのつどの特殊的意志の自己規定でもある。道徳的意志において、あるいは人格から主体への規定の進展において（暗黙のうちに）考えられているのはこのような自由な自己規定であり、ヘーゲルはこれを意志の概念構造から必然的に引き出されるものとして展開している。したがって、思弁論理的理由から道徳の領域は一つの「法（権利）」を含まなければならない。あるいは、そこでは意志の概念的に必然的な発現が考えられているのであるから、道徳の領域は「法」を表現にもたらさなければならないという方がよいであろう。

　「道徳的立場のこの過程はこの点では主観的意志の法（権利）の発展——あるいは主観的意志の定在のあり方の発展——であるという形態をとる。」(R§107)

したがって、さきに触れたこの領域の止揚はたんなる否定ではなく、せいぜい道徳における法の（また「緊急避難権」がそうであるように、抽象法の）新解釈およびその相対化にすぎない。そのさいに、ヘーゲルの方法に従えば、この相対化は概念的諸規定それ自身から生じる一種の自己修正であるといえよう（R§31）。そこに現れてくる諸規定は同時に意志自身の概念の「諸形態」(R§32)でもある。

行為概念の分析をするまえに、二段階ほどさらに解釈のステップを踏む必要がある。まず第一に、意志の主観性の「形式面（形式的なもの）」というヘーゲルの言い回しの背後に潜んでいるのはより正確にはなにかを明らかにしなければならない（第4節）。つぎに、ヘーゲルが「内容」という語でなにを理解しているのかを概念的に説明しなければならない（第2章）。自己を廃棄するという道徳の領域がもつ固有性は、そこには一つの区別が存在する点にある。この区別は、区別としては必然的であるが、同時に相対的な区別[41]にすぎないという意味では、矛盾という形にまで先鋭化されてはならないような区別である。このばあいに道徳における法を成り立たせているのは区別の必然性である。しかし、道徳の領域

(41) 相対的区別という観念は、ヘーゲル論理学を用いるならば、概念と理念にとって構成的でもあるような形式と内容の区別として考えることができる。この区別はたんに相対的でしかありえず、形式に従った区別にすぎないが、その理由は、理念であれば、そこでは形式と内容との同一性が求められるという点にある。ただし、この同一性とは、区別をたんに否定するのではなく、止揚するような同一性である。この区別の止揚の最初の形式が「判断」である(LII232〔寺沢訳『大論理学』3、45頁〕、参照)。

においてはこの区別の相対性がまだ定立されておらず、対自的意志自̇身̇が即自的意志と同一であることをまだ知らないという事実がこの立場の形式面̇をなす。あるいは、ヘーゲル自身の言葉を引用するならば、

> 「それ〔無限の自己規定——クヴァンテ〕が個別的意志においてはじめて登場するさいにはまだ意志の概念と同一のものとしては定立されていないので、道徳の立場は関係の立場であり、当為あるいは要請の立場である。」(R§108)

そこで次章では、主観的意志のこのような形̇式̇面̇のより正確な意味を確定したい。

第4節　主観的意志の形式面

　ヘーゲルは『法哲学』§108でそれまでの考察のまとめとして、道徳の両義的性格およびこの両義性の根拠を挙げている。それは、主観的意志が「直接的に対自的」(R§108)であるということにある。この意志はあらゆる内容へ自由に関係しており、——直接性のために——この自由の意識がこの自由自身の内容としての法と同一であることを知らない。すなわち、ヘーゲルがその全概念展開の基礎におくこの同一性がまだ主観的意志のなかで「定立」されていないため、主観的意志は形̇式̇的̇な自己規定をもつにすぎない。

形式面と内容

　この「形式的」という論理的特徴づけがここで意味するのは、主観的意志があらゆる内容へ自由に関係しており、可能な内容についてのいかなる基準をもこの自由の意識から対自的に獲得するに至っていないことである。意志の主観性の規定をこの意味にのみ限定するならば、意志の主観性は意志一般の欠如的形態にすぎないであろう。また、それ以降の展開過程におけるその「運命」も、否定されるのを待つのみであろう。

形式面と形式

　ところで、意志はその概念構造に基づいて、個別性という論理的契機を獲得するが、ヘーゲルは主観的意志をこの契機に割り当てている。この契機は「意志の無限の自己規定として、この意志の形式面をなす」(R§108)。したがって、概念としての意志が獲得する個別性の最初の形態は、主観的意志があらゆる可能的内

容から自由になったり、あるいはそれに向かって自由に関係する自由のなかに現存する。意志それ自身の契機としての主観性というこの規定から明らかであるように、否定されるべきなのは、(個別的主体の抽象的な自由の意識において) この契機がはじめて登場するさいの欠如的なあり方のみであって、主観性は保持されなければならない。すなわち、否定されるべきなのはこの第一の登場の「直接性」のみであって、この契機全体ではない。個別性の契機の形態であるという点にこそ、道徳における断念しえない法の本質があるからである。

形式面と活動

しかし、ヘーゲルによれば、この個別性の第一の形態が当初は直接的で形式的にすぎないのであるから、なぜ「意識の立場」(R§108) が意志のなかで登場するのかが説明できる。「主観性の差異」(前掲箇所) としてそれ自身意志のなかに含まれ、主観性の形式面をなす形式と内容との「差異」には同時に「外的な定在としての客観性に対立する規定」(前掲箇所) も含まれている。ヘーゲルのこのコメントが理解可能となるのは、形式と内容の差異の帰結として、対自的に自由な意志があらゆる内容に自由に関係するようになるばあいである。このことによって、それぞれの内容はさまざまな可能的諸客体として考えられており、それらの客体のあいだの差異は、起源を主観的意志のなかにではなく、諸客体自身のなかに求めるべきであるとされる。主観的意志はあらゆる内容へ自由に関係することによって、それらの内容を総じてその意欲の諸客体とし、諸客体のなかに認められうる区別の起源を諸客体自身のなかに移し入れている。ところが、実際にはこのことは意識の論理構造にほかならない (E§413ff. 参照)。

意志はその概念構造のゆえに即自的には、ヘーゲルが欠陥と見なす主体—客体の差異を越えたところにある。また、主観性としての意志は即自的にはつねにこの差異を克服してしまっているので、この欠陥は意志自身に対して欠陥として規定されている。すなわち、それは意志にとっての「制約」である。このことから、この差異を克服しようという意志の活動が帰結するが、ヘーゲルによれば、この活動は、なぜ意志が可能的内容を、自分が現実化しようとする目的として捉えるのかを説明してくれる。すなわち、ヘーゲルは、このことによって、「pがそうである」という理論的内容と、「pがそうであるべきである」という実践的内容との差異を、主観的意志自身においては主体—客体の差異が概念的に不適切であることに求める。ヘーゲルは目的としての内容の実践的様態を明らかに主観的意志のこのような概念構造の表現として理解している。[42]

形式面と当為

　ヘーゲルはこの段階における主観性の抽象的で形式的な性格から道徳自身の当為の性格を導き出している。ヘーゲルは当為をつぎのような関係と同一視する。すなわち、普遍的意志と特殊的意志がある主体の意欲のなかで関係づけられ、同一の諸規定となる可能性をもつとみなされるばあいに、これらの意志のあいだに成り立つ関係と同一視する。そのさいに当為の概念的規定はつぎのように定式化できる。すなわち、普遍的意志と特殊的意志との即自的な同一性は、（自分が自由であることを知っている主観性としての）道徳の立場においては可能性として考えられているのにすぎないので、この同一性自身は主体の決断に対する要請にすぎず、即自的な（概念的な）同一性から生じる当為にすぎない。このことを言い換えて、主体における即自的な同一性が道徳的当為をつうじて働き出し、可能性としてのみ定立されているという論理的地位に対応するような定在を自己に与えるともいうことができる。

第109節

　『法哲学』§109でヘーゲルは、道徳の立場に立つばあいに意志の主観性がもつ形式面の性格についてさらに考察している。この節の叙述はひじょうに濃密であり、それまでの概念的諸規定のほぼ完全な総括になっている。それゆえ、ここではまず、この節に含まれる論点を列挙し、そのあとでそれぞれの論点を解釈することにしたい（強調はヘーゲル自身による）。

　1．「この意志の形式面は、その一般的な規定に従えば、まず主観性と客観性との対立」

---

(42) 本文でいわれたことをより正確に定式化するならば、「p」という内容が「p」の形式として理論的あるいは実践的様態にあるということになるのかもしれない。しかし、このことによって、同じ命題内容が、あるときは実践的様態において、またあるときは理論的様態において登場することができるということが前提されているのであろう。ヘーゲルがこれを前提しているのか、それとも命題化された内実を二つのクラスに区分しているのかは確実に決定することはできないので、ここでは中立的な定式化を選択した。しかし、認識が理論的働きであることをヘーゲルが強調しているので、前者の選択肢に賛同しているように思われる。この選択肢に関してはCastañeda 1975, Kapitel 2 und 6 における〈practitions〉（実践命題）という観念を参照。〔訳注：「実践命題」はカスタニエダの用語。実践的思考の構成諸要素のうちで指令（多様な命令様式の核心内容としての是認）と志向（当為に関する問いへの一人称的回答）を総称する。〕

2.「および、この対立に関わる活動 (§8) とを含む。この活動の諸契機を詳しく見れば、つぎのとおりである。」
3.「すなわち、定在と規定性とは概念においては同一である (§104 参照)。」
4.「また、意志は、主観的なものとしてそれ自身この概念である。この両者を、しかもそれぞれとして [für sich] 区別するとともに」
5.「また、同一のものとして定立する概念である。」
6.「諸規定性は、自己自身を規定する意志においては、α) さしあたりこの意志自身によって意志のなかに定立されている。〔それは〕意志の意志自身における特殊化であり、意志が自己自身に与える内容である。」
7.「これが最初の否定であり、またこの否定の形式的な限界は、定立されたもの、主観的なものにすぎないということである。」
8.「この限界は、自己への無限の反省として、意志自身にとって存在し（自覚され）ており、それゆえに、意志は、β) この制限を廃棄しようという意欲であり、この内容を主観性から客観性一般へ、直接的な存在へ移し入れようという活動である。」
9.「γ) この対立のなかにあって、意志の自己との単純な同一性は、両者のなかで同一なものにとどまりながらも、形式のこの区別に対して無関与な内容、つまり目的である。」

論点（言明）1と2は、すでに分析された「形式的」という用語の意味を再述したものであるので、直ちに論点3、4、5から始めることにしよう。これらの論点においてヘーゲルは、論点2で挙げられた「活動」という契機をより詳細に記述している。そのさいに、論点3は概念の思弁論理的諸前提がなにであったかを想起するものである。

活動の諸契機

ヘーゲルは道徳の過程の論理的構造を特徴づけるために、概念の論理で展開された普遍性、特殊性、個別性の関係に立ち戻っている。周知のように、ヘーゲルが普遍性ということで理解しているのは、捨象によって生み出された普遍性ではなく、自己自身を組織し規定する普遍であり、特殊性としてのその規定性はつねに普遍性を含む。[43] この特殊は普遍の自己規定の過程によって生み出され、普遍

---

(43) この点については、Düsing 1984, S.244-251、参照。

第1章 概念上の諸前提——人格と主体　61

から独立に存立するものとは考えられていない。これに対して、個別性は他の二つの規定の統一にほかならず——これを積極的に定式化すれば——そのなかで自己自身を規定する普遍性としての特殊という思想である。ヘーゲルは『大論理学』のなかでこの思想を「個体性と人格性の原理」とも呼んでいる (LII260f.〔寺沢訳『大論理学』3、73頁〕以降)(44)。

　本書ではヘーゲルの思弁論理学を扱うことはできないので、以降では論点3の意味を把握するために、ヘーゲルが意志としての概念の諸契機にいかなる内容的な定式を与えているかのみを詳しく見ていくことにする。自己自身を規定する普遍性としての意志が「定在」をもつのは自由な自己関係においてのみであり、つまり、主体が特殊的意志として、なにかが適法的である、あるいは人倫的であるという理由でそれを意欲するよう自己自身を自由に規定するばあいのみである。抽象法のたんに形式的な普遍性は、積極的に定式化できるような内容をなにも生み出さないので、自由な主観的意志が内容と特殊性を獲得することができるのは——「自己への反省」において——意志の可能的客体へ自由に関係し、決断によって自らに内容を与えるばあいのみである。普遍的意志は自由な決断のこのような主体のなかに自己を特殊化する。このばあいに規定性という契機は主観的意志の決断によって成立し、この決断において、ある内容が主観的目的として規定される。同時にこの決断の主体は自由な意志として考えられており、その意味でこの主体には概念の普遍性が帰属する。したがって、この主体は概念の論理の意味での特殊に相当する。普遍的意志がもつ規定性、つまり概念として自己自身を自由に規定する普遍性であるという規定性は主体の自由な決断のなかで実現される。この決断において、またこの決断によって意志は同時に「定在」、つまり他者に対する特殊性をももっている。

　ヘーゲルが論点3で概念における定在と規定性との同一性に言及するばあいに念頭においているのはこのような概念的関係である。これに続いてヘーゲルは論点4および5によって、道徳の領域における過程の内容的構造を特徴づけている。この二つの論点のなかには、すでに幾度も確認されたこの過程の両義性が、「区別すること」(4)および「同一のものとして定立すること」(5)という形でもう一度表現されている。主観的意志は道徳の領域において特殊的意志としての自己

---

(44) これは、ヘーゲルが「人格性」概念を、『法哲学』第1部の「抽象法」とは異なった、より包括的な意味で使用している箇所の一つである。ただし、この箇所においてもヘーゲルはこのことによって自己関係を表している。この点については、Siep 1989 および 1992、参照。

と普遍的意志としての法との区別を深化させ、悪と良心という形態での絶対的な対立にまでもたらす。特殊的意志と普遍的意志との即自的に与えられていた同一性はこのような対立の弁証法のなかに概念的に現れ、その結果、主観的意志は自己自身に対してこの同一性を定立して、人倫的な意志となる。人倫の領域においては、主体は自己が普遍的意志と同一であることを知っており、自分の意欲の内容に対してもはや抽象的に関係するのではない。この領域においては、自己が所属する社会共同体の習俗、慣習、法によってあらかじめ与えられた内容は、もはやたんに自己に抽象的に対立する可能的内容と見なされるのではなく、それぞれの主体の自由の形態化可能性であり、具体化であるようなあらかじめ与えられたものと見なされる。

規定性の諸契機

　論点6から9ではヘーゲルは、論点3で言及した「規定性」に帰属する諸契機をより正確に考察している。このうち論点6では、思弁論理学のさきに展開された規定には言及されず、その代わりに主体それ自身に対して、すなわち「自己自身を規定する意志」自身に対して与えられている諸契機を挙げている。主体が行為についてもっている知には、主体が選択するあらゆる内容、あらゆる目的に対して再び距離をとることができることが含まれている。したがって、主体自身にとってあらゆる目的は、「意志自身によって意志のなかに定立」されたものとして規定されている。主体がある内容に関して、これを自分の内容として自分で「定立」したと自分で主張することができないとすれば、その主体はこの内容に対して自由ではないことになるであろう。この内容はそのために主観的目的ではないことになるであろうし、いかなる行為も存立しないことになるであろう。主体の自由な決断によってはじめて内容は主観的目的になるのであり、この決断によってはじめてその内容は意志の主観性（主体性）という形式を獲得するのである。もちろん、自由に選択されたのではなく、「特殊個人的」という意味で主観的である目的も存在するであろう。しかし、主観的意志の自由な決断が主観性の論理的規定という意味で主観的であるために、形式を付与する契機として前提されている。

　ヘーゲルはこれに先立つ箇所で、あらゆる可能的内容を捨象することもできるという、自由な決断のなかに含まれる主体の能力を、意志の普遍的契機と同一視していた。これに基づいてヘーゲルはこの特殊化を「最初の否定」と呼んでいるが、その理由は、普遍が自己自身を特殊化し、それによってそれ自身の普遍性を「否定する」という点にある。そのさいに、この最初の否定はつぎの二つの意味で捉

第 1 章　概念上の諸前提——人格と主体　63

えることができる。それは〈否定 [Negatio]〉であると同時に〈規定 [Determinatio]〉でもある。それゆえ、ヘーゲルによれば、自己に与えられたこの内容は、「定立されたもの、主観的なものにすぎない」という形で現れる「形式的な限界」をもつ。この論述においてヘーゲルは明らかに、「主観的」という表現の第二の意味に立ち戻っているが、この意味は、意図あるいは目標としての主観的目的がもつ特殊性に基づいており、内的でまだ現実化されていない主体にとってのものにすぎない。ヘーゲルがここで論理的に説明しているのは、行為主体が、ある内容を目的として定立することができるが、そのことによってその目的が直ちに現実化されるには至っていないということである。[45] 有限な意志におけるこのような欠陥は、目的定立が「最初の否定」にすぎず、端的に客観的な目的という性格をまだもっていないことに基づいている。さて、ある目的定立において、行為することを決心した人がその目的が実現されていないことを知っており、それを現実化しようと意欲したとする。ヘーゲルは、主観的意志の内容を思考の内容から区別するこの特殊性を、自由に決断するものとしての主体が「自己への無限の反省である」こと、つまり概念という形式をもっていることを指摘しつつ、説明している。論理的に見れば、意欲とは、目的定立のたんなる主観性の「限界」についての知にほかならない。しかし、この限界が知られるのは、主体の自由な決断がその形式の点ですでに主体—客体の差異を包括する概念であるからである。

　これまでのことを手短にまとめるならば、『法哲学』§109 の論点 1 から 8 までは、自分はそのつど別のことを意欲することもできると主張するような主体がもっている行為意識を分析した部分である。このような行為主体は、ある内容を現実化されるべき目的として把握するが、この内容は主観的なものにすぎないという欠陥をそれ自体で（即自的に）もっている。このような主観的なものは自由な決断においてこの内容を自分の内容へと規定する。この自己規定は、対自的な

---

(45) 有限な人間的意志に対立するモデルとして原型的知性のことを考えれば、この説明の役割を見て取れる。目下の文脈において重要なのは、ヘーゲルが「直観的悟性」を念頭において、『判断力批判』の序論におけるカントの見解を解釈し直していることである（この点については、Baum 1990、参照）。さらにいえば、ヘーゲルがここで際立たせた意志の有限性は、ヘーゲルが出来事としての行為の性格を説明するばあいに、もう一度重要になる（R§115、参照）。ヘーゲルの論述には、演算子の二重化によって生じるつぎの二つの側面があることを同時に考えておく必要がある。すなわち、客観的精神における意志は自分にとっての自由としてはつねに無限でもある（演算分の内部列）。同時にこの意志の個別的形態はつねに（部分的に）有限でもある（外部列）。このようにしてすでに占有取得も、普遍的、理念的自己関係としては無限であり（R§53R、参照）、また、この自己関係が物件によって媒介されているために、有限である。

自由の表現であるという意味では形式の点では普遍的である。自由な自己規定について語られるのは、他の仕方でも決断することができるという知を伴っているばあいのみである。(46) したがって、ある特定の内容に対する自由な決断は普遍性の否定であるが、ただし、この普遍性——その形式、つまり自由の意識の点では——やはり保持されている。この対立を表現したものが、目的を現実化しようとする意欲と活動である。ヘーゲルは、このような説明のさいに、それが行為意識の分析であることを明確に理解しているが、(47) そこで問題にされているのは因果の説明ではなく、現象の基礎にある構造の哲学的、思弁的な明瞭化である。すなわち、ヘーゲルが遂行しているのは、自由に決断する主体の意識のなかに見出される諸契機の論理的説明である。

『法哲学』§109の最後の論点9ではヘーゲルは、「内容」が決断の論理的構造のなかでどのように思考されているかを論じている。すなわち、内容は主観的なものと客観的なものとの「対立」に対して「無関与」であるとされる。この論点はもはや、行為意識それ自身のなかで意識されている諸契機にのみ関わる分析ではない。ヘーゲルはここでむしろ、自由な決断という観念がもつある含意を示唆しているが、この含意は『法哲学』の後続の諸節で解明されることになる。そこで、「内容」概念に含まれるさまざまな含意の分析を行なうまえに、「主観的」という語の多様な意味をもう一度手短に説明し、これを「客観的」という語の多様な意味と対置しておきたい。この作業は、ヘーゲルが論点9で示唆している「内容」のさまざまな含意をより正確に理解するための一助となるであろう。というのは、この含意はおもに、「内容」概念に関して「主観的」と「客観的」との関係に関わるからである。

「主観的」の再論

　すでに論じたように、ヘーゲルは『法哲学』§25で「主観的」という語の三つの

---

(46) 当面の状況において可能な行為が一つしか残されていないという事例においては、さらにつぎの区別を行なう必要が生じるであろう。すなわち、このような事例においては、行為者が自分の唯一の選択肢に同意するのか、それともそれをたんなる強制として体験するのかが重要となる。このように、たとえば、この選択肢を回避するという可能性をもはやもたない犯罪者であっても、自発的に刑罰を「受け入れる」ことはありうる。この事例においては自由な決断は自由な同意へ還元されるが、このような決断も、対自的な自由の表現と見なすのに、十分である。

(47) §109のRには、「直ちにここで行為のことが思い浮かべられるべきである」といわれている。

意味を区別している。まず、「主観的」は、ある目的が特殊個人的であること、あるいはまた目的がまだ現実化されていないという「一面的な形式」(R§25) にあることと考えられている。つぎに、「主観的」は——これが「意志一般に関して」(前掲箇所)ということの思弁的意味であるが——意志の「主観性」(前掲箇所)、つまり意志自身の「純粋な形式」とも特徴づけられる。そのさいに、「主観的なもの」(前掲箇所)という規定と、「主観性」という規定のあいだにはつぎのような関係が成り立っている。すなわち、「主観的」あるいは「主観的なもの」という語は、「主観性」であるという意志の形式を一つの意味で特徴づけるにすぎない。これに対して、主観性は概念としての意志の形式である[48]。

　ここで、なぜヘーゲルが「主観的」の三つの意味を相互に関係づけているのかも示すことができる。すなわち、この三つの意味に共通なのは「形式的」性格、内容の捨象、客観性の欠如である。また、意志における最初に示した第一と第二の意味での主観的な諸契機の根拠が意志の第三の思弁的規定にあることも明らかである。すなわち、任意の理由に基づく任意の内容に対する決断、およびその決断自身における目的のたんに主観的で欠陥を伴う形式は、意志が「純粋な形式」としての「主観性」であること、「自己における内的で、抽象的な安らい」(R§25)であることに基づいている。主観性のこのような形式に抽象的に対置されるのが可能的内容すなわち形式の質料である。「主観的」という語の三つの意味の共通点はその形式的性格であり、これにそれぞれ「客観的なもの」が対置される。

客観的なもの

　「主観的」という語の三つの意味が共通の特徴をもちつつも同義ではないのと同様に、「客観的」という語の意味も統一的ではない。ヘーゲルによれば、「主観的」および「客観的」ということで問題になっているのは、その意味内容が相互に指示し合い、また相互に含意し合っているような「反照諸規定」(R§26) である。そこで、「客観的」という語の意味を手短に示そうとするばあいに、二つのステップを踏む必要がある。まず、多様な意味を区別し、その共通性を探り出す必要がある。つぎに、「主観的」と「客観的」という語のそれぞれ対応し合うさまざまな意味のあいだの関係を示し、そこに表現されている、意味相互の対応と差異をより正確に規定する必要がある。

---

[48] 「主観的」と「主観的なもの」、また「客観的」と「客観的なもの」という形容詞的な用法と名詞化された用法のあいだには意味の相違は確認されない。したがって、この二つの用法を区別しないことにする。

客観的 1

「客観的」(R§26) という語はまず、「外的な現存在としての定在の直接性」(前掲箇所) を意味し、したがって「客観性」(前掲箇所) を表す。このばあいに「客観性」ということで理解されているのは、たとえば空間―時間的諸規定を含みうるなんらかの現存在のあり方、あるいは相互主観的な理解可能性、経験的な検証可能性などである。ヘーゲルが強調しているように、客観性という用語の使用は、まだ実現されていない目的のたんなる内面性に対置されることによって、その意味を獲得し、それ自身「主観的な意志規定に対立する一面的な形式」(前掲箇所) である。「たんに内面的なもの」(前掲箇所) としての目的の主観性との関わりにおいて、意志は「この意味では自分の諸目的の実現をつうじて、はじめて」自分にとって「客観的」となる (前掲箇所)。

客観的 2

「客観的な意志」ということで、「自己意識の無限な形式」(R§26) をもたないような意志も理解される。これはヘーゲル特有の用法であるように思われる。このような意志は、客体 (客観) あるいは状態のなかに「埋没してしまっている」(前掲箇所) 意志であって、意志自身の自己規定から独立して「客観的」に帰属するような客体の諸属性によって規定される。ヘーゲルはこの意味の「客観的な意志」の例として子供の意志、奴隷の意志、迷信的な意志、習俗的な [sittlich] 意志を挙げている。このことの意味を明確にするためには、マックス・ウェーバーの「伝統的行為」という概念を思い起こせばよいかもしれない。ヘーゲルにおける自由の概念は、一方では内容、つまり意志の「定在」としての内容を意味するためにも使用され、このばあいにも自由な意志について語ることが許される。習俗的意志としてのこの伝統的な「客観的」意志が内容としての「客観的習俗」へ関係しているばあいには、それは自己自身へ関係しているのであり、それゆえ即自的に自由である。これによれば、「伝統的」行為が自由の表現であるのは、主観的意志がそこにおいてなにかを決断するからではなく、この「客観的な意志」の内容が (習俗的意志という形態で) それ自身「自由の定在」であるからであるにすぎない。[49]

---

(49) したがって、本書で選択された用語では、伝統的行為はけっして行為ではない。客観的意志は本来やはり、即自的な自由の形態に属す。慣習あるいは習性をつうじていわば自然に生成した行為とまったく同様に、伝統的行為もヘーゲル理論にとっての問題の一つを表す。古代の主観性と近代の主観性とを区別し、個別性と決断の自由とを人倫性という観念において統合しようとするさいにヘーゲルが直面したのと類似の困難が、ここでは行為論に関して見出される。

「客観的」という語のこの第二の規定がその意味を獲得するのは、「主観的」という語の第一の用法（それは個別的意志の内容と理由の特殊個別性を表現としていた）に対置されることによってである。この「客観的な意志」は、自分にとって客観的に妥当し、自由で自己意識的な仕方で選択的に関係しないような目的に従って行為する。ヘーゲル自身が挙げている例は内容の任意性を明確に示している。すなわち、客観的意志の一つの形態としての習俗に盲従する意志はここでは迷信的な意志と同列に置かれている。この同列視に託された役割は明らかである。ヘーゲルはこの意味での「客観的」という語それ自体が、欠陥を伴う一つの形態の表現であることを示したいわけである。ここでは、意志自身によっては内容の質に関してなんらの区別も行なわれていない。その正当性が最大限確証された習俗も、最も非理性的な迷信的な振る舞いの規則も、この意味での客観的意志によって、それ以上理由を問い詰めることのできない権威として等しく承認されうる。

客観的 3

これに対して、「端的に客観的な意志」は、「それが自己自身を自分の規定とし、したがって自分の概念に適合し[50]真実であるかぎり」（R§26）での意志である。ヘーゲルはこの意志を、これに先立つ部分（R§22から§24）で「即自的かつ対自的な意志」（R§22）に対して認めていた諸特徴によって際立たせる。この意味での「客観的」は、意志の「主観性」という意味での「主観的」の思弁的意味に単純には対置されない。むしろ、ヘーゲルが「自分の概念に適合する」という表現を選んだのは、この「端的に客観的な意志」が自己を「主観的」に、つまり自由に「自分の規定とする」（R§26）ことも[51]この表現のなかに含まれるからである。概念

---

[50] ここでヘーゲルにおける用語上の特殊性に注意を向けておきたい。「概念」という語のある用法では、あらゆる「事物」がその（それぞれ特有の）概念に適合していることがありえるといえる。つぎに、——これがヘーゲルにおける「概念」という語の第二の用法であるが——〈その概念 [der Begirff]〉という語で表現するのが最もふさわしい特殊的客体を意味することがありえる。したがって、ヘーゲルの用語においては、〈その概念〉も概念に適合していることがありえると定式化することができる。この困難な問題に関しては、Horstmann 1984, S.69f., 参照。

[51] ヘーゲルの論述には、さらに第四の意味の「客観的」も含まれているが、これはどちらかといえば「メタ言語的」用法である。この用法によれば、なにかがその概念に適合しているとき、それは「客観的」である。したがって、「主観性と客観性」（前掲箇所）という諸規定のあいだの相互移行（R§26、参照）についてのヘーゲルの注釈は、意志の概念としての主観性に客観性が帰属するという意味ももっている。「客観的」という語にはこのようなメタ言語的性格があるため、本文ではこれを独自に取りあげるのを差し控えた。

としての意志に帰属する主観性という形式は、「それ自身のなかに存在する自由」（前掲箇所）としてそのなかに含まれている。

したがって、たんに「客観的な意志」とは異なり、「端的に客観的な意志」は「客観的」に、つまりあらかじめ与えられた内容によって単純に規定されているわけではない。この意志はむしろ自己自身を自由な仕方で規定し、自分に（場合によっては文化的に）与えられた内容、それゆえまったく任意なのではない内容を目指して自由に決断する。このことが主観的意志との差異をなす。しかし、意志が「端的に」客観的であるのは、内容へ関係し、この関係において同時に自己自身に対しても関係し、しかもそれについての知をもっているばあいのみである。ここで考えられているのは、たとえば、社会的に承認された習俗（R§144、あるいは§151）であり「客観的に人倫的なもの」（R§144）として、「無限な形式としての主観性を介する具体的な実体」（前掲箇所）として規定されるさまざまな価値や徳である。[52]

さて、「客観的」という語のこれら三つの意味の共通性に目を向ければ、それらがすべて主観的ではなく、たんに形式的ではないという特徴をもつことが明らかとなる。これらのうちの二つの意味は、それに対応する「主観的」という語の用法のたんなる対立概念である。この二つの意味は、形式に関してではなく内容に関して「客観的」と呼ばれている点を共有している。これに対して、思弁的な用法での「客観的」の意味は、思弁的な用法での「主観的」の意味と対立しているのではなく、後者を自分へ統合している。このばあいに「客観的」とは、形式と内容との統一を意味し、したがってまた、主観性自身の制約としての形式面を否定することによって主観性を止揚（ここでは〈高め上げる〉という意味での）することをも意味している。しかし、概念の形式としての主観性はそのなかでまさに維持されるのである。また、この連関には、道徳の領域における過程の二つの側面（それらはすでに述べられた）が映し出されている。

ここでもう一つ注記しておくならば、「主観的」および「客観的」という概念のこのような位置関係から、ヘーゲルがこれらを、それぞれの意味が相互に含意し、指示し、移行し合うような「反照諸規定」（R§26）と呼ぶさいに、彼がなにを考えているかが明らかになる。これら概念の正確な意味はつねに、それらがそのつど置かれている位置関係によってはじめて得られる。§26でのヘーゲルの注解の部分はこのように解釈することができる。しかし、これら二つの概念を契機として

---

(52) もちろんこのばあいに、さまざまな生活形式の客観性および理性性にとっての評価尺度という問題が生じる。ここではこのような困難な問題に入り込むことは差し控え、この問いに関するヘーゲルの考察が不十分であることを注意するにとどめたい。

もつ意志は全体としては「具体的なものとしてのみ知られ」(前掲箇所)うる、つまりこれらの諸規定の統一としてのみ知られうるのであって、それらの位置関係全体のなかではじめて概念としての意志の意味が把握されうる。

　以降の章では、「内容」という概念がいかにして「主観的意志の発現」と考えられるのかを分析することによって、このような位置関係のなかの一つをより詳細に規定することにしよう。

第2章　意図性——主観的自由の形式

　ヘーゲルは主観的意志の形式的性格の分析のさいに、「内容」という概念を用い、これを「目的」と結合する。このばあいに、内容を目的として規定することはつぎのような事実から導出される。すなわち、主観的意志の内容は、主観的であるか客観的であるかという形式の区別に無関与にとどまること、この内容は「このような対立における意志の自分との単純な同一性である」(R§109)ことから導出される。ヘーゲルが主観的意志の文脈において「目的」ということで理解しているのはつぎのことである（強調はヘーゲルによるもの）。

> 「目的は、α）私における内容であり、主観的なものとして規定され、表象は、β）客観的であり、同一のものにとどまると規定される。」(R§109R)

　この欄外メモから読み取らえるかぎりでは、目的はつぎのような内容である。すなわち、この内容は、「主観的なものとして規定される」と同時に、「客観的である」よう規定され、このように意志の活動によって媒介されて実現されるなかで、「同一のものにとどまる」よう規定されるようなものである。このような特徴づけは明らかに、ヘーゲルが「内容」という概念に与える諸規定に基づく。したがって、ヘーゲルが使用するこの概念の意味およびこの概念の特殊な意味を「道徳的立場」(R§110)において確定することが必要である。このばあいに「表象」という概念の使用は、認識上の構成要素が問題となることを示唆している。

内容対欲求

　第108、109節の欄外メモにおいてはつぎのようなヘーゲルの注記が見出される。「ここでようやく内容がそのものとして登場する」。そこではさらにつぎのような言明が見出される（強調はヘーゲルによるもの）。

> 「内容の形式的諸規定。主観的意志が、ある内容をもつよりもまえには、たんなる欲求〔であって、それが〕法（権利）で〔ある〕かどうかは問題ではなかった。しかし、今や内容は意志の内容として存在し、したがって、本質的である。」(R§109R)

第2章　意図性——主観的自由の形式　71

　ヘーゲルがここで与える最初の指示は、彼の体系構成における内実 [Gehalt] すなわち欲求とのあいだに境界線を引くことである。「以前には」（すなわち自然哲学においては）「たんなる欲求」であったものが今や概念的にさらに展開されて、主観的意志の「内容 [Inhalt]」となる。[1] ヘーゲルは動物の振る舞い（たんなる生命的なものとしての）を説明するために、「欲求」の概念を自然哲学に導入し、「衝動」や「本能」という概念と結びつける。このばあいに主観的意志の「内容」に対応するのはつぎのことである。「欲求」は同様に、「さし当たり主観的なものであるという形式」をもち（E§360）、衝動は、たんなる主観的なものというこの「欠陥」を廃棄する「活動」（前掲箇所）である。主観的意志の内容との区別は、「衝動が……無意識的な仕方で作用する目的活動」（前掲箇所）であることに基づく。[2]

　本能の活動と主観的意志の活動との区別は明瞭である。主観的意志はその自由を意識する。また、それは、このことによって内容となり、目的として実現されるべき内実のために、決断するとされる。ヘーゲルによれば、自分の自由についての知（それは主観的意志のいかなる表現のなかにも含まれる）は、実現される

---

(1) この箇所では、ヘーゲルの以前の形態〔自然哲学〕と後の形態〔法哲学〕との関係がどのようであるかという困難な問題に注目したい。欲求は自然哲学においては、「たんなる生命における衝動」に関係するが、ここではそれは「本能として、無意識的な仕方で作用する目的活動」（前掲箇所）である。これに対して、主観的意志においてはつねに表象が、また同時に意識的な目的活動が参与している。ここで生じる困難さはつぎのことを決定する点にある。すなわち、この表象の境位が、体系の論理的に先立つ段階においてすでに分析された現象に加えられている補足的な構成要素を表象するのか、それとも、表象の参与によってまったく新しい現象が生じているかである。しかし、このような困難さはヘーゲルにだけではなく、いかなる精神哲学にも伴う。私見では、問題なのは、特定の心的現象が他の日常的諸現象の相互作用によって説明され（後者に還元され）うるかどうかである。

(2) ここで用語上の確認がもう一度想起されなければならないであろう。「欲求」は、表象を欠く努力の形態であり、自由には選択されず、命題上は構造化されない。「内容 [Inhalt]」は、表象を伴う主観的意志の内実 [Gehalt] であり、それは、自由に選択され、命題上構想される。「内実」は欲求と内容に対して中立的な用語であり、両者を包摂する。ここではさらに、理論構造におけるすでに言及した二者択一が問題となるのであろう。第一の可能性が意味するのはつぎのことである。実質への自由な自発的な志向性は命題 p に対して実質を命題化する。つぎにこの命題は、「p である」という理論的様相において、あるいは「p であれ」という主観的、実践的様式においてさらに変形されるが、そのばあいは両者の様相における同一の契機を特徴づける。第二の可能性が意味するのはつぎのことである。自由で自発的な志向性には二つの種類があり、その一方では命題 p を生じさせ、他方は「実践命題 [practition] q」を生じさせる。後者の概念は、カスタニエダから借りた用法である。

べき目的についての「表象」をこの主観的意志がもつという点に示される（強調はヘーゲルのもの）。

　「道徳は、私が知っているなにかとしての意欲〔である〕。このようなものは私が眼前に立てる（表象する）のに先立ち、発現（表明）に先立って私のなかにある——理論的に〔見ればそうである〕。主観的意志〔はこのようである〕。」(R§113R)

　欲求が動物の活動を「機械的に」(R§119R) 解消するのに対して、主観的意志は、ある内実を自分の目的として立てるために、決断する。この点に意志の自分自身のための自由が示される。意志は同時に内実を「普遍的」形式へともたらす。というのは、主観的意志は意志の普遍的契機によって自由に振る舞うからである。「自我＝自我」というこの普遍的契機は、意志における思考する自己関係であり、意志の理論的境域である。

　ヘーゲルの論証は、内実が主観的意志の決断によって内容となるということから出発する。意志のこの自由はその根源を、思考する自己関係としての意志の普遍的契機のなかにもつ。自己関係はたしかに即自的には（それ自体では）すでに広義の意志のなかに含まれているが、対自的に（自分にとって）は、実現されるべき目的を狭義の意志が表象するばあいにはじめて、意志のこれらの理論的構成要素が生じうる。このような理論的契機が付け加わるばあいに、決断にとっての余地が創り出される。というのは、目的はその実現に先立って、すでに主観的意志にとって表象として表現されているからである。[3] したがって、決断の自由は〔一方では〕表象の理論的構成要素を含んでおり、他方では、それ自体で存在する意志の自由が自分にとって（対自的に）存在するようになることである。したがって、それは結局思考の契機であり、より厳密にいえば、それが欲求との区別をなす表象の契機である。このような契機によって表象の内容それ自身が、普遍的なものという性格を受け取る。ヘーゲルがいうように、それは理性的あるいは命題化された形式を得る。[4] しかし、欲求が内容へこのように命題化することは

---

(3) このような表象は、一人称の命題をもつことに基づく。このことはこれからの分析によってさらに明らかにされるであろう。

(4) ヘーゲルの論理学における「形式と内容」の章はこの関係をつぎのことによって表現している。そこでは内容はそれ自身、「ようやく形式と素材」をもつのであり、内容が両者の「統一」とされる。内容自身の形式は形式そのものに対してここでは「命題的構造」として理解される。

形式へ制限される。これに対して、内容自身の内容（素材）は（ヘーゲルは内的内容について語っている）形式に適合してはいないにちがいない。まさにいかなる可能な内実(5)も内容の形式へ、したがって、理性的形式へもたらされるということができるであろう。形式と内容とのこのような分裂は道徳の全領域の形式性と曖昧さのさらなる表現である。

ところで、ヘーゲルは後続の諸節で、いかなる「さらなる固有の規定」（R§110）が道徳的立場において「内容の同一性」をもつかを分析する。このような固有性によって考えられているのは、第109節で示したように、主観的形式と客観的形式との「対立」（R§109）への無関与である。ヘーゲルはこの「道徳的立場」をもう一度、「自由、意志の自分とのこの同一性が自分にとってのものとなる」場として性格づける。このような「自分にとって」ということから、なぜヘーゲルがこのような規定の分析を一方で一人称の視点から企てるかも明らかになる。というのは、このような視点において道徳的自由の固有性が示されるからである。「行為」は主観的あるいは道徳的な意志の表現として規定されているのであるから、この「自分にとって」において行為の固有性が表現されている。〔これが〕意図的行為における行為知の特殊的形式〔である〕。

第1節　行為知の形式

道徳の最初の領域は先述の「内容の同一性」（R§110）の「固有の規定」（前掲箇所）であるが、これをヘーゲルはつぎのように定式化する（強調はヘーゲルのもの）。

> 「内容は私にとってつぎのように私の内容として規定されている。それはその同一性において私の内的目的としてだけではなく、それが外的客観性を得ているかぎりで、私の主体（主観）性を私にとって含むというように規定されている」（R§110）

ここでは主観的な「内的目的」と「外的な客観性」（それは「主観的」と「客観的」という反照諸規定の配置の一つに対応する）がここで見てとられる。「内容の同一性」は、形式のこのような区別に無関与であることに基づく。「同一性」がもっぱらこのように規定されるならば、それは広義の意欲（「活動」としての）内実に総じて固有なものであり、したがって、求められた「さらなる固有の規定」（前

---

(5) ここで「可能的」といわれるのは、実質を私が自由に決定することができるという意味である。

掲箇所）ではありえない。ところで、ヘーゲルの形式のなかには「私にとって」という表現法が二度見出される。容易に推察されるように、ここでは「内容の同一性」の固有性が「道徳的立場」（前掲箇所）において求められる。つぎに見るように、「私にとって」という表現法がいかなる機能を果たすかはさまざまな再定式をつうじて明らかにされる。そのばあいに、私にとって導きの糸になるのは、この「固有性の規定」が行為の意図性の分析として把握されうるというテーゼである。そのばあいに明らかにされなければならないことは、このような表現法の二度の[6]登場は余計であるのか、それとも、そのことによって意図的行為の異なった側面が把握されるのかである。解釈の第一段階において研究されるべきことは、「私にとって」の二度の出現が消去されるばあいに、ヘーゲルのさきの言明がいかなる意味をもつかである。このようにして、消去された要素を解消するばあいに、新たに導入された要素がいかなる機能を果たすかがそのつど示される。

「私にとって」の消去

「私にとって」の二度の出現が消去されるとすれば、ヘーゲルの言明はつぎのような内実を得る。

　　（命題1＋）「内容はつぎのように私の内容として規定される。すなわち、それはその同一性において私の内的目的として私の主体性をも得るだけではなく、それが外的客観性を得ているかぎり、私の主体性をも含む。」

〈命題1＋〉の文法をより分かりやすくするために、この部分に「私の主体性」という表現法を付け加えよう。それは命題の二つの箇所に関係づけられる。

　　（命題1＊）「内容はつぎのように私のものとして規定される。すなわち、それはその同一性において私の内的目的として私の主体性を含むだけではなく、それが外的客観性を得ているかぎり、私の主体性をも含む。」

さらに、ヘーゲルが一人称的視点を消去するために用いる〈命題1＊〉「私の……」という形式は「Xにとって」という形式に置き換えられる。このことによって、「私にとって」という表現は「Xにとって」という表現へ変化する。[7]最後にさ

---

[6] 厳密にいえば、「私にとって」の三度の登場が問題になる。このことについてはのちに述べることにしたい。ヘーゲルはこれらの言明を、〈命題3〉の形式において展開するであろう。

らに接続法「あろう」は直説法「である」に転化する。このことによって〈命題1*〉はつぎのような内実を得る。

> **〈命題1〉**「内容はつぎのようにXのものとして規定される。すなわち、それはその同一性において私の内的目的としてXの主体性をも含むだけではなく、それが外的客観性を得ているかぎりで、Xの主体性を含む。」

このような置き換えによれば、つぎのことが明らかになる。すなわち、目的は形式の区別を「主観的に」、また「客観的に」廃棄するよう規定されており、そのため目的の内容はこのような区別に無関与であるが、今問題になっている命題は、このような目的の意味がなにであるかを示す。[8] このことは、第109節で展開される「同一性」の規定についてのヘーゲルの注記によってもう一度確証される。したがって、〈命題1〉のなかには、「それがその同一性のなかにある」という形式も見出される。もちろん、それがそもそもなにを意味するかが明らかにされなければならないし、目的がXの主体性を「含む」こと、さらにこのように「含まれている」ことがX自身に与えられているということが明らかにされなければならない。しかし、これらの問題は、行為についてのヘーゲルの概念が分析されるまで持ち越されるべきであり、そこではじめて道徳的領域の固有性が浮き彫りにされるべきである。このような主観的なものが目的の内実のなかに「含まれている」というあり方はのちにより厳密に規定されるであろう。

---

(7) つぎのことが明らかにされる必要があるであろう。ここで導入される用語〈X〉の枠内では多数の主体が配置されており、あるいは——ヘーゲルの用語では——主観的意志は〈X〉の基盤である。〈命題2〉と〈命題3〉における統合の段階においては「Xにとって」という簡略的表現の代わりに「X自身にとって」という表現が選ばれるが、それは、この用語が登場するさいのその反省的、自己言及的性格を特徴づけるためである。この点に関しては、準指示語についてのカスタニエダの構想を参照。〔訳注：「準指示語」は「本質的指示語」から区別される。第1章の注 (22) への訳注、参照〕

(8) ここで重要なのは、ヘーゲルによる「目的」の概念の二種の用法を区別することである。一方で、目的は意志の実質がもつ形式を意味する。というのは、ヘーゲルによれば、「意志は一般に……目的の形式」(R§8R)であるからである。しかし、〔他方で〕ヘーゲルは目的ということで、しばしば実質を考えている。たとえば、「特殊的な目的」あるいは目的について複数の形で語っている。さきの表現は第一の意味に関わる。ちなみに、ヘーゲルは§119の欄外覚書に示されるように、このような用法の区別を徹頭徹尾意識している。

1 自己帰着

「X自身にとって」の第一の統合

解釈の第二段階においては「私にとって」の第一回目の出現(それはここでは「X自身にとって」に置き換えられる)が〈命題1〉へ統合される。

> (命題2)「Ẋ自̇身̇に̇と̇っ̇て̇内容はつぎのようにXの内容として規定される。すなわち、それはその同一性においてXの内的目的としてのその主体性を含むだけでなく、外的客観性を得ているかぎり、Xの主体性を含んでもいる。」

「X自身にとって」のこの第一回目の出現はつぎのことを表現する。問題になっている内容は目的の形式をもち、そのため、主観的形式と客観的形式とを媒介するXの活動は目的活動、目的の実現として解釈されると、Xは信じる。[9]

以降では、誤りの可能性を容認するため、「知る」の代わりに、「信じる」について語ることにする。なお、このように「信」と「知」とを区別するばあいに、真への問いがいかなる意味をももたないような文脈に「信」という概念が制限されるのではない。ここで考えられているのは、「知」は「真の信」として、すなわち「(pであると信じる)かつpである」として理解されるべきであるということにすぎない。しかし、行為者は、誤りに陥ることがありうる。このためここで信が問題となる。このようにして、ヘーゲルが接続法を用いるニュアンス(ヘーゲルはたしかにそれを道徳の当為の性格に与えるであろう)が理解されるであろう。

「X自身にとって」のこのような意味によって本能(E§360、参照)との区別も明らかになる。すでにこの用語が最初に導入されたさいには、思考し、表象する意志のために、諸現象がのちにさらに分析されるものとして残されていた。衝動のなかにのみ根源をもつ活動(狭義の意志はそれに関与しない)から概念上分離される。さらにいえば、そのためにここでは「X自身にとって」(たんなる「Xにとって」ではなく)という用語が導入されるが、この用語がこのように最初に登場するさいに考えられているのは、Xは自̇分̇自̇身̇に̇つ̇い̇て̇、まさに実行された活動が目的活動であろうと信じるということである。自̇分̇自̇身̇の活動が目的活動であり、これによって目的が実

---

[9] 「実現」という概念は過程の意味と結果の意味とを含むが、ヘーゲルは両者を区別していない。このような多義性は§115と§118におけるのちの分析においてさらに主題となる。本書においてはこの概念をつねに過程の意味で用いることにする。例外については明確に注記することとする。

現される、とXは信じる。準指示 [Quasi-Indikation] の論理形式についてのカスタニエダの分析（それはここで事柄を明確にするために、引用される）を満足のいくものとするためには、〈命題2〉はそもそもつぎのような形式をもたなければならない。「X（内容）はその同一性においてのみ存在するものではない（等々）ということが妥当するような内容をX自身がもつ、とXは信じる」。明らかなように、このような形式において、〈命題2〉もすでに間接的な文脈を産み出すこと、したがって、そのばあいに「X自身にとって」という準指示が成立しうる。私は以下ではこのような詳細な定式を利用することを断念するが、それは、ヘーゲルのもともとの定式に接近することをせめても完全には放棄しないためである。しかし、簡単に済まされている導入部分の考察をここで完全で明確な形式へもたらすことはもちろん可能である。

自己帰着——付論
　行為の意識の固有性をこれまで分析してきたが、それを行為知の自己帰着（自己帰属 [Selbstzuschreibung]）という性格と呼ぶことができる。注意しなければならないのは、全命題はXの認識論上の位置を記述しているのであるから、それは間接話法におかれるということである。このことが、ヘーゲルが間接話法を使用するためのさらなる根拠であろうし、一人称の視点を選択するため根拠であろう。問題なのは、Xがなにかを自分自身に帰す（自分自身のせいとする）ばあいの信念である。「私は……であると私は信じる」という定式においては意志の普遍的契機が再び見出される。というのは、そこには自己同定が含まれているからである。「私」のなかにつねに含まれているこの自己関係の契機は三人称の視点を導入するさいにはじめて明確になる。というのは、そこでは単純使用と準指示的使用とが区別されるからである。このことは、私がさきの分析において一人称の視点を消去したことの理由でもある。
　「自己帰着の性格」によって根拠づけられる意図的行為の特徴の分析は現在の行為論においては二つの二者択一的な仕方で試みられる。ルイスとチザムが追求した戦略はこの自己帰着を主体（主観）と性質のあいだの関係として分析する。この関係は（とくにチザムによると）、「直接的な」自己帰着として特徴づけられる（Luis 1979、Chisholm 1981）。ルイスとチザムによれば、自己帰着のこのような性格はすべての信念の帰属に認められる。これにとってかわる戦略は「一人称の命題」を容認する。これらの命題は、消去不可能な仕方で「私」という文脈依存表現を含む。そのためこれらの命題は、意味内容の点でこれこれの命題をそのつど思考する主体（主観）一般によって完全に把握されうる（Perry 1983, S.241f.）。「一人称命題」のこのような構想はカスタニエダによってさらに展開された。これらの二つの戦略をめぐる議論

については、カスタニエダ (1987a)、チザム (1981, 1988) の論文を参照されたい。

行為概念のヘーゲルの分析は両者の構想を「接触可能な」ものとする。というのは、一方では、(直接的な) 自己関係が問題となり、他方ではこのような信念の内容の主観的性格が問題となるからである。しかし、両者の特徴は、たとえ異なった仕方で解釈されるとしても、二者択一的な戦略において保持されている。さらにつぎのことも注意されるべきであろう。本書において提案するように、「内容」についてのヘーゲルの概念を命題化として解釈することはつぎのような結論を示唆するように思われる。すなわち、一人称の命題の構想はヘーゲルの理論に近い。ただし、チザムが示すように、この一人称命題が〔なにかに〕完全に還元されるのではなく、また、「直接的な帰属 [attribution]」(Chisholm 1981, S.27ff.) についての彼の理論から産出されるのでもない。存在論的視点から見れば、チザムの理論はたしかにヘーゲルの構想に近い。しかし、本書にとって重要なのは、ヘーゲルの行為概念が現代の議論の文脈において捉え直されているということにすぎない。

しかし、活動が、自分自身の目的活動であるという X の信念は、ある活動が主観的意志の表現であることにとっての必要条件にすぎない。〈命題 2〉において表現された規定は、ある活動が自由な意志 (狭義の) 表明として把握されうるということにとって十分であるにすぎない。それは、内容の同一性の「固有の規定」(R§110) を道徳的立場において把握するためには十分ではない。すでに問題となった「客観的意志」の諸活動が、〈命題 2〉において述べられた条件を満たすばあいに、このことは明確になる。伝統的行為の一つの事例、たとえば礼儀作法によって要求された謙遜の身ぶりの実行を思い浮べるならば、そのばあいに作用する「客観的意志」はそのことによって、ある目的を実現する (たとえば、特定の礼儀作法を実行する)、と完全に信じる。しかし、それにもかかわらず、すでに明らかなように、「客観的意志」は「主観的意志」と対立する。したがって、〈命題 2〉において定式化された規定そのものは「主観的意志」の固有性にとっては十分ではない。そこでは自由の対自存在が欠けている。ある活動をたんに (自分の) 目的活動として把握することはそのためには十分ではない。[10] したがって、求められた固有性は「X 自身にとって」の二度目の登場において明らかになる。そのば

---

(10) 別の事例は、フランクファートが挙げている「支配されない放縦なもの (wonton)」であろう (Frankfurt 1988, S.16)。ポイントを絞れば、つぎのようにいえるであろう。「客観的意志」はたしかに行為の自由であるが、いかなる意志の自由をももたない。ワトソン (Watson 1989) とシャツ (Shatz 1986) は行為の自由と意志の自由との関連についての優れた見通しを与えてくれる。

あいにこの第二の登場は、第一の登場と同義のものではありえない。

2 意図性と対自的自由

「X自身にとって」の第二の統合

　最後の第三の解釈の段階は「X自身にとって」を〈命題2〉へ導入することに行きつく。そのばあいに、それは2回導入される。その一つの解釈は、「……であるだけではなく、……でもある」というヘーゲルの言い回しによってお馴染のものである。

　　(命題3)「内容はX自身にとってはつぎのようにXの内容として規定されている。すなわち、それは、その同一性においてたんにXの内的内容としてXの主体性をX自身にとって含むだけではなく、それが外的客観性を得ているかぎりで、Xの主体性をX自身にとって含んでもいる。」

　ところで、Xに帰属する信念は、〈命題2〉と比較して変化させられた内実を得る。二つの付加された構成要素が統合されるべきである。(a)Xの内的目的はXの主体性をX自身にとって含んでいるべきである。他方で、(b)内容も外的客観性の形式においてこのようなあり方をしているべきである。

内的内容

　内的内容がXの主体性をX自身にとって含んでいなければならないという要求は二つの部分から構成される。それは(ⅰ)この点で主観的意志の自由の対自存在を表現する。それは自分自身で自由に、ある内容のために決断するというXの信念である。「X自身ためのXの主体性」の第一の意味はこのことによって、自分の決断の自由へのXの信念として規定される。このような解釈が提案される。決断の自由のこのような契機はヘーゲルによってたしかに意志の主体性の契機として規定されている。したがって、Xのこのことについての信念は、この契機自身が、対自化されることである。いかなる内容に距離をとり、いかなる内容に対しても決断することができるというこの信念は「主観的意志」を「客観的意志」(§26における意味での)から区別する。というのは、後者の意志はその行ないの内実に対していかなる決断も下さないからである。この意味で、それは「奴隷的」である。(ⅱ)つぎのことも要求のなかに含まれている。内的内容は、解消されるべき主観的視点において普遍的意志に対して与えられている。Xの主体性はつぎの理由によってもX自身にとって存在する。内的目的という形式における内容

はXの個人的視点によって目的そのものの内実へと形成される。このことは、ヘーゲルが「企図」と「意図」を行為者の性質として規定するさいに示される（第4章 第2節、参照）。（ⅰ）と（ⅱ）が、Xにとって主体性が含まれていることを確信として表現するが、（ⅲ）さらに、この含まれたあり方の実践的次元が与えられる。それは主観的意志の権利（法）であり、行為の評価と帰責のなかに示される。

外的客観性
　〈命題3〉に統合されるべき第二の構成要素は外的客観性の形式における内容に関わる。この形式においてもXの主体性はX自身にとって「含まれている」べきである。含まれたあり方のさきの二つの様式と類比的に、またここでは二つの様式が現れる。すなわち、（ⅰ）行為者に固有の意図に照らした当該の現存在の評価と、（ⅱ）そのなかで実現された自分の利益（関心）と福祉である。ここにおいてもさらなる次元（ⅲ）、すなわち他者への関係という次元が現れる。この次元は、私が私の行為において私の利益と私の福祉を目指して努力するということを受け入れる（第4章 第2節、第5章 第1節、参照）。
　第一の構成要素（a）に対して第二の構成要素（b）は若干の付随的な困難さを引き起こす。まず、ヘーゲル哲学の体系に基づく論証が説明へ導かれる。続いて、このような区別によって把握されうる現象が研究されることによって、ヘーゲルの体系構成の説明価値が問われる。この第二のアプローチは、ヘーゲルの体系に立ち戻らずに、その説明価値を理解しようと試みるものであるが、三つの段階をへて遂行されるであろう。

体系から出発する論証
　ヘーゲル哲学の体系から出発するならば、〈命題3〉における第二の構成要素にとっての論拠が得られうる。目的の形式における内実は主体（主観）と客体（客観）との形式の区別に無関与であるから、意志のいずれの表現においてもこのような固有性が該当する。ところで、内容のこのような同一性の規定の固有性が道徳的立場において展開されるべきであるとすれば、主観的であり、したがってまた自分にとって（対自的に）存在する自由であるという意志のこのような固有性は、この段階においては〔主体と客体との〕形式の区別の両面のなかにその表現を見出さなければならない。このことに到達しないばあいには、内容は主観的意志の内容としてはもはや形式の区別に無関与ではないであろう。このことによって、主観的意志はもはや意志のいかなる完全な形態でもないであろう。概念であ

るという規定はこの意志にはもはやふさわしくないであろう。このことはヘーゲル体系構成にとって困難な諸結果をもたらすであろう。意志の主体性はやはり形式的であるにすぎず、もはや意志そのものの形式ではないであろう。意志論の概念的構造の全体が損なわれるであろう。形式としての意志の主体性はこの形式の現存在としての主体と一致しえないし、また道徳も権利をもたないであろう。人倫はもはや道徳を揚棄せず、これをたんに否定するにすぎないであろう。このことがヘーゲルの政治哲学にとっての帰結でもあるということは看過できない。(11)

現象

体系から出発するこのような論証にもかかわらず、〈命題3〉における第二の構成要素の統合によっていかなる現象が把握されうるのか、このことによって現象の領域の内部でいかなる差異化が行なわれるのかという問題が残っている。以降は、「Xの主体性を含む」という表現を分析することによって、可能な差異化を明らかにすることにしよう。

第一段階においては、〔自然哲学で扱われた〕「有機的個体」(E§350) を意図的行為の第一の構成要素としてもう一度扱うのであり、ヘーゲルとともにつぎのようにいうことができる。「過程における有機体は、外に向けては自己中心的な統一を自分のなかに含む」(前掲箇所)。有機的個体を「主体性」(前掲箇所) と規定するならば、それは有機体として主体性を含む。というのは、「無意識的な仕方で作用する目的活動」(E§360) は同時に、主観的な欲求の外的客観性でもある有機体を含むからである。「含む」とはここではつぎのことを意味する。すなわち、有機体はまさに、無意識的に自分を目的とする（したがって主観的な）活動によって構成される。ところで、有機体はたしかに「内的目的性」(前掲箇所) の外的客観性であるが、しかし、動物は自分の主体性のこのような実現に対して思考上の関係を少しももたない。すなわち、動物は自由な仕方では自分に関係しない、しかし、動物の「欲求一般」が内的目的としては知られないように（この欲求の満足は衝動によって実現され、有機体において外的客観性を得る）、〔人間の〕個別的欲求もこのような内的目的としては知られない。したがって、具体的な満足は、このような内的目的の実現であるとは知られない。動物は自分の欠如さえも感知せず、活動をそれに合わせる。

第二段階では、すでにいく度か言及したように、「客観的意志」を比較のために

---

(11) この点については、トゥーゲントハットの著作 (Tugenthat 1979) と、ジープの批判 (Siep 1981) を参照。

取り上げるが、この意志はその内容を目的として意識しており、その行ないと、この行ないによって創り出された状況をこの目的の実現として捉えることができる。すなわち、問われるばあいには、そのように述べることができる。したがって、このような客観的意志は、たとえばつぎのように述べることができるであろう。その行ないは礼儀作法Aの実現であり、あるいは目下の状況はこの実現の結果である、と。主体性は状況の外的客観性のなかに「含まれている」。というのは、客観的意志は、この状況を生じさせるための根拠であったからである。たとえば、民族学が行なうことができるような説明は、客観的意志の意識的活動に立ち戻って捉えなければならず、内的目的を実現しようとするその試みは、事象を説明するための根拠として挙げなければならない。しかし、この事例において意志の主体性が意識的目的活動として「含まれ」ているといえるのは客観的に見てのみであろう。民族学者はこのばあいに行為当事者の個人性を少しも考慮する必要はない。行為者には、目的活動の慣習的な模範が与えられ、行為当事者の特殊的動機に立ち入ることなく、事象が説明される。[12] このような意味で、個々の行為当事者のそのつどの特殊的主体性は事象のなかには含まれていない。主体性は少しも考慮される必要はないであろう。というのは、たしかに「客観的意志」もそれ自身自分の行ないのこのような次元を扱わず、したがって、民族学者の記述に対してこのような次元を主張することはできないからである。

　ところで、第三段階ではつぎのようなあり方も構想されうる。すなわち、ある状況を説明するために、行為当事者の特殊的主体性が引き合いに出されなければならないというあり方である。このことはつぎのばあいにつねに生じる。すなわち、一定の状況の生起を説明するために、ある行為当事者の個別的決断を具体的目的として想定しなければならないというばあいである。そのばあいに主観的意志の表現としての自由な決断は、Xの主体性を目的の主観的形式に関して含むような場である。自由な決断へ立ち返ることによって、外的客観性がその生成の点で説明されうる程度に応じて、この主体性もこの客観性のなかに「含まれ」ている。状況の説明は、つぎの理由によっても、行為当事者の主体性に立ち返ることを余儀なくさせられうる。すなわち、行為当事者が先行の状況を一定の仕方で解釈することによって状況が生じる。このようなばあいにはこのような主観的解釈は（客観的に先行した状況自身ではなく）、ある結果の生起を説明するために、考慮されるべきではない。誤

---

(12) この点については、フォン・ウリクトの「人間の自由についての」ターナー講義（Von Wright 1985）を参照。私は以降で「動機の上の背景」という概念をたびたび用いるが、この用語は、そこから借用したものである。

解によって生じた争いはその事例として考えることができるにすぎない。

　これまで示したことのこれら二つの様式をまとめていえば、行為当事者の主観的視点と決断とに立ち返ることによって状況が説明されうる。それにもかかわらず、外的客観性における主体性はまだ行・為・当・事・者・自・身・にとっても状況のなかに自動的には含まれているわけではない。「X自身にとって」を〈命題3〉において最終的に導入するばあいに、産み出された状況の記・述・と、自由な決断および主観的視点（それは状況を引き起こすよう行為当事者を誘う）との関連が求められる。したがって、必要なことは、産み出された状況が内容の実現と見なされる（内容はXにとって内的目的の形式において与えられていた）というように、この状況が記述されることである。たしかに行為当事者自身が、産み出された状況をこのような仕方で解釈するということが、控え目につけ加えられなければならないが、これで十分である。このことは「X自身にとって」のなかに含まれているが、後者は〈命題3〉の最初においては、全体的連関を行為者の視点に制限するものであって、すでに〈命題2〉において統合されていた。

　〈命題2〉と〈命題3〉によって統合された「Xにとっての」という定式が協働することによって、適法性の立場における行ないの記述と道徳の立場における行ないの記述とのあいだの区別も明らかになる。ある産み出された状況を適法性の観点で評価するばあいには、行為当事者の自由な意志が想定されている。しかし、例えば契約の締結が妥当かどうかを決定するための尺度は行為当事者自身の視点には基づかない。いかに行為者に内容が内的目的として与えられていたか、行為当事者が契約締結のさいにいかなるさらなる意図をめざしていたか等々は問われない。その行ないが契約締結の所行であっただけではなく、内的目的として主観的視点を基礎にもつ（この視点はそれ自身、産み出された状況のなかに「含まれている」べきである）内容の実現でもあったということが示されるばあいにはじめて、行為当事者はこのような記述の水準を活かす。[13] 産み出された状況をこ・れ・こ・れ・の点で記述するよう行為当事者が求められるばあい、この状況を自分の観点か・ら・見、また評価することを他人たちに要求する。産み出された状況をこのような主観的な仕方で生じたものと見なすことを行為当事者は潜在的に求める。行為当事者はこのような状況を自分の行・為・の結果と見なすよう求める（自分の行・為・の

---

(13) ヘーゲルから見て、なぜ欺瞞が合法性の原理から道徳の原理への移行の第一形態を表現するかが、このような説明からも実際に明らかになるのであろう。騙す者は、騙す相手の主観的視点で計算するが、これに対して、騙された者は自分の主観的視点が「参与して」いなかったことについて事後に訴えを行なう。

結果と見なすことを求めるのではない)。そのばあいにこのような要求は(それが正当であると想定するならば)、産み出された状況は行為当事者の対自的な主体性(それは外的客観性において存立し、そのなかに含まれている)の結果であるということを行為当事者の信念は前提とする。[14]

3　意図性の主観的性格

　第110節を一人称の視点で定式化するというヘーゲルの判断は、行為者の自身の視点が、主観的意志の立場で内容の同一性を規定するさいの固有性をなすことを指摘したものと理解されうる。彼が用いる接続法はさきの分析のさいには消去されたが、〔ここでは〕二重の機能を果たす。第一に、それは、内容が主観的意志自身にとって同一であるための条件をこの節が含むということを表現している。さらにそこには、この同一性がたんなる要求であるということも含まれている。というのは、産み出された状況に対するさまざまな視点の差異が存在しうるということがたしかに示されたからである。つぎの第111節ではヘーゲルは、そこで言明された事態を定式化するために、一人称の視点を採用しない。このことが最初の徴候となって、〔今や〕行為者自身の視点には関係しないような仕方で、内容の同一性の「さらなる固有の規定」(R§110)が示されている、と評価されうる。

第2節　意図の思弁的意味

　『法哲学』の第111節の完全なテキストを私はここで関連上引用しておきたい。そこではつぎのようにいわれる(強調は原文のもの)。

> 「たとえ内容が特殊的なもの(これが他のどこから得られたにせよ)を含んでいるとしても、それは自分の規定されたあり方において自分へ反省(反照)した意志として、したがって自分と同一の普遍的な意志の内容として、α)即自的な意志に適合しており、あるいは概念の客観性をもつという規定を自分自身のなかにもつ。しかし、β)主観的意志は対自的な意志としては、同時にまだ形式的であるから(§108)、このことは要求にすぎず、この内容は概念に適合していないという可能性を同様に含んでいる。」(R§111)

---

(14) ここでつぎのことが見て取れる。他人の了解の遂行が理論的な妥当請求(記述の真理)において求められるが、これに対して、是認は実践的な妥当請求(意図への同意)を示す。

第 2 章　意図性——主観的自由の形式　85

　ここで確認できることは、ヘーゲルが内容自身について形式と内容とを区別していることである。したがって、「内容」はここではたんに「形式」の反対概念にすぎないのではなく、それ自身形成された内容を特徴づけているはずである。この箇所ではこの内容の内容（それが「どこから得られたものであるにせよ」）はそれ以上問題にはならない。しかし、内容が今問題になっているばあいの形式は意志（意志「自身」がその内容である）の論理的規定によって規定されている。明確に見てとれるように、ヘーゲルは主観的意志の論理的諸契機を二つの部分に分割し、これらの部分規定のいずれからも内容自身の形式のための結論を引き出している。第一の部分では「形式」が問題となり、第二の部分では「形式的なもの」が問題となる。

内容の形式

　「概念の客観性をもつ」（あるいは、「即自的な意志に適合している」）という内容の規定は、その規定されたあり方において自分へ反省している（したがって、「自分と一致する普遍的意志の規定」をもつ）という主観的意志の論理的規定から帰結する。主観的意志のなかに契機として含まれているこのような規定はすでにより正確に分析された。今の文脈において重要なのは、ヘーゲルがそこから導出するつぎのような帰結である。内容（注意深く見れば、主観的意志の）はその形式の点では、「即自的に存在する意志に適合している」ようにという要求に従う。自由な仕方で自分自身を規定する意志としては、意志はつぎのようないかなる内容をももつことはできない。すなわち、形式の点で理性であり、したがって適法性と普遍化可能性との尺度に従うことができるような内容ももつことはできない。しかし、「概念の客観性」をもつことは内容の点では、理性の表現であるということを意味するにすぎない。ヘーゲルにとっては、このことは、普遍的規則、法則の形式をもつことを意味する（第 5 章 第 2 節、参照）。

　エドゥアルド・ガンスが『法哲学』の序言に加えた「補追 [Zusatz]」（それはおそらく 1822-23 年の冬学期の「自然法と国家学についての講義」に由来する）においては、自然の法則性はその最高の真理、その理性性の表現として示される。自然の法則はもっぱら記述的であるのに対し、法の規則は人間によって定められたものであると把握される。〔法は〕人間に由来するものであるから（ヘーゲルはこのように述べる）、理性的存在者としてのいかなる個人も、なにが正しいかの尺度を自分がもっていると主張することになる。ここではヘーゲルは理性と法則性を狭い連関に、すなわちすでに『精神現象学』において主張される関連へもたらす。

　内容は、自由なものとして自分を知る「普遍的」意志の内容としては理性の形

式のみをもち、主観的意志にとっては「格率」の形式 (Wan§54)[15]をもつにすぎない。内容を主観的意志の内的目的として持たなければならないような形式はこのことによって規則的なものとして規定されている。この規定についてはヘーゲルはカント哲学[16]に従っており、それは命題性のテーゼを超え出るものである。

命題性はたしかに、遂行されるべき行為が普遍的な仕方で行為タイプとして意図されるということへ導かれる。したがって、このような意図は出来事のクラス全体によって実現されうる。しかし、このことによっていわれているのは、内容それ自身のなかで（いわば命題の意味論的意味で）ある行為タイプが意図されているということではない（第4章 第2節3、参照）。なによりも、内容のなかには、ある状況のタイプのための普遍化の条件は含まれていない。「私が今このリンゴを食べたい」という主観的目的は結果の諸条件に普遍的に関係づけられている。この目的を実現する無限に多くの種類が存在する。しかし、「タイプAのすべての条件において私は行為Bを実行したい」という格率は、この意味では普遍的ではなく、一つの一般的規則であり、状況のタイプや行為のタイプを普遍化したものである。それは一つの格率である。というのは、それは一つの主観的規則にとどまるからである。それは、ある特定の主観的意志にとってそのつど妥当する。それをすべての主観的意志へ普遍化するならば、普遍的命令の言語的形式において実践的命令を主体としての全数量を伴なう。（「すべての主体は、Ｐという格率をもつべきである。」）

特別に普遍的な種類様式の一つの例は、「一個の人格であれ、他人を人格として尊重せよ」（R§36）というヘーゲルの言葉である。このような言明の位置は「法の命令」（前掲箇所）という点にある。このような普遍化を行なうのは法則（掟）ではなく、命令である。というのは、普遍化は記述的性格をではなく、指令的性格をもつからである。ヘーゲルにとっては、実践的命令はすべての主体に相互承認を求める。一つの格率としては形式的で主観的である。というのは、それは、ある個別的主体の他のすべての主体に対する要求であるからである。ヘーゲルが、道徳の部の第3章〔「善と良心」〕で述べているように、道徳はこのような「主観的普遍性」に到達するにすぎない。[17]

---

(15) この関連については、ギスティの論文を参照(Giusti 1987)。それは、ホッブズからフィヒテに至る実践哲学〔の歴史〕の文脈においてヘーゲルの行為論を明らかにしている。
(16) この関連については、ヴィラシェク (Willaschek 1992) とカウルバッハ (Kaulbach 1978) を参照。
(17) 規則への服従と普遍可能性の問題に関しては、犯罪についてのヘーゲルの解釈を参照（第3章を参照）。

形式的一致

　ところで、道徳の領域においては意志はたしかに、自分の規定されたあり方において自分へ反省しているが、主観的意志としては「同時にまた形式的」(§111)でもある。主観的意志のこのような形式的性格のために、内容の内容ではなく、内容の形式のみが意志の普遍性によって規定されるようになる。内容の形式と内容の内容との照応はたんなる「可能性」にとどまる。したがって、道徳の段階においては、内容は「ある特殊的なもの」を含むのであり、これは、どこからであろうとも、得られるものである。このような任意性は、主観的意志の形式性の表現であって、内容の「内容が概念に適合していない」という可能性をヘーゲルの概念的構造においてもたらす。しかし、内容はその形式の点ですでに「概念の客観性」をもっており、客観性の変化した意味で内容の形式と内容の内容自身との関係へ及ぶ。内容が同様に「概念の客観性」をもつべきであるということは目的の形式における内容にも当てはまる。意志の内容としての内容、すなわち概念は、その形式とその内容とが対応するようにという要求に従う。すなわち、内容の内容自身が、普遍化されるという内容の形式にとって十分であるという要求に従う。

　道徳の立場においては、このような概念的対応は、実現されていないという可能性を含む一つの可能性として定立されているにすぎない。したがって、内容の形式と内容の内容との統一に対するこのような要求の尺度に従うような主観的意志の表現が存在するが、この要求は満たされない。この要求が満たされないとすれば、概念的にみれば、ある行ないはこのばあいもいずれにせよ主体の表現として、行為として把握されうる。このような概念的規定の意味はつぎのことにあるように思われる。すなわち、カントの命題によれば、行為はつねにその内容、その格率の普遍化可能性という（道徳的）要求に従うが、行為として把握されうるためには、この要求をつねに満たされなければならないわけではない。この命題にヘーゲルは同意するであろう（第5章、参照）。同時に内容の形式と内容の内容とのこのような論理的関係は同一性として要求されているにすぎず、ヘーゲルから見れば、道徳的な当為の現象を思弁的に説明するものであり、また、道徳自身が、この要求を満たすいかなる内容をも自分のなかに生み出すことはできないということの概念的根拠となる。後者はもちろん、カントが形式主義的であるとヘーゲルが非難したことで有名であるが、同時に『法哲学』における道徳の部の第3節〔「善と良心」の章〕の構成にとって一つの論理的基本構造になる。そこでは、内容の欠如に基づくこのような形式的同一性が悪と良心との区別からそれらの絶対的対立へ駆り立てられる。カントは理性と感性との対立をそこまでもたらさ

ざるをえないが、ヘーゲルは主観的意志の論理的構造から道徳的当為を説明することによって、このようなカントの解決策を放棄するようになる。道徳的当為は理性と感性との対立に由来するのではなく、主観的意志自身の論理的構造に由来する。[18]

二つまえの段落ですでに言及されているように、主観的意志の内容が従う要求に関しては、ヘーゲルは「客観的」という表現を変化した意味で用いている。このことは、第111節のテキストからは直接には読み取れないとしても、「概念の客観性」のこのような意味は内容に関しては、客観性ということで考えられているのは形式と内容との対応にすぎないというように解釈される。

ヘーゲルによれば、このような意味が内容に与えられているが、その理由は、内容が目的としては形式の区別一般に無関与であるというように規定されていることにある。しかし、「主観的」と「客観的」との区別は結局形式と内容との区別であって、[19] そのばあいに、形式と内容自身は結局やはり形式自身の・区・別にすぎない。ヘーゲルの論理をこのように理解することができる。

本質的相異

このことによって、『法哲学』第111節は内容の・同・一性の「さらなる固有の規定」(R§110) を示すというプログラムと結びつく。ヘーゲルは一方で、なぜこれらの規定が接続法において要求として示されているのかを説明する。彼は他方で内容自身の同一性から出発して、主観的意志の内容がその形式と内容との区別に無関与であるようにという要求を導出する。したがって、総括的にいえば、内容自身がおかれた状況は、ヘーゲル自身が第111節で付け加えられた欄外メモにおいて特徴づけられているといえる (強調はヘーゲルのもの)。

> 「・本・質・的区別と普遍的なものへの関係〔は〕概念 (そのうえに手書きで「普遍的なもの」と記されている——クヴァンテ) としての客観的なものと・特・殊・性との対立〔である〕。——〔両者の〕統一は要求である。」(R§111R)

---

(18) しかし、のちに示されることであるが、行為概念についてはそうではない (第5章第2節、参照)。
(19) これについては、ロース (Rohs 1970, 1971) を参照。形式と内容との区別は私の問題設定の文脈では、合理性／志向性 (形式) と自然的意志 (内容) との関係にとって重要である。この点でヘーゲルは、両者は相互に「対応する」ということを出発点にする。このことについては、本書、第5章を参照。

「本質的」は区別である。というのは、区別化するもの、すなわち形式と内容とは反照諸規定として内的に相互に関係しており、両者の区別は、二つの抽象的に生じた（無媒介の並存する）存在者の区別として把握すべきではない。媒介されたあり方を特徴づけるものはまさに当為である。

第3節　客観性と相互主観性

ヘーゲルは『法哲学』の第110節で、意志の主体性（主観性）と内容の同一性との関係を詳細に説明した。彼はこれと関連して、後続の第111節で、内容を自分にとって自由な表現の内容として特徴づけるような論理的構造を分析した。

ところで、ヘーゲルは、「主観的」と「客観的」との形式の区別に対する内容の無関与が意志自身の主体性にとってなにを意味しているかを展開して説明している。彼の命題によれば、この主体性は形式のこのような区別をつうじて保持される。いかなる帰結が事実から導出されうるかを、また主体性を含む内容が意志の主体性を含む（しかもそのつどの主観的意志自身にとって含む）という仕方で客観的となることを詳しく説明する。

『法哲学』の第112節における概念的展開の機能をつぎのように理解することができる。ヘーゲルは、「X自身にとって」の形式の区別への無関与の帰結を明確にしている（第二の統合）。彼はそのばあいに、いかに主観的意志の主体性が客観化されるかを展開して説明し（本章 第3節の1）、また、このような客観化が他の主観的意志の現存在を前提にする（本章 第3節の2）ことを示そうとする。

1　主観的意志の主体性の客観化

このようにここでは主体性そのものの側面が再び問題となる。そこで、ヘーゲルはテキストを再び一人称の視点から定式化する（強調はヘーゲルのもの）。

> 「C) 私は私の主体性を私の目的の実現のさいに含む（R§110）のであるから、私はそのさいにこの目的を客観化しながらも同時に、この主体性を直接的なものとしては、したがってこれこれの私の個別的なものとしては廃棄する」（R§112）

自分の目的の「客観化」のさいには、すなわち主観的形式から客観的形式への置き換えのさいには同時に、そのなかに含まれる行為当事者の主体性も主体性と

して客観化される。それは、内的目的を自分にとってもつという主観的形式から、実現された外的目的において主体性を自分自身にとって維持するという客観的形式へ転化する。このような置き換えにおいて主観的意志自身の活動によって主体性は「直接的なものとしては」廃棄され、「これこれの私の個別的なもの」であるという性格を失う。主体性は完全に否定されるのではなく、「一面的形式」(R§25、参照)という意味で否定されるにすぎない。ヘーゲルはここでこの一面性を「直接的」という用語によって規定している。したがって、主体性は同時に主体性においては直接性の契機であるという意味では否定されるとはいえ、「主観的」という別の意味ではやはり保持されている。[20]

そのつど「個別的な」主体性自身による直接性のこのような自己廃棄は「同時に」主観的意志の目的の「客観化」を伴なう。「私が私の主体性を私の目的の実現のさいに維持する」というばあいに、つねにこの自己廃棄が行われる。このことによってたしかにこの客観化から概念上区別されうるが、事柄の面ではこの客観化からは分離されえない。

ヘーゲルはこのような言明によって行為の日常的理解を目的の実現として説明するが、このような言明と並んで、三つのさらなるテーゼが見てとれる。第一に、主体性は内的目的に関連し、主体性の形式における目的に関連し、したがって「直接性」の規定のなかにあると述べられる。第二に、ヘーゲルはこの「直接性」を「これこれの私の個別的な主体性としての」主体性の特徴づけと同一視する。さらには、「直接性」という規定性の廃棄は、「たんに個別的なもの」であるという性格の廃棄をもたらす。これが、ヘーゲルが、「したがって」という言葉で表現している条件の関係なのである。この第三点はすでにさきに述べたものであるが、さらに後に詳しく展開したい。

(1) 内的目的の直接性

この文脈において「直接的」という言葉が使用されるのはどのような意味でであるかを問うならば、つぎのような解釈がもっともなものと思われる。すなわち、ここでは主体性は、そのつどの行為当事者にとっての内的目的の所与のあり方(実情)のなかに見てとれるという解釈である。「直接的」という述語によって特徴づけられるこのような所与のあり方は、主体が自分自身の精神的および命題的状態、

---

[20] 「自我」を「X自身にとって」という準指示によって置き換えるばあいには、このことは言語的な対応物をもっている。ここでも一人称における自己帰着は中立的な三人称の視点によって、排除されることなく、客観化される。

すなわちその内的目的、意図あるいは願望についての情報（知）をもつような特殊的なあり方である。このように特別にとられるアプローチは行為者に内容無謬性（訂正不可能性）を保証はしないが、[21]他の情報のあり方に対して「直接的」と呼ばれるものである。というのは、このようなアプローチは、主体に対して回り道をせずに、媒介的な次元を切り開くからである。しかし、主体にこのように与えられた内容はけっして訂正不可能ではな̇い̇。というのは、それは解釈された内実であるからである。内的目的も「X自身にとって」存在し、したがって、Xはここでは解釈のさいに誤りを犯しうる。したがって、訂正されえないのは、私̇の̇も̇の̇（特殊的アプローチ）についての知のみであり、このような仕方でアプローチされるものの解釈ではない。[22]

　心的状態に関して、直接性の規定性のなかに特殊的な所与のあり方を把握するための意味を見出すことができる。たとえ内容に関するいかなる絶対的知識も自分自身の心的状態に関するこのような特別に認められたアプローチとは結合していないとしても、そうである。また、つぎのばあいには直接性が、「個別的」であるという規定と結合することはもっともなこととなりうる。特別に認められたアプローチと、訂正不可能性とが必然的に一体となっていることが必要とされないばあいにはそうである。行為当事者の主体性が、「個別的」であるのはつぎのような理由による。すなわち、それは現実的に批判可能であるが、特別に認められたアプローチに基づくため、他人には直接に理解不可能であるような解̇釈̇が、目的を内的目的として解釈するさいに生じるという理由による。たんなる「個別的な」主体性を構成する内実への解釈上のアプローチが直接性という欠陥をまさにもつとヘーゲルは言明するが、この言明をこのように理解することができる。誤謬や誤った解釈の余地があるばあいは、他の体による訂正の（概念上の）可能性も与えられなければならない。しかし、内的目的の形式においてはこのことは可能で

---

(21) この問題領域については、Rorty 1970, 1971、とくにその第1、2章を参照。「観察なしの知」というアンスコムが用いている概念はやはりこの文脈に属しており、行為概念の直接性の意味を明らかにしている。テイラー（Taylor 1983, S.4 ff..）も現代の立場とヘーゲルの行為概念とのあいだに同様の連関を見出している。体系的な点でこの関連にとって重要なのは「内的意味」の概念である。モーアは、カントの理論のこのような構成部分が近代の精神哲学においても意識と自己意識の理論にとってどこまで重要であるかを示した（Mohr 1991, 1992）。

(22) 自分の目的に関する訂正の（少なくとも哲学的な）方法が解釈としての内的目的の根底になければならないということを「理性の狡知」についてのヘーゲルの説はすでに求めている。

はない。内実を内的目的として解̇釈̇す̇る̇こ̇と̇もまず第一に個人の事柄である。[23]

　私の解釈によれば、特別に認められたアプローチと訂正可能性とは、内的目的であるという内容の形̇式̇のみ関係しているということが、ヘーゲルの議論が示したものである。この意味では、目的は自̇分̇の̇も̇の̇で̇あ̇る̇こ̇と̇、自分の心的状態であるということについては誤ることはありえない。しかし、この内的目的の内容は主体自身の解釈の成果であり、したがって、目的そのものの内実はこのようにまったく誤りを含むものとして規定しうる。しかし、この誤りが確定されうるのは、目的の実現が生じたばあいのみである。その際には、他の主体は（あるいは後の時点の行為当事者も）、行為当事者が自分自身の動機の根底にある内実を誤って把握するという結論に到達するばあいが考えられうる。[24]

（２）「これこれの私の個別的なもの」としての主体性の廃棄

　目的内容の直接に主観的な形式が廃棄される瞬間に、たんなる個別的主体性の抽象も解消される。行為当事者の解釈の遂行は批判可能である。というのは、それは、もはや特別に認められた仕方で接近できるのではないような客観化に含まれているはずであるからである。自分固有の状態の解釈のなかに含まれている行為当事者の特殊な主体性は、たんに「これこれの……個別的なもの」(R§112)であるというその欠陥を失い、他の行為当事者の評価の対象となる。行為当事者の主体性が行為当事者によって主張されるように、現実的にそのなかに含まれているかどうかという面から、他の行為当事者は今や出来事を吟味することができる。いいかえれば、ある行為当事者によってもたらされた状況が、行為当事者の移動の実現として記述されるかどうかを観察者は吟味できる。

　もちろん、行為当事者自身もこの批判的な（客観的な）評価を行なうことができる。たとえば、行為当事者が、ある結果をあくまで内的目的の実現であると確

---

(23) しかし、さしあたりもっぱらそうであるというのではない。というのは、陶冶と教育がここで同様に影響をもつからである。陶冶と慣習をつうじて性格と習慣へ転化されるような感情の扱いを考えさえすればよい。ここではたしかに社会的な次元も作用している。

(24) ここで扱われるべき問題は、このような解釈がつねに生活形式によって規定されるのか、私的でありえるのかではない。このことは私的言語の問題に行き着くが、ここではこの問題を論じることはできない。ヘーゲル自身のやり方にとっては、ここにおける問題は後回しにできるものである。というのは、ヘーゲルは、さらなる概念的展開を「直接性」と概念本性とのあいだの分裂から出発して、さらなる概念的展開を行なっているからである。

認するにもかかわらず、それが満足のいくものではないと確定するばあいには、そうである。このような状況はたしかに不可能ではないが、行為当事者によって二つの仕方で解釈される。一方で、行為当事者は、その内的目的の根底にある。内実について、思い違いをしているという結論に到達しうる。(たとえば、私はアイスクリームを食べたいと思ったが、アイスクリームを目の前にすると、今度は、私はもともとむしろビールを飲みたいということに気づく。)しかし、行為当事者は、内実そのものが変化してしまうということを推論することができる。(たとえば、私がアイスクリームを注文したとき、私は実際にそれを好んでいたのであるが、それが提供される。ところが今度は、私はむしろビールを飲みたいという欲求を感じるようになる。)考えられうる第三の解釈は、ヘーゲルの体系構成(その再構成)によって排除される。行為当事者は、自分の内的目的の設定が行為の遂行をつうじて変化したと主張することはできない。このことはつぎの規定によって妨げられる。すなわち、内容が遂行をつうじて(行為主体にとっても)同一であり続けるばあいにのみ、内容は目的の形式をもつという規定によってである。行為当事者はこのような把握によって、生じた出来事が主観的意志の表現であることに、結局、端的に異議を唱えるであろう。[25]行為当事者自身が自分の行ないに対して客観的な観察者の役割を引き受けることができるという可能性がここで認められているが、だからといって、この可能性は、主体性が「これこれの個別的なもの」としては廃棄されるというヘーゲルのテーゼに対する反論に

---

(25) 長時間に及ぶ内的目的の実現のばあいにこのことはさまざまな問題をもたらす。内的目的の長期にわたる実現のあいだに行為者自身にとってズレが生じがちであるとすれば、さらに一つの行為について語られるであろうか。あるいは、劇的に変化するのであろうか。あるいは保持されるのであろうか。例として、一人の犯罪者が(まえもって計画された)人質をとった銀行襲撃を行なうあいだに、良心に目覚めることを考えてみよう。これとは別の側面として、ある主体が、「私の意図はやはり変化した」と述べて、行為を拒むばあいに、私の考えでは、それはほとんど劇的ではない。〔ここで〕イメージしなければならないのは、このようにたえず自分の行為を先延ばしする主体をいかに扱うべきかである。最後に、この主体はそもそも、理性的に行為する主体として理解されるのかどうかが疑われるであろう。このことは、襲われた人間にとってはもちろん劇的であるとしても、行為論にとっては少しも重要な問題ではない。というのは、このような事例はもはや行為とは見なされないからである。ただし、それは(例えば銀行強盗の事例のように)所行とは見なされる。しかし、最初に示された困難さは行為論にとってはやはり内在的であり続ける。それは行為論(私の用語)の中心的動機の一つである。この理論によれば、実現されるべき、行為計画の部分であることが、個々の(個別化されうる)行為の概念に必然的に属さなければならない。そのばあい計画の機能はまさに、さきの困難を除去するためのものである。

はまったくならない。というのは、主体性は「これこれの個別性」としてはある時点で、ある内的観点に制限されているからである。実現の瞬間への固定化が「これこれ」によって表現されているが、事後の評価によってこのような固定性は廃棄される。彼は情報を（大部分の少なくとも通常のばあいには）手に入れるのであるから、このような事後の評価のさいに、事後に再び特別に認められた状態におかれるのであるが、このことはここでは問題にはならない。

　ところで、すでに誤りの可能性が認められていたが、これと並んで第三の種の誤りの可能性がある。ヘーゲルの構想においては、行為者が、根底にある目的を解釈することに関しても、ある状態を自分の内的目的の実現として解釈することに関しても、思い違いをするということが概念上で可能である。そのばあいにX自身にとって、成功した実現が現存するという点で、両者の思い違いは一致する。これは、自分の思い違いの極端な例であり、行為者自身によってはもはや訂正可能ではないであろう。少なくとも孤立した個別的事例としてはそうでないであろう。しかし、このような執拗な誤りの概念上の可能性が存在するならば（ここでは誤りは主体と客観との区別にまで及ぶ）、ある内実を主観的形式から客観的形式へ移し入れることによって出される客観性の要求を満たしうるためには、他の行為者の視点が必要になる。

　このばあいは（ここではたとえば精神分析あるいはイデオロギー批判が考えられうる）多くの落とし穴が控えているが、おそらくこのようなばあいは前もって概念上で排除しておく方がよいであろう。しかし、ヘーゲルの理論構成においてはそれは概念上で可能である。このような解釈を支えるものとして、ヘーゲルは二つの理論を引き合いに出すことができるであろう。それらは自分のこのような根源的な思い違いと、事後の客観的訂正とに基づく。ヘーゲルは歴史哲学においてつぎのように主張する。「歴史的個人」は、自分のそのつどの特殊的目的を追求し、実現することによって、他の目的をすなわち客観的、理性的目的を実現した、と（R§124、§348、参照）。また、ヘーゲルは、商品交換社会の分析において、「見えざる手」の理論を、利己的行為が客観的目的を実現するというように把握してもいる（R§182、参照）。両者のばあいに「理性の狡知」が作用するが、それが効力を発揮するのは、つぎのようことが可能なときのみである。すなわち、ある目的が客観的に現存し（実現され）、その内実が主観的形式に関しても客観的形式に関しても、それらを実現する行為者の解釈から区別されているときのみである。このような目的の実現は行為者によって、このような解釈は自分の内的目的の実現を含むと解釈される。

第 2 章　意図性——主観的自由の形式　95

　ところで、このような誤りを見とおすことができる批判的段階について語るまでに到達するためには、「理性の狡知」論からつぎのような結論を引き出さなければならないであろう。すなわち、ヘーゲルの理論においては、自分自身の目的を実現する行為者の「背後で」(マルクス) 密かに理性自身の客観的目的を自分で実現するというための概念上の可能性が存在しなければならないということである。⁽²⁶⁾このような客観的理性の可能性を信用しないばあいでも、ヘーゲルの行為論の解釈はやはり概念上の可能性を示すことができる。主観的な解釈のベールのなかに透けて見える批判的段階に立つのはヘーゲルのばあいは結局思弁的な哲学者である。そのばあいに、彼にとっては、それ自体で存在する理性が主観的誤りの背後で支配していることがすでに前提されている。思い違いの背後には非合理的ななにかが作用している (精神分析、イデオロギー批判) というケースはヘーゲルにおいてはいかなる役割をも果たさない。⁽²⁷⁾

　しかし、関係者の主体の視点がまったくないままに行なわれる事象の目的論的な記述についての極端に強い命題からも独立に、ヘーゲルの理論構成の説得力はやはり保持される。というのは、たしかに思い違いが両者のばあいに (内的目的と、実現された状況とにおいて) 考えられるからである。ある行為者を、彼によって示される動機に関して訂正することもできるし (「誠実である」というのはむしろ強い妬みだったのではないのか)、実現された状況に関する事柄についての自分の見方と矛盾することもある (友よ、たとえば君たちの利害対立にとっての公正な和解のようなものはけっして存在しない)。たとえば精神分析は、行為者自身にとってのさまざまな誤りの首尾一貫し安定した関連によって自己欺瞞が不透明になっているということから出発せざるをえない。しかし、主体の視点 (行為者のものであれ、関係者のものであれ) に再び立ち戻らないような訂正を実現することは不可能であるように思われる。ただし、客観的理性についてのヘーゲルの前提はこのことを考慮してはいない。

---

(26) ペゲラーは「理性の狡知」をより弱い意味に解釈する。彼によれば、「行為者が実際に行なうことが、彼らの目立った動機を越えていれば、それで十分である」(Pöggeler 1982, S.35)。しかし、このような弱い読み方は十分ではない。というのは、行為者たちは、自分たちが行なうことを知る必要はまったくないからである (Löwith 1984、参照)。

(27) ヘーゲルの歴史哲学だけではなく、哲学史についての彼の哲学も解釈のこのような可能性に基づく。おそらく、文化現象のいかなる目的論的に構想された理論もこのことをまったく放棄することはできない。この点については、デュージング (Düsing 1983, S.243ff.) を参照。

2　他人の意志の反省論理的意味

　ヘーゲルの分析をさきの意味に理解するならば、他の主体の意志への概念的連関が成立させるような思弁論理的連関がさらに見てとれる。客観化されるべきであるという要求に内的に従うという主観的事情はいずれの点でも訂正不可能ではないということがポイントになる。他の（日常的な）ポイントは他の主体による承認である。ヘーゲルは『法哲学』のテキストにおいてつぎのように続けている（強調はヘーゲルのもの）。

　「しかし、このように私と同一の外的主体性とは他人たちの意志である。(§73)」(R§112)

　このような表現は自分の視点と他人の視点との関係に関して、主観的目的の実現にとって非常に適切であるというわけではない。ヘーゲルはむしろここで、「他人たちの意志」を素朴に論理的連関（直接的、個別的主体が自分自身の直接性を自分の内的目的の客観化のなかで廃棄するばあいにおかれる連関）ともっぱら同一視してしまっているように思われる。このことについて欄外の覚書においてはつぎのようにもいわれる。「主体の外的現存在は本質的にとりもなおさず他人の意志である。」(R§112R) しかし、この同一性を〈本質的〉と規定することによって示されているのは、ヘーゲルがここでは、思弁的体系の強制によって二つの現象を表面的に同一視するということ以上のことを考えているということである。[28]

　ヘーゲルの概念展開に基づくならば、さきの説明からいえるのは、他人の主体性は二つの仕方で、すなわち受容するものとして、および訂正するものとして作用するということである。主体性が目的の実現のさいに主観的意志自身にとって保持されたままであるべきであるならば、このことが生じるのは、目的が外的客観性の形式において主体自身によって自分のものとして再認識され、主張され、また承認されるばあいである。しかし、このことは最も説得力をもつ仕方では、行為当事者は、生じた状況をある特定の仕方で記述するというように理解される。行為当事者は、自分の内的目的に照らして当該の状況の解釈を行ない、それを自分の目的の実現として記述する。このような解釈はつねに当該の状況についての複数の、無限に多くの記述の一つにすぎない。したがって、このような解釈は原

---

(28) ウッド (Wood 1990, S.136) を参照。

理的に反論可能である。ある状況をある内的目的の実現と規定することは解釈としてはすでにある理論的な妥当請求を含む。(29) このような理論的妥当請求は（ヘーゲルが述べたように）「思考にとって」存在し、したがって（少なくとも）相互主観的に存在する。ヘーゲルは他の主体による受容を求める。さらにすでに示されたように、ヘーゲルの概念構成においては、行為当事者自身にとって訂正されえないような自分の思い違いの可能性も存在する。このばあいに、可能な尺度についての問題に回答が与えられないままであらざるをえないとしても、訂正のこのような役割をはたすのは他の主体でなければならないということは明らかである。理論的な妥当請求は意志の客観化のなかに含まれているのであるが、この請求によって考えられているのは、状況の適切な記述を与え、理論的真理への要求を与えるという解釈への要求である。主観的目的が実現されるならば、この客観化は事実となり、これに従って理論的な妥当請求が吟味される。「客観性は……はここで普遍的主体性である」(§112R) という欄外の覚書におけるヘーゲルの言明はこのような意味で理解される。「他人たちの意志は同時に私にとって現存在〔であり〕(——クヴァンテ)、私はそれを私の目的に与える」というヘーゲルの言明はそのばあいに、他の諸主体による理論的妥当請求の承認を記述している。このような承認はつぎのことを含意する。他の諸主体は内的目的（それは他の諸主体に対して行為者によってそのように呼ばれる）と当該の状況とは、後者が前者の実現として把握されるというように関係させられる。しかし、このことによって他の諸主体にとっても内容は主体と客観との形式的区別には無関与である。他

---

(29) ヘーゲルのテキストを分析する過程で、行為によって実践的な妥当請求も出されるということがさらに明らかになる。この請求はつぎのような潜在的主張に基づく。行為の理性性は普遍化可能性をもたらす。すなわち、それは、たとえ拘束力をもたないとしても、他の理性的存在者にとっても受け入れ可能である。この関係はもちろん、さきに示されたばあいよりも本質的に強い他人の意志に対する関係であり、それは根本的には他者の理性的主体性にのみ向けられる。ヘーゲルがこの関係をここですでに導出できるかどうかの問題に対する回答は、いかに主観的意志の論理的規定を、自分へ反省した（したがって普遍的な）意志として把握するかに依存する。意志のこの自己関係をすでに定言命法の模範に従って意志の実践的自己立法として説明するならば (Kaulbach 1978)、実践的妥当請求はここでもすでに含まれている。さきのテキストにおいては、普遍的意志の論理的構造は定言命法のモデルから独立に、他の理性的主体の意志にとって実践的立法として展開される。しかし、ヘーゲルが彼の概念の構成においてこの命法をも念頭においていることはたしかである。それにもかかわらず、理論的な妥当請求は実践的な妥当請求から区別される。というのは、行為についてのヘーゲルの概念と主観的意志についての彼の概念とを区別されうるからである。

の諸主体は行為当事者の妥当請求を受け入れることによって、内容を実現によって徹底的にもたらされたものと考えるのである。そのばあいに、それを行なったのは行為自身であり、このような確信が得られるということがもちろん承認されなければならない。

　ヘーゲルの主張によれば、このことによって個々の主体の内容が他の主体においても目的として考えられている。そのため、「他人たちの意志」は、目的の「同時に私にとっての現存在」である。ヘーゲルは§112のテキストにおいてさらにつぎのように説明する。このような連関によって「意志の現存在の基盤」（前掲箇所）は普遍的な「主体性」として規定される。このばあいに、「基盤」という用語は「可能な妥当領域」というようなものである。これに対して、「現存在」はここでは二重の意味をもつ。一方で、そこでは普遍的原理の個別化が理解されるべきであるが、それぞれの個別は相互に自立的であり、「相対的」（E§123）であって、すなわち相互承認によってのみ存立する。同時にこの統一は直接的であるにすぎず、「自分への反省と他人たちへの反省との統一」（前掲箇所）は可能な統一にすぎず、概念的にはまだ「現実的なもの」としては定立されていない。ここで主題化された現象についてつぎのようにいわれる。主観的なものとしての主観的意志の客観化が実現されるのは他の諸主体による承認においてのみであるが、それはつねに実現されるわけではない。

　「本質的」（R§112R）とは、個別的主体性と普遍的主体性との同一性が客観性においてこのように統一されている（R§112R）と考えられたものであるが、それが可能となるのは、この統一性の関係の両項は自分自身のなかにすでにそのつどの他の項に対する関係を含むことによってである。個別的主体性は普遍的主体性が特殊化されたものである。というのは、それは自由な自己規定であり、したがって、主体性の（思弁的）普遍性の活動であるからである。普遍的主体性は一方では（抽象的に普遍的なものとして）、すべての個別的主体を一致させるものであるが、他方ではまた、（具体的に普遍的なものとして）自由な自己規定自身の原理でもある。個別的主体性はこの普遍的なものの特殊化である。したがって、こういってよければ、それはその自由な決断の機能である。あるいはヘーゲル自身が定式化するように（強調はヘーゲルのもの）、「主体がなにであるかといえば、それは自分の行為の系列である。」（R§124）

　しかし、ヘーゲル自身は、いかなる本質的な関係において個別的意志と他の意志とが相互に関係するかをさらに厳密に示している。彼はこの関係を「肯定的なもの」（R§112）として特徴づける。

異論

しかし、「肯定的関係」のより厳密な意味をたどる前に、ヘーゲルの論証に対して出されるにちがいない異論、このような解釈においてすでに考慮されている異論について論じておく必要がある。ヘーゲルが前提した他の意志および普遍的主体性（R§112R）に対する関係は理論的妥当請求に立ち返ることによって明確にされる。しかし、さらに示されるように、このことは「普遍的主体性」の含意へ、したがって理論的能力へと導かれる。他者としての行為者と対立する者はそれ自身、主観的目的を実現することはなにを意味するかについての了解をもっていなければならないということが、このような異論のばあいに認められていなければならないとしても、ヘーゲルが主張することはそれだけでは十分ではない。このことによって示されるのは、求められた普遍的主体性は、たんに「思考する者」であるだけではなく、「意欲する者」でもなければならないということである。そうでなければ、行為によって出された要求は理解不可能となるであろう。しかし、ここには、行為当事者に対立する者は、主観的意志であるという自分自身の資格能力にもっぱら理論的に関係しなければならないという点で、異論によって指摘される相違がある。このような者は、行為者であることがなにを意味するかについての知をもっていなければならない。しかし、いかなるばあいにも、彼は、意欲する者として参与していなければならない。〔このように異論が唱えられる。〕

捉え直し

したがって、いかにこのような承認が、他の「思考する」主体に対してだけではなく、他の意志に対して関係すべきなのかは見てとれない（このばあいには、このような他の思考する者は、行為の実行のあとの時点では行為者自身でもありうる）。反論できない確かなことは、ヘーゲルが他者の意志に対するこのような関係を（ある普遍的主体性に対する関係だけをではなく）理論的なものとして前提しているということである。たしかに第112節の欄外覚書においては、個別的主体性の客観性にとっての「前提」あるいは「素材」は「他の主体性」（R§112R）であるといわれるが、またそこでは同時につぎのようにもいわれる。「制約された行ない」としてのこのような客観化は「現存在の変化の産出」（前掲箇所）である。ヘーゲルはこれを「他の意志に対して関係する規定されたあり方」（前掲箇所）であると解釈する。ところで、問題は、このような関係がいかに考えられるべきかである。ヘーゲル自身は、第112節のテキストにおいて、抽象法の章の第73節を参照するよう指示している。そこでは、「所有」から出発して「譲渡」（R§73R）

が分析されている。しかし、主観的意志の客観化がどこまで他の意志に(他者の思考に対してだけではなく)関係するかというここで出された問題に対しては、いかなる直接的な回答も見出されない。むしろ、この部分は第112節のばあいと同様に同一性についてのヘーゲルの言明が見出される。

> 「私は、ある所有を外的物件として譲渡することができるだけではなく(§65)、私の意志が現存在するものとして、私にとって対象的であるためには、私は概念によってこの所有を所有として譲渡しなければならない。しかし、後者の契機の点では私の意志は放棄(譲渡)されたものとして、同時に他の意志である。」(R§73)

　意志はそれ自体で自由なものとして、意志をもたない客観、つまり物件に関係し、これらを自分の所有とすることができる。このような自由の表現、すなわち意志関係としての所有の根源の表現はいかなる事物からも意志のいかなる規定されたあり方からも身を引くことができる(意志をいわば物件から再び分離することができる)という人格の信念である。このような退却は直接的な仕方ではつぎのような外観を呈するであろう。すなわち、人格はたんに客観をもはや自分の所有とは見なさず、この客観を自分自身の力から解放する。ヘーゲルによれば、「概念」としての意志はつぎのように規定される。すなわち、そのすべての規定性は同時に現存在の様式、形態である(R§32参照)。「所有」は意志のこれらの現存在の様式の一つであり、彼の諸規定性の一つである。したがって、それはそのものとしては対象的、「客観的」でなければならない。このことが生じるのは、客観が所有として譲渡され、人格Aの所有であることをやめるが、所有であることはやめないばあいである。このことによって考えられているのは、事物は他の自由な意志の所有となる(というのは、自由な意志に対する関係においてのみ客観はそもそも所有でありうるから)ということであるというように、ヘーゲルの思考の歩みを理解することができる。

　譲渡の様式は、特殊的な意志が物件をその特殊的性格のために意欲することをたんにやめる(物件をいわば「脇におく」)という様式ではありえない。物件は所有として譲渡されるためには、意志は所有としての物件に対して(しかも、物件が所有であるという性格を保持するような仕方で)距離を取らなければならない。人格Aの意志が自分の所有としての物件から身を引くだけでは、十分ではない。したがって、Bの意志は今や、たんなる客観となった無主物を再び獲得する。求められているのは、むしろ(ⅰ)Aが所有としての物件を譲渡し、このようにして、この物件がいかなる時点でも所有であることをやめるということ、(ⅱ)

Aがこの物件を、̇所̇有̇で̇あ̇る̇というその質に関しては放棄することである。

　ヘーゲルによれば、このような譲渡の形態が契約である。契約が結ばれることによってのみ、所有としての物件は人格Aの意志によって人格Bという他の意志へ移転させられる。ただし、そのばあいに、客観は所有であることをやめ、人格Aは客観としての物件の特殊性に関係するのではない。もちろん後者の注意によって考えられているのは、たとえば、人格Aは客観の性質を（もはや）要求しようとはせず、したがって「特殊的な物件」（R§73）を譲渡してはならないという理由で、客観を販売することができないということなのではない。ヘーゲルはむしろ客観に対する利益のたんなる喪失と、契約による譲渡（そのさいに所有の性格のみが客観の規定を構成する）とのあいだの概念上の区別を強調しようとする。〔このばあいは〕適法性の原理に従って、人格Aの特殊的な動機は、販売自体にとってはいかなる役割も果たさない。

　明らかなように、このような譲渡は他の̇意̇志̇の現存在を概念的「必然性」（R§73）として前提しており、このなかでは「区別された意志」の現実的「統一」（前掲箇所）も考えられている。この統一は、「その区別性と固有性を廃棄する」（前掲箇所）ような統一である。そのつどの特殊的動機も同様である。形式の点では両者の意志は統一のなかにある。というのは、それらは所有としての客観へ関係し、この客観を所有として譲渡するからである。それらは共通の意図、たとえば二つの客観（そのつど所有であり、そうあり続けるが、所有者を取り替える）の交換という意図をもつ。交換にとっての個人的動機は契約の性格にとっては無関与である。したがって、契約は「恣意」（R§75）から出発するともヘーゲルはいうことができる。契約の相手の特殊的な動機は、契約にとって要求された形̇式̇的̇な̇同一性においては「定立」されていないのであるから、ヘーゲルはつぎのようにも結論づけることができる。

> 「しかし、両者の意志のこのような統一性のなかには（この段階においては）同様につぎのことが含まれている。すなわち、その意志が、他の意志とは同一ではなく、自分にとって固有の意志であり、そうあり続ける。」（R§73）

　ヘーゲルの説明を総括すれば、契約においては所有は所有としては放棄されるといえる。このことはつぎのような他の意志の現存在を必要とする。すなわち、所有であるという客観の機能と、所有者であるという人格の権利とを理解し（＝理論的構成要素）、合法的な契約において実̇践̇的̇に̇承認する（＝実践的構成要素）ような意志の現存在を必要とする。ヘーゲルの体系構成においては所有としての所有の放棄が要求されるが、このような「承認」（R§72）においてのみ、所有者と

して相互に尊重しあう二つの意志のこのような「抽象的統一」として、もっぱら「この承認のおかげで」(前掲箇所) このような所有の放棄が思考可能となる。

　このような体系上の正当化から独立に捉えても、契約を意志の関係と見なすヘーゲルの分析はより高い説得力をもつ。そのつどの他人の意志への関係は、さきの説明から見て取れるように、契約のなかに同様に含まれている。〔そこには〕共通の意志表明がなければならない。意志の客観化を他人の意志と同一化する体系上のポイントは、この客観化のなかに含まれるつぎのような意味である。すなわち、契約が結ばれるために、意志として関与しているような他の意志がなければならないという意味である。

　自分自身を客観化する主観的意志の文脈にこの結果を移し入れるならば、そこでも同様に普遍的主体性への関連が確立されえなければならない。この関連においては相手の理論的主体性だけではなく、相手の実践的主体性も関与している。このようなヘーゲルのテーゼの重要性は明確である。ヘーゲルは、個別的な主観的意志の (したがって行為の) 客観化と、他の主体の意志との概念的連関を主張している。問題となるのは、このような連関が、ヘーゲルの指摘へ注目するさいに見出されるがどうかである。

捉え直しの重要性——「肯定的」関係

　これまでのことから明らかなように、「所有としての所有を放棄 (譲渡) すること」は概念的にはある他者を必要とするのであり、自由な意志としてのこの他者の協力が、意志の規定の求められた実現にとって必要になる。ヘーゲルがいう意味での「行為」は、普遍的主体性、他の諸主体の (行為者自身も後の時点ではこれらの主体に属すとみなされるべきである) の現存在を含むが、これらの主体は理論的には関与している。しかし、問題は、いかに行為がつねに実践的な点でも他の意志に関係するかである。ヘーゲルは、ここで問題となった関係を「他人の意志への肯定的関係」(R§112) と規定する。

　ただし、「肯定的」ということの意味はヘーゲルにあっては統一的ではない。初期の論文におけるこの概念を引き合いに出すことはやめるとして、道徳の部のみを見れば、そこには三つの使用法がある。さらに (概念上での背景として)『大論理学』と『小論理学』においてもそれぞれこの概念が導入されている。『大論理学』においてヘーゲルは対立および矛盾を扱うさいに「肯定的(積極的)」と「否定的(消極的)」という用語を導入しているが、『エンツュクロペディー』における論理学〔小論理学〕においては「区別」の文脈においてのみそれを扱っており、そこでは「矛盾

は独自の主題となってはいない (E§119, §120、HE§71, §72 も参照)。

　ヘーゲルは『法哲学』においては実体的形式と形容的形式という用語を用いている。第 112 節とその補追では肯定的関係について語られている。第 113 節でもまったく同様である（否定文の文脈においてではあるが）。第 119 節の欄外の覚書はつぎのような言明を含む。「行為は肯定的なもの」を含み、「知において肯定的に根拠づけられた強制」を含む。第 121 節の補追では、「肯定的内容」について語られ、第 135 節では「抽象的な肯定的なもの」が導入され、第 140 節の本文と欄外覚書では、意志の客観は「肯定的なもの」として特徴づけられる。

　「肯定的」および「肯定的なもの」はさまざまな形で登場するが、それらは二つのグループに区別されうる。第一のグループ（1）においては、「肯定的」〔という用語〕が用いられるばあい、行為者にとって肯定的であるという意志の内容の特殊的な性格が考えられている。意志のいずれの客観もこの意味では善いものであり、したがって「肯定的」である。このグループの内部で〔さらに〕二つの種類が区別されうる。一方で (1a)、「肯定的」ということで考えられているのは、行為の意識（主観的意志）の構造から導出された強制（「私は……すべき」、「義務」）である。他方で (1b)「肯定的」ということで考えられているのは、努力に値いするという意図されたものという性格、客観が特定の行為者にとって善いという側面、行為者がこの内容を得ようと努力するという側面である。ここでヘーゲルは二つのテーゼを結合しようとしている。すなわち、いかなる行為も善を求めて努力し、行為者自身にとって、努力に値いするものを求めるというアリストテレスのテーゼと、主観的意志は特殊的な当為に従い、道徳の要求に従うというカントのテーゼである。行為と主観的意志との概念的連関がどのようなものであるかはさらに検討されなければならないであろう。

　第二のグループ（2）においては、「肯定的」という二つの用法は、第 112 節と第 113 節に含まれている。このばあい重要なのは、ここで問題となっている「他人の意志に対する肯定的関係」であって、主観的意志の自分の意志内容に対する関係（上の 1b）、あるいは自分の動機づけに対する関係（上の 1a）ではない。ここで主題とされる「肯定的関係」をヘーゲルは、他の人格の意志に対して「契約と不法」(R§113) がもつ関係から区別する。後者の関係は、「恣意」（前掲箇所）のみに基づく「一致」（前掲箇所）と規定されるが、「本質的関係」（前掲箇所）はそこでは「否定的なもの」にとどまる。

　これらの説明において示されるように、第 73 節に依拠することによっては、この段階に特有の「肯定的」関係の性格は把握されない。むしろ、他の主観的意

志が行為の理解をつうじて行為者の主観的視点を受け入れるという状態が、普遍的主観的の関与によって作り出されるように思われる——ヘーゲルはそのように主張するであろう。このような視点の受容が、行為によって二つの（あるいは若干の）主観的意志のあいだで確立される「肯定的」関係であるように思われる。しかし、ここで再び確認されなければならないことは、このような関係も理論的性格のものであることである。すでに示したように、契約においては、他者は意欲する者として関与しているが（〔ここでは〕相互行為が問題であるから）このことは理解にとっては厳密には必要ではない。

　ヘーゲルが契約とのあいだに設けようとした差異は、行為者を理解する他者自身も行為者の主観的視点を受け入れなければならないということにすぎない。しかし、このことは、理論的な引き受けにとどまる。たとえこの引き受けが、行為者自身でありうるという理解者の能力資格を前提とするとしても、そうである。

　「肯定的」という用語は二重の意味での関係である。一方で、主観的視点は、肯定的に定式化可能な内容をもつのであるから、この関係は肯定的である。この点に抽象法における合意との区別がある。抽象法においては、主観的視点は、不法ではないものとして否定的に規定されているにすぎない。さらにそのほかにこの関係は、同様に思考し意欲する主体であるという点で、相手との本質的同一性を含んでいる。行為によって主観的意志は、彼と本質的に同一なものとして他の主体に関係し、このようにして、いかなる主体でもない相手が主観的意志一般の否定的あり方として規定されている。行為の概念的規定性をつうじて、「基盤」、すなわち可能な妥当領域がこのような関係にとって「他の主体性」（§112R）として「肯定的に」確定される。したがって、行為の受け手は「肯定的に」規定されており、抽象法におけるように「否定的に」規定されているのではない。普遍的主体性においては、基盤は、物件となりうるすべてのものを包括する。適法性の立場における特殊的動機づけがもっぱら否定的に規定されたのとまったく同様に、意志の対象となりうる客観の領域も否定的にのみ規定された。ところで、両者は異なってもいる。肯定的に現存する動機づけと、肯定的に確定された受け手のグループとが「肯定的関係」の性格をなす。

> 「動物は〔われわれに対して〕行為〔しない〕。われわれも動物に対して、非有機的物件に対して行為しない。主観的意志がこのような現存在として与えられているかぎり、それは他の知性的存在者である。」(Hom§59〔『法哲学1818-19年講義』〕尼寺訳、79頁）

第2章　意図性——主観的自由の形式　105

　ヘーゲルは「知性的存在者」という表現を使用しているが、それはこのばあいつぎのような想定を示唆する。すなわち、ヘーゲル自身は他の意志に対する行為の「肯定的」関係において実践的側面よりも理論的側面を見て取った。おそらくヘーゲルの言明をつぎのように解釈することができるであろう。すなわち他の主体の意志は、自分たちに向けられた妥当請求をそもそも把握することができるためには、意欲するものでありえなければならないという意味で参与している。しかし、〔ヘーゲルは第112節で〕第73節を参照するよう指示しているが、このことはこの点で誤解を招く。というのは、第73節では他の意志の実践的参与が示されているからである。だが、このことは第112節にはそのまま当てはまらない。

　他の主体の意志に対する「肯定的関係」についてのヘーゲルのテーゼを（現在の用語で）行為の社会的本性についてのテーゼと特徴づけることができるが、そのばあいこの表現はつぎのように理解されるべきである。行為者であるという主体の自己了解と要求とは他の主体の自己了解に依存しており、結局は生活形式と社会的標準に依存している。原理的に可能な訂正によって、また多くの事例において事実上表現されている他の主体の承認によって、主観的意志は、自分自身の主観的目的をもつことがなにを意味するかを把握するようになる。さらに、他の意志の理論的参加を実践的参加に接近させることも理解可能になる。〔両者の〕結合は、社会的実践において行為の評価が中心的となるということによって生み出される。理解の遂行によってもちろんつねに是認と否認についての感情、理解と無理解の感情も生じる。それにもかかわらずこれらの側面は分離される。考えられうるのはまさに理論的な資格能力のみである。それのみが潜在的に含まれている(30)。

　われわれは動物に「対して」行為しないとヘーゲルは定式化したが、このことは言語的にはすでにつぎのことを示している。ヘーゲルにとってはここでは行為のみが問題ではなく、それぞれの行為によってつねにまた同時になされたなにかが問題である。このような付加はここではさまざまな妥当請求によってすでに述べられている。ところで、この妥当請求は、主体性そのものが客観的となる場であるが、ヘーゲルの論証はこのことを示すために十分である。理解し是認する他

---

(30) 自分自身の行為、自分自身の生活および他人の行為に対してつねにこのような「理論的視点」のみを採用するような人格は（われわれの評価実践から見れば）、われわれにはおそらく貧しく、「病理的」と思われる。しかし、このことから、生存のこのような形式が理論的に不可能であることはけっして帰結しない。テイラー（Taylor 1992, S.30）を参照。

の主体による受容のみが、Xの主体性を客観的とする（X自身の視点が保存されるような仕方で）場となる。しかし、ヘーゲルの論証は独我論的な行為者が概念上不可能であることを証明するためには十分ではない。私的言語と類比的なこのような問題に対してつぎのようにいうことができるにすぎない。すなわち、このような独我論的行為者はその主体性を少なくとも、彼自身が行為の後の一つの時点で他者の役割を引き受けるという意味で、客観化できる、と。しかし、いかなる承認もいかなる訂正も存在しないであろう。それにもかかわらず、このことによってもちろん、このような独我論的な主体が自分自身を行為者として把握するということは排除されていない。[31]ヘーゲルはこの問題を、またその根底にある自己了解と理解との区別をたどることはできない。というのは、彼は自分の行為概念を法哲学の文脈と、根拠づけ可能な法（権利）についての問いの文脈において展開しているからである。ここでは社会的空間におけるさまざまな妥当請求の分析はもちろん理解可能である。というのは、法と承認はすでに他の主体を示しているからである。しかし、自己了解のみをめざすような行為論を展開することは考えられうる。このような行為論が現実に可能かどうかは、一方では言語がこのような自己了解にどこまで参与するかに依存し、〔他方では〕言語がつねに相互主観的に参与しているかどうか、あるいは、自己意識さえもがすでに相互主体性をもつかどうかに依存する。

3 実行された目的の客観性

ヘーゲルは「道徳の立場における……内容の同一性」の「固有の規定」(R§110)の分析を、「実行された目的の客観性」(R§112)の意味の説明によって締めくくっている。彼は第109節～第112節で詳細に論じられた「三つの意味」（前掲箇所）をつぎのように総括する。

---

(31) ここでカスタニエダに同意できる。意志作用の実行は、〈私が（ここで）今Aを行なう〉という形式の意図された内容を因果的過程へ移すような意識を前提とする。実行の時点では、このような意識は他の人格や客体には出会わない (Castañeda 1991, S.131)。カスタニエダによって分析されたこの形式は『法哲学』§100におけるヘーゲルの規定と同一である。私的言語の問題の関連はカスタニエダにおいても明確である。彼から見れば一人称の命題が、ある点で私的であるということを根拠にして、彼は自分の命題を主張することができる。私的言語の議論において、行為の意識の相互主観性は論理的に必然的かどうかが問題になったが、この問題は〔このようにして〕ついに解決される。

「α) 外的な直接的現存在 (§109)、β) 概念に適合していること (§112)[32]、γ) 普遍的主体性であること。」(§112)

これらの「三つの契機」(前掲箇所) は内的目的の「客観性」を再び与えるが、内的目的は実現をつうじてこれを獲得する。主体性が客観化において失われないということは、主観的意志の表現としての道徳の領域にとって必要である。したがって、ヘーゲルは、主体性が「この客観性のなかに含まれる」(前掲箇所) ような概念的規定を示す。この規定は、第110節で展開されそこですでに与えられたつぎのような要求である。「客観的目的は私の目的であり、そのため私は、そのなかで私を現存在として保持する (§110)」(前掲箇所)。客観化された目的のなかでこのように自分自身を保持することは、自分の主観的意志の発現つまり行為は行為者自身にとって自分自身の目的の客観化であることを示す。主体性はこの点で客観化自身に関係する。この点は解釈として、客観化の過程の可能な記述として理解されたが、それは〔今や〕自分を自由なものとして知る意志にとってのみ可能となる。また、それは、同様に行為者であることが可能な他の主体の承認を必要とする。自分を自由なものとして知り、自分自身の目的を客観化するという要求をもつことは、自分自身を規定し、主体と客観の区別を覆う概念 (主体と客観の区別を包括する概念) であるという意志の概念本性を潜在的に含む。したがって、このことと、行為において潜在的に前提されたこのような状態の他の意志の主体の現存在とは、主体性の自己保存の契機であり、同時に、それ自身が客観的という性格をもつ概念の契機である。したがって、ヘーゲルはつぎのようにも主張する。概念の主観的なものの二つの規定は、客観的なものと「一致」している (前掲箇所)。自分を自由に規定する概念であるという規定は概念の主体性であると同時に、その客観的規定でもある。「普遍的主体性」は、主体性の「外的現存在」(R§26) であり、このようなものとして同様に客観的である。

最後に述べられた両者の意味に関して、客観的なものと主観的なものとのこのような一致は道徳の段階においては「相対的」(R§112) にすぎない。ヘーゲルがいうように、それらは「合一しても矛盾となるにすぎず」(前掲箇所)、したがってまた分離しうる。このようにして、たとえばつぎのことがまったく可能となる。尺度がある行為につねにあてがわれるとしても、この行為は客観的規定にふさわしくない。これらの両者の契機の同一性 (あるいはより適切には、統一) は、こ

---

(32) ここでヘーゲルの誤りが問題とされなければならない。〔§112とあるのは〕正しくは§111であろう。

れまで「それ自体で（即自的に）」展開されてきたにすぎず、行為者自身にとっては〔対自的には〕まだ展開されてはいない。このことが行為の形式的なあり方あるいは当為の性格をなす。道徳の段階においては主体性と客観性とのこのような即自的な同一性の「さまざまな矛盾とその解消」（前掲箇所）をヘーゲルは叙述する。彼は行為の性格、道徳のさまざまな法（権利）および、その代わりとなる哲学的論証を厳密に考察する。

　ヘーゲルによるこのような分析を主題とする前に、これまで到達したこと（まだ到達していないこと）をまとめておこう。このことによって、行為が主観的意志の表現であるというヘーゲルのテーゼによっていかなる概念的な事前判断がすでに行われているかを理解するための可能性が開かれる。

第3章 要 約

　本書のこれまでの章では、行為は「主観的あるいは道徳的な意志としての意志の発現（表現）」(R§113)であるというヘーゲルのテーゼを追ってきた。第1章の目的は、ヘーゲルのテーゼを導く根拠づけを理解し、その整合性を吟味することであった。ここで念のために、ヘーゲルのこの根拠づけの言い回しをもう一度挙げておこう。

> 「行為はつぎのような規定を含む。α）その外面的在り方において私によって私の行為であると知られること、β）当為としての概念に対して本質的関係をもち、γ）他人たちの意志に関係すること。」(R§113)

三つの規定の意味

　これまで行なってきた解釈の目的は、ヘーゲルのこのような言明を理解可能にすることであった。本書の根底にあるテーゼはつぎのようなものである。すなわち、『法哲学』の道徳の章は同時に行為意識を明示するような意図的行為についてのヘーゲルの分析として理解されるというものである。

　このテーゼの展開のなかで、主観的意志を自由な決断（それぞれの意図的行為を伴う）の諸契機の概念的展開として理解するための論拠が提示されている。行為の意識のなかには、意図的にもたらされた出来事は主観的目的の実現であるということが含まれているが、この要求は、その場合主観的目的の客観化についてのヘーゲルの特徴づけと結合された。

第一の規定

　ヘーゲルが主観的意志の立場からこの客観化に固有性を認めているが、行為者の個人的視点によって自分自身の行ないに関係づけられて、説明されることによってこのような固有性は明らかにされる。その場合に、行為の主観性についてのヘーゲルの概念は「X自身にとって」という反省性によって解明される。

　総じてヘーゲルはこのことによって意図的行為の概念を、ある特定の記述における出来事として提示する。この記述は行為者の視点と自己理解を含むが、行為者はこれらを自分の行ないの遂行の時点でもつ。これまで述べてきたことを総括するならば、つぎのようになる。生じたことが主観的目的の実現として記述し、

しかも行為者がこの出来事の遂行の時点で理解する仕方で記述するための視点が本質的に属すような出来事が行為である。

　他の諸主体による競合し合う記述、あるいはのちの時点での別の記述は、(それらが行為者自身に由来するとしても、)これこれの出来事をこれこれの行為として把握するのではなく、出来事の新しい解釈として(行為タイプの例証として)把握する。したがって、ある出来事がいかなる「具体的な行為」(§38)であるかは、遂行の時点での行為者の主観的視点によって確定される。この視点は行為者によって、自由に選択された主観的目的の実現として理解されなければならない。このことは、行為の還元されない形での主観的で「形式的な」性格を形成する。行為はそのつど「私によって……私の行為として知られる」(§113)。

　ヘーゲルはこのような理論構成によって意図性を行為という出来事の特徴として構想するに至るが、この出来事は主観的視点を含み、したがってつぎのような記述を含む。すなわち、出来事がつねにただ一つの行為でありうることを明確に確定するような、任意的ではない記述を含む。

第二の規定

　行為の第二の規定は、「当為としての概念に対する本質的関係」をもつというものであるが、それは三重の意味に理解された。第一の意味は、行為は、意志の発現として、主観と客観との区別を覆うという請求を提出するというものである。この請求はまず、主観的目的が客観的な外的出来事において実現され、保持されているという要求のなかに示される。この請求がもっともなものとされるのは、ここで示されたヘーゲルの理論の解釈によってである。主観的目的も、実現された目的も解釈、記述であるから、内容の求められた同一性は、記述のなかに表現された命題における同一性として解釈される。

　ヘーゲルにとっては第二の意味は、「概念」が理性性と普遍性とを含むということである。このことはさきにはつぎのように把握された。そこでは思考の契機による自由な決断における目的設定の命題性が見て取れる。

　「概念に対する関係」の第三の意味においては概念の本性はつぎのようにも理解されなければならない。ヘーゲルによれば、形式と内容との区別は主観と客観との区別の一種であるから、前者の区別は克服される。このテーゼはつぎのことを意味する。ヘーゲルの試みが述べているのは、命題的な形式の普遍性のみでなく、命題の内容の普遍化可能性も行為に対する要求であると証明されるということである。ヘーゲルはこのことによって、行為の道徳的性格を把握するために、カントの構想

に従おうとしている。このことと結合する難点はのちに手短に述べる予定である。

行為は個人的視点に制約され、それ自体で概念の客観性をもつという形式的性格をもつが、これは当為の性格を形成し、または行為のもっぱら「本質的な」(前掲箇所)関係を形成する。概念の本性はさまざまな行為のなかにのみ現象するが、主観的形式と客観的形式との統一はまだ定立されてはいない。

第三の規定

ヘーゲルは行為を説明するために、「他人たちの意志に対する」本質的「関係」を主張するが、この関係は本解釈によれば、つぎのことによって生じる。すなわち、出来事としての行為は特定の記述のもとで同一性の出来事の別な記述への競合関係におかれる。すでに行為とともに潜在的に理論的妥当請求がまさに記述として提示されるが、その顕在的な解決は他の主体による理解と受容とを必要とする。われわれはこの意味では無生物的な客体あるいは植物や動物に対して行為しうるのではない、とヘーゲルは言明するが、このことの意味はつぎのように理解されうる。たしかにこれらのものはわれわれの行為の対象でありうるが、そこに含まれる妥当請求の受け手ではありえない。

しかし、ヘーゲルは他の思考主体の理解遂行に対するこのような関係と並んで、さらに、ある実践的妥当請求をも想定しようとする。他人たちの意志に対する関係はつぎのことを含むように見える。他人たちは行為者の視点を受容することによって、行為者自身の行いに対して同時に行為の一種の是認あるいはおそらく一種の正当化をも表明する。しかし、これまでの分析によれば、ヘーゲルの行為論が出来事としての行為という前提に基づき、特殊的な記述のもとで考察されるばあいには、他の主体の意志の関与は理論的な本性のものにとどまる。たしかに行為の理解者あるいは記述の受容者はそれ自身、行為者であることについての知をもっている。それにもかかわらず、生じたことに対するその態度は理論的にとどまる。行為の評価の事例においてはじめて他人たちの意志の実践的関与が確認されることが明らかになる。しかし、その場合に他人たちの実践的参与、したがって彼らの意志が前提として関与している。

ヘーゲルはここでは（他人たちの実践的関与の導出のさいに）主観的視点で出来事としての行為の理論的概念に立ち戻るだけではなく、そこには含まれていないあるテーゼを付け加える。[33]

---

[33] 行為者は「普遍的福祉」のばあいには怜悧の根拠から、他人たちの主観意志を同時に考慮する。しかし、「良心」のばあいには「主観的普遍性」が想定されている。

ヘーゲルのテーゼはすでに犯罪の分析と刑罰の正当化とにおいて前提されているが、それはつぎのことを意味する。すなわち、主観的目的はその内容の点でも概念としての意志の理性に基づいて、「意志によって承認された法則」(E§500, HE§414) として普遍化される。ヘーゲルはこのことによって自由な行為（その理性に関してすべての理性的存在者にとっての普遍的妥当性をもつ行為）についてのカントの構想に従っている。ヘーゲルはカントの形式主義を批判してはいるが、実践的法則が記述的であるということを受け入れているのではない。ヘーゲルはその代わりにつぎのようなテーゼを確立する。意志の理性性は、ある格率の内容がすべての理性的存在者にとって受容可能であり、すべての理性的存在者に適用可能であるという妥当請求を含むに至る。ヘーゲルが先の節で述べたように、この法則は格率としてはたしかに個々の犯罪者にとって「のみ」妥当する。しかし、この犯罪者は（彼自身の請求によれば）この法則のもとに「包摂」される。ヘーゲルのこのような論証が妥当するのは、格率がいわばすべての主体にとっての全称量化子*を含む場合のみである。しかし、この全称量化子は格率のなかに含まれている。というのは、格率は、ある理性的な意志の自由な決断によって生じるからである。「行為者は意志として、思考するものとしてそのなかで、ある……法則、普遍的なものを立てる」(E§500)。このような指摘が意味を欠いた空虚なものであるという主張は、カントの道徳哲学が形式主義であるという非難の論理的根拠となっているが、このような主張はこの普遍的なものの主観的性格から生じる。しかし、犯罪者が自分の行ないによってこのような法則を「自分にとって」妥当するものとして立て、彼がそのもとに包摂されるならば、彼にとっては権利（法）が生じることになる。

　したがって、行為の第三の規定は、行為当事者の主観的視点から記述された出来事であるという性格からは生じない。それはヘーゲルのつぎのような付加的なテーゼから生じる。概念の理性性は形式の普遍性（命題化）を明らかにするだけではなく、内容の普遍化可能性（すべての理性的意志にとっての格率）をも明らかにする。なぜ行為が他の主体の意志を関与させるのかが説明されうるのは、ヘーゲルの後者の想定によってのみである。このような想定によってのみヘーゲルの

＊訳注：フレーゲの「述語論理学」あるいは「量化理論 [quantification theory]」においては、「量化子（量記号）[quantifier]」の導入によって新しい論理学が形成されるが、量化子は、「すべて」に関係する「全称量化子 [universal quantifier, Allqunator]」（∀で表示される）と、「（少なくとも）ある１つ」を意味する「存在量化子 [existential quantifier]」（∃で表示される）とに区別される。

つぎのようなテーゼが正当化される。行為は他の意欲する者に対するある潜在的な（主観的意志の概念本性から生じる）請求を提出する。

これまでの考察からつぎのことが帰結する。すなわち、「行為」は、特定の記述が本質的に属すような出来事であって、遂行者自身はこの記述をこの事象の遂行の時点でそのなかに見て取るのであり、それを引き合いに出すことができる。このような意味で行為は主体の自己理解によってはじめて構成される。したがって、行為が客観的に現存する出来事の記述であると単純に語ることは誤りであろう。というのは、このような把握は視点と行為との独立性を前提とするからである。しかし、このような独立性は行為の場合にはそのままでは、現存しない。主観的な視点は行為自身の本質的特徴である。

行為の両極をなす内的目的と、実現された目的とはそのつど解釈に属す。一方は、行為者の動機上の状態（実質）の解釈に属し、他方は、事象によって作り出された状況の解釈に属す。両者の点でこれらの記述は訂正される。というのは、客観的な実質、客観的な状態が現存するからである。行為者自身が誤解していたこと、あるいは現存の状態が誤って記述されていることを事後に観察者が行為者に対して明らかにするということは不可能ではない。第一の訂正の仕方はたしかに困難ではあるが、けっして考えられないわけではない。とくに行為者がのちの時点で自分の動機上の背景の解釈を訂正するばあいには、可謬性が示される。しかし、重要なことは、このような新しい解釈によって新しい行為が生じるのではないということである。新しい解釈は事象を遂行の時点での行為者の自己理解とは異なった仕方で記述する。したがって、このような解釈も行為ではない。自分の動機上の背景のこのような解釈において特徴的なことは、行為者は、なにかが自分の内的目的であることについて誤ることはありえないということに関係するような解釈の「直接的あり方」である。しかし、このことは内的目的の形式にのみ関係し、その内容には関係しない。実現された主観的目的の解釈のさいの訂正に関していえば、この場合に多くの考えられうる事例がある。観察者は特定の記述を受け入れずに、それと競合する記述を与える。ここには、ある解釈のもっともらしさが確定されるための若干の基準がある。ここに属すのは行為者自身についての情報および具体的状況あるいは文化的基準についての情報である。

内的目的の解釈に対して、あるいは、現存の状態をこの内的目的の実現と解釈することに対して異議が唱えられるとすれば、あるいは行為者の自己理解から逸脱するような仕方で事象が記述されるばあいには、事象はもはやヘーゲルの意味での行為とは理解されない。ここでは、行為は「主観的意志の発現」であるとい

うヘーゲルのテーゼの徹底性が示されている。このことを最も適切な仕方で理解すれば、つぎのようになるであろう。ヘーゲルは行為ということで意図的行為のことのみを理解しており、意図性をある事象の記述の特殊的な仕方として把握している。まさに記述のこのような排他性、独自性は、主観的意志がそのものとして客観的となる場である。

第2部
行　為

ヘーゲルは『法哲学』においても彼の他の体系部門のばあいと同じように考察している。すなわち、はじめに後続の体系部門の論理的構造について概観を与えている。§114は道徳の部に対してこの役割を担っている。この節では、「道徳的意志の法（権利）」(R§114) のなかに含まれている「三つの側面」（前掲箇所）が、それらに属す概念とともに示されている。

　ヘーゲルはこの節で多くの論理的規定を挙げているが、明らかに道徳の部の構造を自分の概念体系の体系的展開として示そうと努力している。けれども、「三つの側面」（前掲箇所）相互の関係に注目するならば、いくつかの難点が確認される。なるほど「意図」、「福祉」および「善」と「良心」は第二 (b) と第三 (c) の「側面」として現れており、これは道徳の部の二つの章の見出し〔「意図と福祉」、「善と良心」〕に対応している。しかし、第1章 (a)〔「企図と責」〕では「企図」のみが見られ、「責 (責任) [Schuld]」は問題になっていない。これは注目すべき事情である。というのは、第1章の表題において二つの概念が現れており、また第1章の諸節では「責」の概念が中心になっているからである。そのうえに、第1章にとって決定的な概念、すなわち「所行 [Tat]」のさらなる概念が欠けていることは人目を引く。

　しかし、このような不一致（それだけで見ればむしろ外面的にすぎない）のみが読者の注意を引くのではない。最初の二つの「側面」相互の関係に注目するならば、「非対称的な」構成を確認することができる。第二の側面 (b) が自分のなかでもう一度分割されているという事実が〔ヘーゲルの〕詳述から明確にならないのみでなく、とくに「企図」と「意図」相互の関係がそこから明確にならない。ヘーゲルは第一の側面をつぎのように定式化している（強調はヘーゲルのもの）。

　　「(a) 行為の抽象的あるいは形式的な法とは、行為が直接的な定在において実行されるように、行為の内容は総じて私のものであるということであり、このように行為が主観的な意志の企図であることである。」(R§114)

　ここ（第2章 第1節）で提案された解釈に従うならば、ヘーゲルは (a) によって、ある出来事が「総じて」私の行為であることのための条件を定式化している。出来事は、「その内容が総じて私のもの」であるばあいにのみ、まさに私の行為で

ある。そのさいに「企図」の概念はここで、ある出来事が私の行為でありうることのための必要十分条件を捉えている。ヘーゲルが抽象的で形式的な「行為の法」について語っていることはこの解釈と合致している。この定式化は、「道徳的意志の法」の第一の規定が、一般に挙げられうる最も普遍的な行為の形式にのみ関わる規定を含むことを示唆している。しかし、「企図」と「意図」との関係を明らかにしようとするばあいに、この解釈には難点が生じる。ヘーゲルはつぎのように続けている（強調はヘーゲルのもの）。

　　「（b）行為の特殊面は行為の内面的な内容であり、α）私にとって特殊面がもつ普遍的な性格がどのように規定されているか、なにが行為の価値と、それに従うと私にとって行為が重要となるもの、すなわち意図とをなすか、ということである。――β）行為の内容は、私の特有な主観的な定在がもつ私の特殊的な目的としては、福祉である。」(R§114)

　ヘーゲルがここ第二の規定（b）の内部で提示している区分は明らかにつぎのことに帰せられるべきである。すなわち、ヘーゲルは一方で（αにおいて）内容の「普遍的性格」（行為者の視点から）を強調しておきながら、そのあとで（βにおいて）この内容が同時にまた普遍的ではなく、個人的な福祉、個人的な「特殊的な目的」を対象としているということに帰せられるべきである。もちろん、あるものが「普遍的」であると同時に「特殊的」であるべきだというこのような見かけ上の矛盾も解明されなければならない。けれども、最初に私は、（b）の第一の部分言明（命題）と企図についての言明（a）とがいかに関係しているかを問いたい。

　（a）では、「内容は総じて私のもの」であるはずであるということのみが問題であった。この規定はあまりにも普遍的であるために、（b）の第一の言明を除外しないのみでなく、それをともに含んでいる。意図の「内的な内容」も「私にとって」規定されている。このように見るならば、ヘーゲルが「行為の特殊面」として挙げている第二の規定は明確化にすぎず、最初に与えられた規定とは論理的に別の規定ではないのであろう。(a)では普遍的条件について語られていたのに対して、いまや行為についての内容がいかに「形成され」ているかについてのより厳密な規定が挙げられる。いずれにせよこの定式によれば、「企図」と「意図」は選言的概念ではないように思われる。[1]

　これに対して、（b）の第二の部分規定〔言明〕は「企図」と「意図」との境界づけには寄与しない。ヘーゲルは意図の普遍的性格と特殊的性格とのあいだの「矛盾」に注意を向けているが、この矛盾は、「普遍性」を内容の形式と関係づけ、「特殊性」

を内容の内容へと関連づけるならば、解消される。後者の面を理解することにそれほど大きな困難はない。というのは、内容の内容は個々の個人の特有の特殊的な目的であるからである。しかし、意図としての行為の知に与えられる内容の形式の普遍性は説明を必要とする。しかも、企図との差異が明示されるべきばあいには、とくにそうである。

道徳的意志の法の第三の「側面」は内容のさらなる展開を含んでいる（強調はヘーゲルのもの）。

「(c)この内容は同時にその普遍性に、すなわち即自的かつ対自的に（絶対的に）存在する客観性へ高められた内面的なものとして、意志の絶対的目的、善であり、反省（反照）の領域においては主観的普遍性との、一部には悪との、一部には良心との対立を伴なっている。」(R§114)

いまや内容は変化してしまった。(b)の第二の言明では、私にとって善であることがまだ主観的意志の対象であったが、いまや即自的かつ対自的な善が意志の内容である。したがって、この善に与えられる普遍性は、内容が意図において「私にとって」もつ普遍性と同種ではありえない。しかし、とくに二つのことが明らかである。第一に見て取れるのは、(b)の第一の言明が(a)に関係していたのに対して、(b)の第二の言明は(c)との差異を主張するということである。このことは、(b)が自分において統一的でなく、二つの点から研究されるべきであろうことを示している。一方の点では、企図の形式との差異を突き止めるために、意図の形式が問題となるであろう。他方の点では、個別的善と普遍的善との、主観的目的と普遍的目的との差異が問題となるであろう。

しかし、第二により重要なのは、(c)が(a)と(b)とに対立して、もはや行為の概念に関係しているのではなく、「意志の絶対的目的」を主題化していることである。これに対して、道徳的意志の法の最初の二つの「側面」は「行為の形式的法」あるいは「行為の特殊面」に関わっている。したがって、二つの重要な点を押さえておくべきである。一方で、(c)によれば、研究の対象はもはや具体的な主体（主観）の個別的、特殊的関心ではなく、意志の客観的善であるというように、(b)の

（1）たとえば、ヘーゲルが(a)で、企図において内面的内容は私にとってその特殊的な（あるいは直接的な）性格において規定されていると述べたとすれば、企図と意図は選言的であったであろう。そのばあいに、特殊的性格から普遍的性格へのさらなる論理的展開が存在するであろうが、この性格はそのつど「私にとって」与えられており、そのつど「私のもの」である。

意志の内容は変化している。他方で、ヘーゲルによって（a）と（b）のみが行為概念の規定として導入されているが、その間に（c）は意志と直接に関係している。

どのような難点と非対称がヘーゲルの詳述のなかに発見できるかが明らかになった。まず、ヘーゲルによって提示された三分割はむしろ二分割であるように見える。すなわち、第二の部分自身は明確に二分割されているのに対して、第一の部分は暗示的にのみ二分割されている。（a）と（b.α）とは行為内容の形式についての問題に分類されるのに対して、（b.β）と（c）とは内容の内容についての問題を追究する。しかし、〔つぎに〕内容の形式についての問題においては二つの主題がもう一度区別される。第一は、ある出来事がそもそも行為であることに対する必要十分条件についての問題である。また第二は、企図と意図とのあいだの概念的差異についての問題である。内容の内容についての問題においても決定的な差異が、すなわち私にとっての善と善自体との区別が保持されている。

ここで示された難点と問題は本書の第2部に対する規準を提供するが、そこではヘーゲルの行為概念のより厳密な規定が追究されることになる。第1部と異なって、ここで私は、事柄に即した前述の理由から、もはやヘーゲルの概念的規準には従わず、まさに挙げられた区分に即してテキストを整理する。第4章は行為の形式についての問題を追求し、第5章は行為の内容を主題とする(2)。

第4章では私はまず（第1節）行為と行ないとの関係を研究するが、この区分はアンスコムとデイヴィドソンの行為論の立場を手段として、行為と出来事との区分として説明される。そのさいに第1節の表題に挙げられた「責を負う（責任をもつ）[schuld haben]」という関係も、一方では起因（原因となること）[Verursachung]と帰責可能性[Zurechenbarkeit]との関係を、他方では出来事と記述との関係を解明するために、詳細に分析される。そのさいに、ヘーゲルの行為論は現代の理論の中心的洞察を先取りしていることが示されるであろう。

第4章の第2部分（第2節）では私は、すでに前の箇所で示唆した「企図」と「意図」との関係を規定する難しさを主題とする。そのさいに私は、（a）でヘーゲルによって立てられた企図に関する一般的言明が行為の意図性の概念的規定（それ

---

(2)「行為の形式」の研究は行為論の普遍的カテゴリーについての問題である。この研究は出来事と記述、起因と帰責能力との存在論的差異、および行為の信念（「内容」）の論理的構造に関わる。後者は、私がここで「内容の形式」について語る理由でもある。これに対して第5章において主題とされる「行為の内容」はそのつどの特殊的目的（ヘーゲルによれば「内面的内容」）に関わる。この考察は、人間の行為の〈理由（なにのため）[Worumwillen]〉について的確に捉えうる普遍的規定を見出そうとする。

はヘーゲルにとって帰責能力の決定的規準を与える）に属すというテーゼを主張する。ヘーゲルが行為の意図性（あるいは故意性）を主題にするほどには、企図と意図とのあいだに差異は存在しない。両者はむしろ、行為者を導く信念として理解されるが、これはヘーゲルのテーゼであり、行為論における認知的なものの優位をも説明できる。企図と意図との関係に関して、両者がやはり区別されているかぎりで、私はある解釈を提案する。この解釈が示すのは、ヘーゲルが自分の理論によって、われわれの記述実践と評価実践の内部における根本的な差異（それは行為の合理性を明らかにする）を明るみに出し、概念的に分析することである。ここでも私は、ヘーゲルの論述が現代の行為論の結果のいくつかを先取りしていると主張する。ただし、ヘーゲルはこの論述を、現代ではもはや一般的には用いられていない構想の枠内で定式化している。

　第5章にとってさしあたり決定的なのは、(b.β) と (c) では行為の・内・容が問題になっていることである。しかし、道徳の部の第3章〔「善と良心」〕はもはや行為概念の分析ではなく、主観的意志の概念に取り組んでいるというテーゼがとくに主張される。したがって、ヘーゲルによれば、行為の内容に概念的に与えられるとされる規定を私は解明する（第1節）。さらに私は、道徳の部、第3節におけるヘーゲルの本来の道徳哲学的な詳論がもはや行為概念の分析に属していないこと、またどうしてそうなのかを論述する（第2節）。そのさいに私は、ヘーゲル自身が自分の行為概念を、行為者が道徳的態度をもつかどうかという問題に対して中立的であるように構想したというテーゼを主張する。ヘーゲルが道徳の部の概念的展開を本来の道徳哲学的な問題へ移行させるのは行為概念によってではなく、主観的意志の自律概念によってである。しかし、ヘーゲル哲学におけるこの概念の意味は本書においてはもはや主題にできない。

第4章　行為の形式

第1節　出来事としての行為——因果関係

　ヘーゲルは、「企図と責(責任)」という表題をもつ道徳の部の第1章を、新しい概念の導入から、〈所行 [Tat]〉の概念から始めている。この章の表題からすでに、ヘーゲルがここで法哲学的および法学的概念の文脈で論証していることが明らかとなる。したがって、「所行」の概念の役割は研究においてこの文脈でも見られるか、[3] 重要な術語上の導入であるとはまったく受け取られていないかのいずれかである。[4] 本書はこの傾向に対して、ヘーゲルの「所行」の概念の導入を行為論的問題設定の観点から解釈しようとする。以後では、「所行」が行為の出来事性格 [Ereignischarakter] をも時空的個別性をも含むという解釈仮説が考察される。

　「企図と責」と「意図と福祉」の章はヘーゲル法哲学の解釈者をひじょうに悩ませている。そのさい理解上のきわめて多くの問題に対して責任があるのは、ヘーゲルが法学概念を利用し、また法学的問題設定の文脈で根本的な行為論的問題設定を展開していることである。この点はここではさらに追究しない。というのは、すでに分析された「人格」と「主体(主観)」との区分は、いま問題になっている区分にとってもはや重要でないからである。「行ない」の特殊的な記述様式も「適法性」という概念によって特徴づけられているが、それはここで背後に退かせることができる。というのは、この記述方法は、出来事の二つの記述様式としての「所行 [Tat]」と「行為 [Handlung]」との一般的区分の特殊的事例にすぎないからである。[5] しかし、理解上の困難の本来的な起源は、法学上の概念のこのような使用

---

(3) デアボラフによれば、「行ないということで、実現された目的とその経験的結果との全体」が理解されるべきである。Derbolav 1975, S.206, 参照。
(4) たとえば Wood 1990, S.140 においてはそうである。Peperzak 1991 の研究においては「所行」の概念の議論がまったく欠けている。ペペルジャックの研究はなるほど『エンツュクロペディー』の異なる版に限定されているが、そこでもヘーゲルは「所行」の概念を導入している。『ハイデルベルク・エンツュクロペディー』§419 と『エンツュクロペディー』§504、参照。
(5) ヘーゲルによる道徳の批判にとってのこの区分の役割については、Enskat 1986, S.64, 参照。

ではなく、ヘーゲルが一つの概念的区分によって二つの区分を同時に捉えたがっているという事実である。「所行」と「行為」との区分はまず、出来事の二種類の記述様式を区別するという役割を果たす。さらにこの区分によって記述と出来事との差異も捉えられることになる。ヘーゲルが道徳の部のはじめの二つの節で議論しているさまざまな問題は、そのつどこれらの二つのレベルの一方に分類される。二つの問題設定、すなわち一方で出来事と記述との差異と、他方でさまざまな種類の記述のあいだの差異とを明確に区別するならば、ヘーゲルの論証における両義性（ヘーゲル自身も部分的にそれと取り組んでいる）も解消される。

用語の再確定

本書の第1章、第1節ではいくつかの術語が確定されたが、そのさいにとくに、狭義の意志を包含する出来事の集合も「行ない [Tun]」と呼ばれた。そのさいに二つの種類の記述を相互に区別するために、「所行」と「行為」との区分が導入された。ある出来事を「所行」として記述することは、狭義の意志が包含されていると仮定することを意味し、出来事を自発的なもの[6]として把握する。ただし、記述のさいに、行為者は自分自身の所行に対して視点を取らない。これに対して、ある出来事を「行為」として記述することはまさに、行為者自身の視点を引き受け、出来事をたんに潜在的に自発的で意図的なものとして把握するだけでなく、行為者の意図の実現としても理解することを意味する。したがって、意図性とは、ある出来事のある一定の種類の記述においてのみ[7]把握されうる行為の出来事の質である。ある出来事を所行として記述するために必要なのは、狭義の意志が包含されていることを仮定することのみである。ある出来事を行為として把握するためには、それに加えて、この意志の主観的目的をも記述のなかで把握しなければならない。記述のさいには主体の意見、希望、信念を挙げなければならないので、ある主体の現存をたんに仮定するのみでは、ここではもはや十分ではない。この術語の確定によって、ヘーゲルによる所行と行為との区分の根底にある区分が確定される。

ヘーゲルが同時にともに考えている他の区分はここでは出来事と記述との区分によって把握される。そのさいにある出来事は時間・空間的個物（出来事

---

(6) 『法哲学』においてはつねに狭義の意志が問題になるので、ここで「自発的」は「所行」に限定されるべきである。動物の「偶然的自己運動」(E§351) のことが考えられているのではない。それゆえ、自発性はここではつねに狭義の意志を含み、したがってここでは故意性（企図性）と同義である。この点については、Michelet 1828, S.42f. 参照。

(7) Davidson 1985, S.83〔邦訳『行為と出来事』71頁〕参照。

occurrence)であって、これは他の出来事と因果関係にあり、変化した世界状態に対する原因である。ところで、そのような出来事はさまざまな仕方で、たとえば物理的過程として、あるいはまた所行または行為として記述されうる。この第二の差異において重要なのはつぎのことである。すなわち、行為はその出来事の性格に基づいて「結果」をもち、出来事はその結果(すなわち他の出来事)に「照らして」記述(個体化)されうるが、ある行為のある道徳的主体への「帰責」は、ある一定の記述のもとでの行為の出来事と、一定の記述のもとでの結果の出来事とのあいだに存立する関係である。出来事のあいだの因果関係が一定の記述から独立して存立するのに対して、行為説明と帰責関係も「準内包的 [quasiintensional]」性格をもっている。それらのなかでは一定の記述における出来事が相互に関係づけられている。しかし、行為説明と帰責とは純粋に内包的な文脈として把握されるべきではない。というのは、それらにおいても出来事自身が指示されているからである。[8] したがって、ここで導入された意味における行為と行ないとの差異はある出来事の記述の区別であって、記述と記述されたものとのあいだの区別ではない。後者の区別を表しているのが出来事と記述との差異である。

　この二つの区分を別々に分けるならば、§115から§119までのヘーゲルの概念展開は分かりやすくなる。さらに「責を負う(せいにする) [Schuld haben]」という言い方がもつ両義性はこの区分によって解明される。ここで提案された解釈は、行為論において中心的となる出来事と記述との区分をヘーゲルが事実上行なっていることを示すであろう。たとえヘーゲルがこの区分を他の区分と、さまざまな種類の記述のあいだの区分と混同しているとしても、そうである。ヘーゲルの論証は中心的な箇所において、文脈がそう推測させる以上に行為論にとって根本的である。

　「所行」の概念を出来事として解釈することがもたらすのはまず第一に、ヘーゲルによって使用された「責(せい)[Schuld]」と「帰責能力 [Zurechnungsfähigkeit]」(R§115R)という概念の法哲学的、法学的観点ではなく、ヘーゲルが§115から§119までにおいて展開するこの理論的構造の存在論的観点が明確にされるということである。[9] 第一の研究段階(第1節)では、「所行」、「事件」、「変化」、「眼前の定在」、「生起した事態」、「原因」という概念領域(すべてR§115に見られる)が説明される。続いて(第2節)、§116の役割に基づき、「責を負う(せいにする)」という関係が研究されるが、そのさいにこの関係がもつ「起因」と「帰責可能性

---

(8) デイヴィドソン(1985, S.22〔邦訳『行為と出来事』5頁〕)は純粋に内包的な文脈にとっての行為記述の外延的視点を際立たせるために、「準内包的 [quasiintensional]」という概念を用いている。

[Zurechenbarkeit]」とのあいだの両義性が示されるであろう。さらに第三の研究段階（第3節）は、行為が出来事であるという事実、それにとっては、ある特定の主観的視点において与えられていることが本質的であるが、この事実がどのような意味をもつかが問われる。そのさいに「結果」、「形態」、「魂」という概念（すべて§118に見られる）が分析されるであろう。ヘーゲルはこのような概念によって故意性と意図性についての観点を把握しようとする。しかし、この第1部分（第1節）の文脈では、三つの研究段階におけるこの観点は存在論的区分に関してのみ探究される。その一方で主観的視点の行為にとって本質的な観点はさまざまな種類の記述の差異を余儀なくさせるが、それは本章の第2部分（第2節）ではじめて分析されることになる。

1　行ないは変化をもたらす

①主観的意志の有限性

　ヘーゲルは道徳の部の第1章「企図と責」において、行為が空間と時間における出来事であることに対する論理的前提を挙げている。

> 「行為の直接性における主観的意志の有限性は直接的には、この主観的意志が、自分の行為のために、多様な事情を伴なって前提された外的な対象をもつということにある。」(R§115)

　この言明から見て取れることは、有限性のこのような「直接的」形式と並んで、「媒介された」形式も存在するであろうということであり、さらにここでは、「行為の直接性」に関わる主観的意志の有限性のみが規定されることになるというこ

（9）ここで、さきの解釈は、「責（せい）」ということで、まず起因の観点のみを把握しようとするイェルマンの確認と一致する。というのは、「企図と責」の章の最初の数節におけるヘーゲルの規定の「抽象性」のために、「ここでは私の特殊的な意志は実際にはまったくなんの役割も果たしていない」ことになるからである。イェルマンによれば、「決定的」なのは、「私がなんらかの出来事に対して原因であること」のみである。イェルマンの意見はここでは〔私と〕同意見であるが、この見解によれば、責の概念によって「この箇所で」〔R§115で〕それ以上のことはまだ考えられておらず、「またそれに応じて、行ないの概念は私の外面的に確認可能な結果の範囲すべてをそのまま意味する」（引用はすべて Jermann 1987, S.105）。ただし、残念ながら、最後の定式化は、「行ない」ということで行為の出来事の性格が理解されるべきことを明確にしてはいない。

とである。「企図」の概念の解明が問題であるばあいには、行為の直接性における主観的意志の有限性の媒介された形式がやはり主題とされるのに対して、ここでは、ヘーゲルが『法哲学』において意志に関連してすでに挙げていた「有限性」の別の意味に手短に言及されることになるが、それは「行為の直接性」に関連する特殊的な有限性をこの連関へ組み入れるためである。[10]

論理的根拠

　周知のように、ヘーゲルにおける「無限性」は、あるものが他のものとの関係のなかで自己自身と関係すること、主体（主観）が客体（客観）との関係のなかで自己自身と関係することを意味する。主体と客体との差異の廃棄はヘーゲルの無限性概念の論理的徴表である。ところで、概念的前提の分析が明らかにしたように、思考する意志は「主観的意志」として形式的にのみ無限である。「自我＝自我」という形式によって表現された主観的意志の無限性は行為において意志の形式にのみ及び、意志の内容には及ばない。この意志は「選択的に」内容と関わる。そのつど別のことも行なうことができるという行為者の自由の意識は内容に対するこのような隔たりをよく表している。しかし、ヘーゲルにとって形式と内容との差異は主体と客体との一種の差異であり、したがって、この選択の自由の意識は同時に意志の有限性をなしている。

　　「有限的な意志は、もっぱら形式の面でのみ、自己へ反省（反照）して、自己
　　自身のもとにある無限な自我として（§5）、内容を越えている。」(R§14)

　形式と内容との差異から生じる第二の結論は、選択的意志が自己に内容を与え、このように特殊化を得ることにある。普遍的実体としての意志はこのようにしてある特定の個人の意志へ特殊化される。ヘーゲルはこれらのことをつぎのように考える。決意とは、ある特定の内容の選択によって、ある「特定の個人」(R§13)の意志へ個体化される意志そのものの活動である、と。しかし、この選択された意志は（主観的意志の段階では）形式と内容との差異に基づいて、普遍的実体としての意志の自由の「内容と所産ではまだない」(前掲箇所)。行為の段階では意志は、

　　「その形式と内容との区別（§11）のために形式的である。この意志には、抽
　　象的に決定することそのことのみが帰属する。」(前掲箇所)

---

[10] ここで行為の出来事の性格として理解される「行為の直接性」自身は、以降でさらにヘーゲルの「所行」の概念が解釈されるさいに、問題となる。

問題なのは、それぞれの任意の内容を自分のものにすることができるような、そのつどの個人の選択の自由である。したがって、この選択の自由から、選択されたものの内容の理性性にとっての基準はなんら生じない。

ところで、主観的意志の内容は形式の点では理性的であるが、内容の点では個別的であり、ある特定の個人に制限されているということによって、思考する意志は、「個別性」(R§13)の論理的規定が帰属する客観(内容)に関係する。意志自身は普遍性の形式をもつために、知性とは異なって有限である。というのは、意志はその客観において普遍性としての自己自身にではなく、個別性としての内容に関係するからである。知性は「思考するものとして」(前掲箇所)「普遍的なもの」としての対象と内容とに関係し、したがって(それ自身普遍的なものとして)「無限」である。その一方で、意志するものとしての知性は個別的なものとしての内容にしようと決意する。したがって、この連関における知性は「有限」になる。「したがって、意志において知性の固有の有限性は始まる」(前掲箇所)のであり、「思考する理性は意志として有限性に向かって決意すること」(前掲箇所)である。

それゆえ、行為と関連した主観的意志の有限性は、内容が(形式と内容の差異に基づいて)個別的内容であることにある。それゆえ、主観的意志は形式の点では理性的であるが、その内容の点では理性的でない。ヘーゲルはこのような欠点を、主観的意志がその主観的(個別的)目的を実現するために、「多様な事情を伴なって前提された外的対象をもつ」(R§115)ことにとっての論拠として挙げている。ヘーゲルが独立した対象の前提を根拠づけていたさいの論拠はすでに分析されていた。個人の行為の意識は、目的が実現されるべき世界が存在することを仮定している。そして、この目的はその内容からして個別的であるのであるから、眼前の状況を特徴づけるさまざまな「事情」がこの実現にとって重要である。主観的意志は、それから独立したものとして前提された外的対象に関係する。この対象は——そしてここで再び主観的意志の有限性が示されるのであるが——同様に主観的意志から独立している性質(「多様な事情」)をもっている。また、主観的目的の特有の内容に基づくならば、自然法則[11]の普遍的理性性によっては捉えられないまったく偶然的な特殊性が主観的目的の実現にとって決定的となりうる。このことは主観的意志の有限性を明確に示している。

---

(11) ヘーゲルによれば、自然法則は自然の理性性を示しており、認識する知性が自然を合法則的なものとして認識するばあいに、この知性は自分の固有の概念の本性に関係する。しかし、この考察法はまさに、自然の偶然的で個別的な性情(そこでは概念がもはや現われ出てこない)を認識していない。

事　実

　このような思弁的な説明がなくても、「主観的意志の有限性」(R§115) の直接的な結果についてのヘーゲルの発言がもっともな意味をもつことは確かめておくべきである。人間の行為が多様な性質を示す眼前の状態へつねに干渉することは疑いえない。また、われわれが行為者として自分の目標設定を顧慮しつつ、この状態を解釈するということも正しい。そのさいたいていは、眼前の状態を形成する偶然的性質[12]が重要である。そして、われわれはこの性質を、われわれから独立した事実として受け取るが、われわれはこの事実を行為によって変えることができる。この意味でわれわれの行為にとってはつねに「多様な事情を伴なって前提された外的対象」(前掲箇所) が存在する。また、行為者としてのわれわれにとって重要なある状態の事情あるいは性質はたしかにその状態の自然科学的・客観的記述において捉えられるであろうものとは別のものである。さらにこの事情の総数は原則的に無限であり、また——ヘーゲルならばそういうであろうが——この事情は理性的な自然法則に包摂されないのであるから、無関与に並存する事実の集合である。それゆえ、われわれの目的の内容の特有性は、事実上見通すことができず、またヘーゲル的な意味で偶然である性質がまさにわれわれの行為にとって重要にまでなる。目的が利害に結びついていることが行為者を自然の偶然にさらすことになる。これに対して、自然を認識する研究者はまさにこの偶然を理性法則のもとにもたらそうとする。しかし、この偶然が行為者を捉えるのは、固有の目標設定に照らして眼前の状態を解釈するばあいだけでなく、人間の行為がつねに、それ自身で「多様な事情」を自分のもとにもつことができるような自然における事象でもあるからである。これは「行為」自身の「直接性」(空間と時間における出来事) である。

②有限な所行の本性

　ヘーゲル自身は行為の出来事の性格を §114 から §120 までのなかでいくとおりかの仕方で言い換えている。ヘーゲルは「外的定在へおかれた」(R§118) 行為について、行為が「直接的定在において実行されている」(R§114) さいの視点について語っている。またヘーゲルは行為とその結果とを「自然的出来事」(R§118R) として特徴づけている。「外的所行としての行為」(R§119) は時間・空間的出来事であり、その「本性」(前掲箇所) は「外的連関」(前掲箇所) のなかでのみ、

---

(12) 偶然的性質ということで、ここではヘーゲル的な意味での、自然の理性性をなさない性質が理解されている。それゆえ最終的には、自然法則のなかで捉えられないすべての性質が理解されている。

「外的現実性の個別化された規定」(前掲箇所)として示される。

行為の出来事性格を捉えるこのような言い換えと並んで、「企図と責」の章ではさらなる概念が見られる。この概念は総じて、ヘーゲルが「所行」の概念によって行為を時間・空間的出来事として特徴づけようとしているというテーゼを支持している。ヘーゲルが詳述しているのは、行ないが「この眼前の定在における変化」(R§115)を引き起こすが、この定在は主観的意志の有限性に基づいて、その前提をなしているということである。行ないの結果は「生起した状態」(前掲箇所)であり、それは「具体的な外的現実であり……定めがたいほど多数の事情」(前掲箇所)を自分のもとにもっている。行為の出来事性格を支持するさらなる概念は、「条件」、「契機」(前掲箇所)あるいは「結果」(R§118)である。しかし、これらは「責を負う(せいである)」という関係の両義性との関連においてはじめて分析される。というのは、それらは因果関係を指し示しているからである。けれどもこのことが展開できるようになる前に、「眼の前にある定在」、「所行」、「変化」、「生起した定在」という概念の連関が明らかにされなければならない。

所行と変化

『法哲学』とさまざまな講義筆記ノートにおけるヘーゲルの詳述は、「企図と責」の章と関連して、二つの共通点を示している。第一の共通点は、「事情」、「契機」あるいは「触れる」という概念が、「眼前の定在」、「生起した定在」、「変化」あるいは「所行」という他の概念と並んで、すべてのテキストに現れることである。したがって、この概念領域の背後には、概念的に真面目に取られるべきヘーゲルの分析が予想されうる。第二の共通点は、「変化」の概念をヘーゲルが使用するさいのあいまいな言い回しに関わる。この言い回しは「所行」、「変化」、「生起した定在」の関係に関連して、二つの相異なる言明につながる。

『法哲学』のテキストにおいては、「所行は変化をもたらす」(R§115)[13]といわれるのに対して、ヴァンネマンの筆記ノートにおいては、「所行は変化である」(Wan §54〔『法哲学 1817-18 年講義』§117, §118、尼寺訳、75 頁〕)といわれる。ホトーの筆記ノートには二つの言明が見られる。一方で、ヘーゲルは「行為は外的定在の変化である」(II III 359〔『法哲学 1822-23 年講義』§117, §118、尼寺訳、I、210 頁〕)というが、さらに「所行は変化をもたらす」(II III 354〔『法哲学 1822-23 年講義』§115、尼寺訳、I、206 頁〕)ともいわれる。これに対して、グリースハイムの筆記ノート

---

(13) Hom §61 でも文字どおりこのようにいわれる。

には、再び事柄の面から見れば、『法哲学』自身のテキストにおける言明のみが見出される。行為は「外的な定在において変化をもたらすことである」(II IV 313〔『法哲学 1824-25 年講義』§115、長谷川訳、222 頁〕)。

それゆえ、ヘーゲルの理論は二つの言明のあいだで揺れている。一方の言明 (i) によれば、「所行」は「変化」と同一とされる。他方の言明 (ii) によれば、「所行」と「変化」とのあいだに「定立する」あるいは「もたらす」という関係がある。このような混乱の源泉は「変化」という概念におけるあいまいな言葉遣いである。というのは、この概念は過程も結果も表すことができるからである。この観点のもとでテキストを調べてみると、ヘーゲルが明らかにこの二つの用語法を区別していないことが確かめられる。この二つの意味を区別するならば、先の矛盾する諸言明は相容れるようになる。同一性の言明においては、「変化」は過程の意味で用いられ、これに対して他方のばあいには結果の意味で用いられている。これに応じて「変化」は一方のばあいには「変化した定在」(結果) と同一であり、あるいはこの定在を生み出す (過程)。[14]

ここで採用された方法に従うならば、つぎのようなイメージが生じてくる。ある時点Aでは、多様な事情を伴なって前提された定在が存在する。それに続く時点Bでは、変化し、生起した状態が存在する。この状態は同様に多様な事情をもつが、この事情は時点Aでの状態の事情と完全に同一ではない。[15]ある状態ということで、時間・空間的に制限された世界状態を理解することができるが、この状態の事情は、この状態に属するさまざまな性質のことである。ところで、「行ない」は、このような性質のうちの一つあるいはいくつかが変化し、その結果、時間的により後であるだけでなく、質的にも変化した新しい状態が存在していることの原因である。そのさいに出来事は、変化した状態を引き起こすまさにその存在者であり、その結果新しい事情が成立してくる。それゆえ、事情ということで、記述を介して分離可能な個別の事実を、また状態ということで、このような事実すべての合計を理解するならば、新しい事実の創造によって新しい状態 (生起した定在) も創造されることは明らかである。そのばあいにある出来事が起こることは、新しい事情が、したがって新しい状態が存在していることに対して因果的に責を負っている。

---

(14) ヘーゲルにおいてあいまいな言葉遣いが確認できるので、ここで提案された解釈に代案がないわけではない。個々の言明を整合的にするために、「変化」の概念は、あるばあいには一方の意味で、他のばあいには他方の意味で取られなければならない。しかし、そのさいこの意味の割り振りは別の仕方で行なうこともつねに可能であるので、他の解釈も成立する。したがって、この試みの目標はこの箇所ではただ、一つのできるだけ整合的な解釈を与えることでしかありえない。

(15) 差し控えと、現状の維持を目標とする行為との問題はここでは考慮しないでおく。

二重の出来事

　ここで提案されたヘーゲルのテキストの解釈は状態変化についてのつぎのような分析を仮定している。それは、ある出来事は、存在している状態 A から変化した状態 B を生み出すというものである。このことは三値の関係として記述されるが、そのさい「生み出す」は因果的な意味をもち、また X は出来事の個体項を表示している。

　　　生み出す (X、状態 I、状態 II)。

　このように理解すれば、出来事 (§115 の意味での「所行」) は、事情が変化することを引き起こす存在者である。行為論的に重要なのはこの構想である。というのは、出来事としての行為は同様にこの X の位置を占めることができるからである。デイヴィドソンは、行為の記述も、単称の因果性言明も、出来事の現実存在 [Existenz] を想定する存在論を支えているという立場をとっていた。この出来事は多様な仕方で、その原因に照らしても、その結果に照らしても記述されうる。しかし、いずれにせよ、出来事は (行為説明と行為記述の枠内では) 自立した存在者として想定されなければならない。[16] それゆえ、ヘーゲルの行為論をさらに再構成するためには、デイヴィドソンの見解が仮定されるべきであるが、出来事を場合によっては存在論的に還元することも排除しない。このやり方は、このような存在論的な問いに答えることが行為論にとって直接的な重要性をもたないというテーゼを含んでいる。

---

(16) このような提案と並んで、出来事が状態の秩序づけられた組合せとして分析されることによって、過程あるいは変化としての出来事を存在論から取り除こうとする試みが存在する。たとえばフォン・ウリクトはこのような選択に賛成している。フォン・ウリクトによれば、行為とは、〈p という状態〉から、〈q という状態〉への変化を引き起こすこととして分析されうる (Davidson 1985, S.165〔邦訳『行為と出来事』141 頁以下〕、Von Wright 1979, S.40f., S.47 参照)。そのさいに変化 (過程) は、さまざまな時点での状態の秩序づけられた組合せへ存在論的に還元される。本書の目的のために、この議論に決着をつける必要はない。ヘーゲルの理論のさらなる叙述のためには、ここでデイヴィドソンによって展開され、さまざまな還元の試みに反して擁護された出来事の存在論が仮定されるべきである。このようなやり方は正当化される。なぜなら、ヘーゲルの言明の整合性がこのような仕方で明らかとなるからであり、また出来事の存在論自身の還元がたしかにさらなる理論的課題でありうるであろうからである (この課題は Quine 1985 において解決されている)。そのばあいに適切な行為論はつねにデイヴィドソン理論の形をもつことになるのであろう。あらかじめ出来事概念が適当な仕方で導入されなければならないのであろう。

ところで、「所行」、「変化」、「事情」、「前提された状態」と「生起した状態」のあいだの連関が解釈されて、背後にある存在論的選択が明らかになったので、いまや「責を負う」という関係の両義性が分析されるべきである。それは、因果関係をさらに詳しく規定し、出来事と記述の区分をヘーゲルの論証の解釈にとって実り豊かなものにするためである。

2 「責を負う」ことの両義性

ヘーゲルの「責 (せい) [Schuld]」の用語の解釈にさいして生じる困難は、それが、〈起因 [Verursachung]〉と〈帰責可能性 [Zurechenbarkeit]〉という二つの意味合いを含み、両者が同様に理解されることに基づいている。「責を負う (せいにする) [Schuld haben]」はヘーゲルにおいて両者の意味合いを含むが、ヘーゲルは因果的結果と帰責可能な結果とをけっして同一視していないことが本書の歩みのなかで示されるであろう。

§115 から §117 までのなかでヘーゲル自身は、「責を負う」と結びつけられるさまざまな意味合いを主題としている。§115 のすでに引用された文言のなかで、「変化させられた定在のうちに私のものという抽象的述語があるかぎりにおいて」、意志は生起した状態に対して一般的に「責を負う (せいにする)」(R§115) と言明されている。「責を負う」についての因果的意味を把握するこの言明は、意志を含む出来事によって引き起こされているような、生起した定在のすべての事実を意志と結びつけている。結果を引き起こすのは、ヘーゲルが「有限的な行ない自身の本性」(R§119) とも呼ぶ行為の出来事の性格である。有限的意志はその有限性のためにつねにそのような出来事のなかで発現しなければならないのであるから、「私のものの抽象的述語」(R§115) を含むすべての事実が有限的意志の責 (せい) にされうる。いくつかの事実が私のものの述語に認められうることに対する根拠づけは、出来事なしにはこの事実が存立しえないであろうという想定に基づいている。意志は事実が存立することに責を負っている。ヘーゲルが §115 の欄外注で、「責——根拠はなにか？——根拠——活動するものとして——行なったものとして」と定式化するばあいに、このことを暗示している。また「責を負う」は、ヘーゲルがそこ (§115R) で同様に詳述しているように、「有効なもの」を「生み出されたもの」と結びつける関係をも表している。それゆえ、第一の結論において確認されうるのは、「責を負う」ことが、意志を含むある出来事が起こったことによって存立するようなすべての事実に及ぶということである。

条件、契機、事情

『大論理学』[17]においてヘーゲルは「実在的可能性」の概念を導入し、この可能性をつぎのように定義している。

> 「このように実在的可能性は条件の全体を、自己へ反照していない、ばらばらの現実態をなす。」(LII177〔寺沢訳『大論理学』2、244頁〕)

行為に対しては、そのつど「多様な事情」を自分でもつ、ある状態が「前提」されている。そのように存在しているこの状態において、ある行為が行なわれる。この行為は出来事として、この状態が行為によって「生起した」、新しい状態へと変化することの原因である。存在している事情は行為にとって結果の必然的な「条件」である。一定の条件が存在しているばあいにのみ、ある行為の出来事が起こることは、望んだ目標に到達するという結果をもつ。したがって、因果的に成果を得るためには、契機として起こる出来事はいずれも事情に依拠している。したがって、このような連関に基づいて、異なる事情が、しかしまたさまざまな契機が、ある「事件」(R§115)の、ある生起した状態の原因として挙げられる。そのさいに一定の契機あるいは一定の事情を際立たせることはつねに、新しい状態を因果的に説明しようとする者の規範と関心にも依存する。[18]実在的可能性の条件の全体は「自己へ反照していない、ばらばらの現実態」(LII177〔寺沢訳『大論理学』2、244頁〕)であるというヘーゲルの言葉は、自然と出来事としての行為

---

(17) 『法哲学』と『大論理学』の「現実性」の編、第2章 (LII175ff.〔寺沢訳『大論理学』2、236頁以降〕)とのあいだの連関を Larenz 1927, S.77f. がすでに確立している。

(18) たとえば、日常的でもなく、「規則」でもないような出来事がまさに強調されることが多いために、特定の諸契機を際立たせることは規範に(同様にわれわれの期待に)依存する。一つの例を挙げるならば、ある人物が横断歩道を渡って通りを横切るさいに、自動車にひかれるならば、われわれは歩行者の行動ではなく、運転手の行動を原因とする。ここでは、歩行者が横断歩道を渡って通りを横切る権利をもち、自動車は止まらなければならないという規範が決定的な役割を果たす。因果的説明が関心に結びついていることに関連して、歴史的な出来事を説明するために、イデオロギー的に拘束されているさまざまな理論(たとえばマルクス主義)をまず挙げることができる。あるいは——歴史家の言明を因果的言明として認めるつもりがないばあいには——われわれがしばしば、その変化がわれわれの行為の力の及ぶところにある契機を原因として挙げるということを指摘することができる。われわれは飛行機の墜落の原因として重力あるいはある山の地塊の硬さをではなく、パイロットの誤操作を、あるいは飛行機の構造上の欠陥を挙げる。

第4章 行為の形式　133

との有限な性格を再度強調している。自然にとってその内在的理性性は対象ではなく、自然は自己自身にとって外面的である。したがって、自然の諸部分の連関全体はばらばらであり、理性的に「自己へ反照」しておらず、したがって偶然的であり、不自由である。このことから、さまざまな出来事が起こることが、ある行為の結果のなかで、行為の時点ではまだ見通しえなかった新しい状態に対して、因果的な貢献を行なうことになる。そのばあいに、行為の評価と関連して、さまざまな種類の結果を区別することが必要となる。しかし、そのようにすることができるためには、起因と帰責との差異を確立することがさしあたり必要である。このことをヘーゲルは§116から§118までで試みている。

「責がある」と「責を負う」

ほとんどつねにそうであるが、ある出来事Aが、存続している状態を変化した状態へ変換することにとって一つ以上の条件[19]が存在する。複雑な事態——ヘーゲル自身はフランス革命を挙げているが——においては、名前を挙げられる状態をなす多くの事情が示される。したがって、そのような事情を引き起こすようなすべての出来事は——ヘーゲルは「契機」という概念 (R§115) を用いているが——フランス革命に「責を負う」というように把握されうる。

> 「このような事情の条件、根拠、原因として示され、したがって自分の分だけ寄与した個々の契機はいずれもこの事件に責がある（のせいである）、あるいは少なくとも責を負う（のせいにされる）と見なされうる。」(R§115)

ある変化した定在が生起することにとって、ある出来事が十分であるためには、多くの事情が要求されるが、その存続は、生起した状態の必然的条件である。「責がある（せいである）[schuld sein]」あるいは「責を負う（せいにする）[schuld haben]」についてのヘーゲルの区分は、必要かつ十分条件〔「責がある」のばあい〕と必要条件〔「責を負う」のばあい〕とのあいだの区分として理解できる。ヘーゲルが「責を負う」を弱めていることは「少なくとも」によって表現されている。またこのことは、「責を負う」によって必然性〔必要条件〕のみが把握されるべきであって、十分なもの〔十分条件〕まで把握されるべきではないというように理解される。[20]

---

[19] あるいは、別の仕方で定式化すると、さまざまな「契機」を伴うまさに一つの条件。
[20] 因果概念についてのヘーゲルの考察は多くの点でマッキーの分析と一致する。Mackie 1974（とくに第3章）、参照。

起因と帰責の差異

1817–1818年、すなわち『法哲学』執筆前のヴァンネマンの筆記ノートにおいて、ヘーゲルは、「責がある」と「責を負う」という概念を介して、〈起因（原因となること）[Verursachung]〉と〈責任 [Verantwortung]〉との区別を把握しようとする。

> 「活動としての意志は変化を引き起こし、意志は変化とその結果とに責がある〔それらを自分のせいにする〕[Schuld haben]（責を負うのではない）。このことが、〈責がある（せいである）[Shuldsein]〉こと一般の概念である。（〈責を負うこと [Schuldhaben]、帰責 [Zurechnung]〉は別のことである）。」(Wan§54〔尼寺訳、76頁〕)

この引用では「責を負う」と「帰責」とが同一視されているが、ヘーゲルは『法哲学』のテキストにおいてはこの同一視を放棄してしまった。そこでは「責がある」と「責を負う」との差異は、因果性の表象の内部にとどまっている差異であり、起因と責とのあいだの差異は「責 [Schuld]」自身の意味の内部にある。そのさいに因果性についてのわれわれの通常の非科学的な概念のなかに定着している必然的な原因と十分な原因との差異は、あるいはまた一定の事情あるいは契機を「第一の原因」として際立たせることは、因果性の表象の側にとどまっており、なるほど帰責と責に影響を及ぼしてはいるが、起因と帰責との区別を包括していない。

『法哲学』の§116の役割

すでに詳述したように、「責がある」と「責を負う」との差異は起因と帰責との区別を捉えていないので、ヘーゲルは『法哲学』において「責」の概念がここで区分されなければならないことを別の方法で示している。ヘーゲルは§117と§118で、行為の出来事の二つの記述としての行為と行ないとの差異、および出来事の結果の区分を導入するまえに、§116で「危険責任 [Gefährdungshaftung]」の法的構成要件を説明する考察を挿入している。ヘーゲルのこの法的分析は解釈者によって、強調されるべき業績として評価されている。というのは、この法原理は『法哲学』執筆当時にはまだ定着していなかったからである。このような内容上の評価を度外視するならば、なぜこの節が体系上この箇所にあるのかは明らかではない。「企図」概念の分析は明らかに後続の節においてはじめて進行していくので、概念的展開の経過から見ると、§116は挿入文のような働きをしている。

しかし、このような印象は、§115から§118までの文脈を行為論の問題に照らして追求するばあいには、直ちに消えてしまう。ヘーゲルは§115で原因と結

果との因果的説明と評価とのあいまいさを明示したあとで、§116 で、行為者の意志が起因する出来事に含まれていなかったにもかかわらず、その結果が行為者の責とされるような出来事が存在することを詳述している。

> 「私が外的事物（物件）の所有者であり、この事物が多様な連関のなかで作用しているばあいに（機械的な物体としての、あるいは生ける身体としての私自身にもまた妥当するように）、他者に損害を引き起したとしても、このことはなるほど私自身の行ないではないが、この損害は多かれ少なかれ私の負うべきものとなる。」(R§116)

後続の節は「自分で行為する意志」(R§117) という言葉から始まっている。この言明は、それのみで取られると、意志と行為の連関についてのヘーゲルにおける他の言明と合致しがたいが、先行する節に関連させ、また起因と帰責の差異についてのここで仮定された問題設定に関連させると、明確になる。ヘーゲルは §116 で、行為者の意志を含んでいた出来事が起因したのではないような結果も行為者の責に帰せられる（せいにされる）ことを示している。

　　帰責（主観的意志、X、X の結果）

という関係は

　　原因である（主観的意志、X、X の結果）

という関係から区別されている。

そのさいに「X」は出来事を表し、「結果」は因果的結果を意味する。[21] 区別は、帰責の関係が、原因である関係とは別の出来事の組み合わせのあいだで存立していることのなかにある。§116 が示しているのは、主観的意志が、結果を因果的に引き起こすような出来事に含まれていなかったにもかかわらず、主観的意志に責が帰される [zurechnet] ような出来事の結果が存在することである。これに対して、§117 と §118 は、主観的意志を含む出来事によって引き起こされたが、す

---

[21] 因果関係は出来事 X とこの出来事の結果とのあいだにあり、主観的意志と出来事とのあいだにはない。主観的意志が含まれていないような出来事が X にとって帰責の関係に入れられても構わない。これに対して、原因であるという関係に〔この出来事 X が〕入れられてはならない。さらなる区別は、X のすべての因果的結果を帰責の関係に入れても構わないわけではないという点にある。責に帰されないような因果的結果が存在する。

べての因果的結果に責を帰されるわけではないことを示している。したがって、両関係をそのつど満たす出来事の集合のあいだにはつぎのような関係が存在する。その結果が行為者としての私の責に帰されうるすべての出来事が、私の主観的意志が含まれている出来事によって因果的に引き起こされるわけではない。私の主観的意志を含む出来事が因果的に起因するすべての出来事が行為として私の責に帰されるわけではない。(22)

主観的意志が含まれていること

　主観的意志が出来事に含まれていることについてのすでになん度も使用された言い方を§116における注解によって、ここですでに説明することができる。§116における挿入文のなかで、人間も機械的な物体として、あるいは生きたものとして他の事物に対して単純に因果的にのみ「作用」(R§116) しうるが、そのさい意志として自分で活動するのではないといわれている。意志が出来事に含まれているのは、この出来事が意図的な行ないであるばあいである。(23) 少なくとも一つの記述のもとで意図的な出来事の集合は主観的意志の行ないである、すなわち、この意志が含まれている出来事の集合である。ところで、この出来事はいずれも多重の仕方で記述されるので、すべての可能な記述の集合のなかから、行為者自身の視点を再現する記述を際立たせなければならない。このことは、詳述したように、ある出来事を行為として記述することである。狭義の意志がこのように含まれていることは行ないを意図的な行為にする。本書の第2章で詳述したように、ヘーゲルは行為者の確信状態を「直接的」という概念で言い表している。したがって、意志が含まれていることは行為の確信と行為の実行との特別な関係として理解されるが、この行為の実行は現代の議論のなかでたとえば「観察を欠く知識」として分析されてきた。(24) ヘーゲルもまた行為の知のこのような特殊性を自分の行為論のなかで把握していた。しかし、ヘーゲルの詳述のどのような解釈にとっても重要なのは、主観的意志がこのように含まれていることを因果関係としては考えない

---

(22) 私の主観的意志が含まれている出来事によって因果的に引き起こされているすべての出来事の総体が私の所行である。

(23) この点については、R§119 欄外注を参照。そこでは「行為は行ない〔である〕」(動物のように機械的ではない……) といわれている。このことは、〈含まれていること〉は意志にのみ関わるということを明らかにしている。ヘーゲルはここで、たんなる身体運動は行ないと対立して、「機械的」であるという見解をとっている。

(24) Anscombe 1957、Dennett 1969, 第9章と、Dennett 1978, S.282、および本書の第2章、参照。

ことである。ヘーゲルはつねに、主観的意志が変化した状態を引き起こすことについてのみ語っており、意志と行為の出来事自身との関係が因果的概念のなかで規定されるべきであるとは一度も語っていない。しかし、ヘーゲルは意図と行為の出来事との関係も因果概念のなかで分析していない。そのさいにヘーゲルがこの関係についてほとんどなにも言明していないことは注記されるべきである。[25]

　それゆえ、ある出来事が意図的であることは、主観的意志がそのなかに含まれており、自分の行ないが一定の仕方で主観的意志によって意識されていることを意味する。出来事はその結果に照らして記述されるのであり、すなわちこの出来事を結果ＡＢＣの原因として記述できる。このことによって明らかになるのは、すべての因果的結果の出来事が、行為者自身に与えられている自分の行ないの視点とも関連しているわけではないことである。われわれの行為の出来事の多くの結果はなるほど因果的であるが、意図的に引き起こされたのではない。しかも、ヘーゲルが§116で示したように、多くの結果は意図的な行為の出来事によって引き起こされたのではないにもかかわらず、ある意志の責に帰される。さらに、有限な出来事は他の出来事の生起に基づいて、行為者によって同様に意図されていなかった結果に対して共同の起因者となるということが有限な出来事の本性のなかにある。ここでは、再び異なるレベルにある結果について二種類の区分が示される。一方で、記述の種類の区分（R§117）が存在する。この区分のなかで主観的意志がある行為の出来事の二種類の解釈として所行と行為との区別を行なう。しかし、そのばあいに、行為の出来事によって直接引き起こされた結果と、行為の出来事によってともに引き起こされただけの結果とのあいだの区分も存在する（R§118）。この区分は出来事のレベル自身に関わる。ところで、この区分の異なる種類は、「結果の分裂」（R§118）というヘーゲルの言い方が説明されるばあいに、主題とされるべきである。そのさい、記述と出来事の区分によって、帰責と起因との差異を明確に分からせることができるということが示されるであろう。

3　結果の分裂

　§117と§118でヘーゲルは、帰責の関係を介して、主観的意志の責に帰されるある行為の出来事の結果はすべての因果的結果の総計とは同一でないことを詳

---

[25] このことの一つの理由は、ヘーゲルがとにかく行為の評価に関心をもっており、さらに目的論的言明を正しい説明として受け入れていることである。行為の根拠と行為の原因との関係の分析が欠けていることについては本書の「結語」でさらに論じる。

述している。§117でヘーゲルは、他の追加的に起こる出来事の協働なしに生じる行為の結果の総体がいかに帰責可能な結果と帰責不可能な結果とに分けられるかを示している。この分割のための基準は「知の法」(R§117) である。行為者が重要な事情を、前提された定在において認識していたために、それが起こることを行為者が自分の主観的な目的のなかで予測できたばあいには、帰責可能な結果の部分集合は行為者によって自分の行為として承認されなければならない。

「しかし、意志の法は、所行の前提について自分の目的のなかで知っているもの、意志の企図のうちにあったもののみを、自分の所行のなかで自分の行為として承認し、それのみに責を負うということである。」(R§117)

出来事はその結果に関連して記述することができるので、ここでヘーゲルによる行ないと行為との区別はつぎのように理解できる。因果的結果が行為者によって意図されていたか、あるいは少なくとも「やむをえない」とされていたかに関係なく、行為の出来事をその因果的結果のうちのなんらかのものに照らして記述するばあいに、すべての記述が「行ない」のもとに集まる。これに対して、「行為」は、意図されたあるいは少なくとも行為者が知っていた結果に照らして行為の出来事を記述するさいの記述の部分集合である。ここですでに示されているのは、帰責の関係が、引き起こされた出来事の集合を主観的意志に直接に所属させるのではなく、出来事を、その価値領域のうちにある一定の記述に従わせることである[26]。

それゆえ、§117では、行為の出来事がある状態のなかで一定の事情を伴なっ

---

[26] ラレンツは出来事と記述とを区分せず、所行と行為とのこのような差異に関して、「帰責は……目的論的な判断」(S.68) であり、「因果的判断ではない」(前掲箇所) という結論に至る。しかしながら、ラレンツはそのばあいに因果の表象を完全に排除するため、ヘーゲルがたんなる因果的な結果と意図された結果とを区分しようとめざしたことをもはや把握できなくなる。したがって、ラレンツの用語法はヘーゲルから決定的にずれてしまう。「結局、われわれが所行ということで理解するのは、ヘーゲル主義者たちとビンディングが行為ということで理解していたこと、つまり意志の実現全体のことである。すなわち、主体の直接的活動 (行為) と、行為から切り離されたさらなる出来事 (行為の結果) とを理解している。ただし、この出来事が意志によって抑制可能で、目的に従属可能なかぎりでそうである」(S.75)。明確に見て取れるように、ラレンツはこのような再構成によってなるほど、その目的論的性格が記述依存性によって成立するような帰責関係の内部における区分を把握できるが、ラレンツはヘーゲルの固有な叙述をけっして正しく評価できない。所行は、すべての因果的結果に照らした行為の出来事の記述である。このことが把握できるためには、ヘーゲルも所行と行為とを相互に区別するさいに念頭においていた記述と出来事の区分を行われなければならない。(引用はすべて Larenz 1927 からのもの)

て起こることによって、直接引き起こされた結果のみが考察されたのに対して、§118でヘーゲルが主題としている問題は、ある出来事がある新しい状態をともに引き起こすことができるのは、同時にあるいは問題の出来事が起こったあとに、問題の出来事とともにある結果にとっての十分な原因であるような他の出来事が同様に起こるからであるということである。結果の「偶然的」結果と「必然的」結果へのこのような分割（R§118）は、意図された結果、知られていた結果、知られていなかった結果への分割とは対立して、因果関係内部における区分である。このことは、ヘーゲルも行為と、結果と出来事の性格との因果関係をともに考慮していることをもう一度明確に示している。しかし、ここでも再び、帰責は単純に因果関係に基づいて表されるのではないことが妥当する。たとえば、ある行為者が、行為の時点で、同様に他の出来事が起こる、あるいは起こるであろうことを知っており、この出来事が起こることが行為の出来事自身とともに一定の結果にとって十分であるならば、この結果は完全に主観的意志の責に帰されうる。この点でも結果の分割の根底にある「責がある（せいである）」と「責を負う（責任をもつ、せいとする）」への区分（それは§118で主題とされている）は、帰責と起因との差異を把握するためには十分ではないことが再び示される。[27] ヘーゲル自身は複雑な三角関係をつぎのように表現する。

> 「諸結果は行為の目的を魂とする形態として行為のもの（行為に属すもの）である。しかし、行為は同時に外面性へと定立された目的として外面的な諸力に委ねられる。この外面的な諸力は行為に、行為がそれだけであるものとはまったく他のものを結びつけ、行為をかけ離れた疎遠な結果へ押しやる。はじめのもののみを自分の責に帰すことも同様に意志の法である。なぜならば、それらのみが意志の企図のなかにあるからである。」（R§118）

ここではもう一度すべての要素が協働している。ヘーゲルは、行為の出来事の生起によって直接的に引き起こされた因果的結果[28]を、他の出来事が起こることによってともに引き起こされた因果的結果から区別する。しかし、帰責にとって再び決定的なのは、どの事情が行為の時点で主観的意志に知られていたか、どの結果が見とおせたか、あるいは意図さえされていたのかということのみである。そのさいに行為の「魂」としての目的という言い方はつぎのように理解される。知られかつ意志された結果が取り出されるのは、「形態」としてのある出来事の結

---

(27) §120のある欄外注のなかで、ヘーゲルは「責がある」という概念をまさに、ここで挙げられた意味で用いている。

果の全集合からであり、行為としての出来事を記述するさいに主観的目的を引き合いに出すことをつうじてである。そのさいに主観的目的はこの出来事の選択にとっての基準である。したがって、主観的目的は、この部分集合を組織化する原理として行為の魂であり、この行為は結果の全体性のなかで結果の形態として現われる。

したがって、責任 [Verantwortlichkeit] と帰責可能性 [Zurechenbarkeit] という法哲学的に重要な問題にとって、ヘーゲルが企図と意図という概念を介して分析する主観的目的の内容は決定的である。したがって、帰責の関係は出来事を一定の記述において相互に関係づけるのに対して、因果関係は直接的に出来事を関係づける。しかし、主観的意志の法とはまさに、すべての因果的結果が主観的意志の責に帰されるのではなく、帰責において自分自身の知と意欲とに関係づけられるということである。ヘーゲルはこのことを企図と意図の分析のなかで扱っている。この分析は同時に、いかに主観的目的が行為者の主体性（主観性）を行為者自身にとって含むかという、§110で与えられた規定を明確化するものである。

第2節　記述のもとでの行為——企図と意図

前節では行為の出来事と行為の記述との関係が論じられたので、今度は主観的目的の形式のヘーゲルによる規定を叙述しよう。本書の第2章においてすでに詳述したように、ヘーゲルは自分の行為概念によって、ある行為の意図性を分析している。この意図性はヘーゲルによって、行為者が行為の時点で一定の確信をもつこととして理解されている。道徳の部の最初の二章においてヘーゲルはこの確信の概念的規定をさらに詳述し、どのような仕方で主観的目的が行為者の主体性

---

(28) 1822-23年のホトーの筆記ノートのなかでヘーゲルは行為の出来事と結果との連関を詳細に説明している。「行為が企図に外的定在を与え、またこのように、自分の他者自身が他者になることによって、変化する他者と関係させることによって、行為は結果を得る」(Il III 360〔『法哲学1822-23年講義』§117, 118, 尼寺訳 I, 213頁〕)。この言明は二つの理由から興味深い。第一にヘーゲルはそこで存在論理学からの概念によって因果的変化を説明しているからである。またさらにヘーゲルはここで、行為の出来事によってのみ引き起こされている結果を把握しているからである——そのさい〔結果は〕所与の状態を前提しているのだが——。また「変化」概念自身も同様に存在論理学上の概念であることを注記することも重要である。ただし『大論理学』の初版にしか対応する章は存在しない (SL82ff.〔『大論理学』初版、第一巻、寺沢訳『大論理学』1、130頁以降〕)。改訂版においてこの部分は欠けている。

を——行為者自身にとっても、また他の行為者にとっても——含むかをより厳密に説明している。まったく同様に、ヘーゲルは、どのような仕方で客観化された主観的目的のなかで行為者の主体性が維持されているか——行為者自身にとっても、また他の行為者にとっても——を述べている。この役割と並んで、道徳の部の最初の二章におけるヘーゲルの詳述はさらなる課題を果たしている。ヘーゲルは行為の知の意志的構成要素の内部で二つの契機、すなわち、企図されたものと意図とを区別する。この両契機の概念的規定は道徳の部の第1章から第2章へのさらなる論理的展開をなし、同時に——ヘーゲルにとっては——主観的自由のより高度な展開を表す[29]。

ヘーゲルは企図と意図との区分によってこの目標に到達しようとする。それは、企図と意図の論理的構造の規定によってさまざまな「主観的意志の法」を説明するためである。本節の第一の部分（第2節の1）で、法学プロパーの諸概念の行為論的意味とこれらの概念のあいだの相互関係とが研究される。そのさいにヘーゲルが行為論を自分の法哲学の枠内で展開し、そのさいに帰責能力と評価の問題に即して論を進めることがヘーゲルの行為論にとってどのような結論をもつかが叙述される。

本節の第二の部分（第2節の2）は行為の意図性に関係して認知的構成要素と意志的構成要素との関係を追究する。なぜなら、ヘーゲルの理論は認知的要素の優勢によって特徴づけられるからである。ここではさまざまな「知の法」と「帰責能力の種類」が分析されている。そのさいに§110の論理的規定も再び取り上げられ、明確化される。続いて、意図性の認知的性格についてのヘーゲルによる行為論上の重要なテーゼが研究される。

締めくくりの部分（第2節の3）では、道徳の部のはじめの二章におけるヘーゲルの詳述が意図的構成要素の内部における重要な区分を含むことが叙述される。ヘーゲルは、企図されたものを意図から切り離す。そのさいに、ヘーゲルは自分の概念的道具立ての枠内で行為論上の中心的な区分を定式化できることが示されるであろう。ヘーゲルによる「企図」と「意図」との区分は概念の法学的起源から独立に、行為論的重要性をもつ。というのは、この区分によって、ある行為における企図されたものが、それを伴なって[30]ある行為が実行されるような意図から概念的に際立たせられうるからである。

---

(29) たったいま用いられた術語は以下の箇所（本章 第2節の3）で説明され、事柄に即して正当化される。
(30) Wood 1990, S.141 参照。

1　企図と意図

　ヘーゲルは道徳の部のはじめの二章に「企図と責」と「意図と福祉」という表題を与えた。しかし、この二つの表題のいずれの組合せも、また二つの章のあいだの関係も、解釈者をいくつかの問題のまえに立たせる。前の箇所で行なわれた「行為」と「所行」との区分の分析がすでにこのような難点のいくつかの源泉を明るみに出していた。ヘーゲルが行為の形式と内容との間に概念上確立する結びつきがここでは手がかりとはされないことも、(本書の第2部への緒論で) 確認されていた。しかしながら、第2章の表題はまさしくそのような結びつきを確立しているので、この結びつきは、ここで取られている方法に従って、主題とされることはないであろう。「福祉」は、意図の内容的規定とまったく同様に、つぎの章ではじめて研究される。本章の研究では、ヘーゲルによる意図の形式の分析が、また意図と企図の関係が問題となる。実際に第1章の表題となっている、企図と責の結びつきに関して、§115から§118までの言明が「企図」という主題についてほんのわずかしか述べていないことが、すでに前の箇所で確かめられた。これらの節の重点は明らかに起因と帰責可能性との区分にある。そこでは企図についてすでに言明されている唯一のことは、企図が（ⅰ）帰責の基準であり、（ⅱ）信念であることである。したがって、本書において主張されているテーゼは、企図概念が意図概念と関連して分析されるべきであって、責任概念と関連して分析されるべきではないことである。[31] しかし、「企図」と「意図」との関係の厳密な規定は解釈者をいくつかの謎のまえに立たせる。

(1) 企図と意図の関係——三つのテーゼ

　ヘーゲルは「企図」と「意図」を道徳の部の二つの章に割りふった。このことによってだけでもすでに、ヘーゲルがこの区分によって主観的目的の形式のさらなる論理的展開を表現しようとしていると推測できる。[32] この推測は以後の部分で

---

(31) おそらくヘーゲル自身は「企図」と「責」との結びつきに必ずしも満足していなかったであろう。というのは、少なくともヘーゲルは『エンツュクロペディー』のなかで道徳の第1章の表題を「企図」(E§504参照) へ変えていたが、第2章の表題は変えていないからである。ただし、第3章の表題も変えられている (E§507参照)。

(32) この推測はここではまだ探究されずに、本章、第2節の3ではじめて探究されることになる。そこでは、企図されたことと意図との関係が研究される。

(T-1) と呼ぼう。

　主観的意志の要素を表す二つの規定の関係をさらに探求するならば、この規定は明らかに選言的概念ではないことが確認される。§114 の欄外注で、「意図であることは企図されてもいる」(R§114R) と明確にいわれている。一方で、この所見は (T-1) を裏づけている。それによれば、ヘーゲルは「企図」と「意図」との区分によって主観的意志の内部における形式の区別を指摘しようとしている。しかし、他方で、これによって、両規定の区別は内容的にどこにあるのかという問いが先鋭化してくる。なるほどヘーゲルは、「企図は意図と異なっている」(R§115R) と同様に明確に述べているが、この相違の性格についてのテーゼはきわめてもっともだとはいえ、維持できないことが判明する。

　人が読者としてまずもち、以後の部分で、T-2 と呼ばれる推測は、ヘーゲルが「企図」と「意図」との区別によって主観的意志の認知的構成要素と意志的構成要素との区別を把握しようとしているという推測である。ヘーゲルが企図のところで「知の法」(R§117) について語り、また意図を利害・関心と福祉に結びつけていることはこのことによく合致するであろう。

二つの異論

　しかし、以上のことに反するのは、第一に、ヘーゲルが「意図の法」(R§120) を「思考する者としての主体によって知られ、意欲されたものであると自己主張すること」(前掲箇所——強調はヘーゲルのもの) と規定していることである。意図はやはり意志的構成要素であるというこの異論に対するもっともな反論を見つけられないならば (第 2 節の 2、参照)、この提案に反する第二の論証はそれだけますます重大である。なるほど企図を含むが、意図を含まないような行為が明らかに存在する。ヘーゲル自身は「知的障害者」と「子供」(R§120) を挙げているが、この人びとの低下した判断能力のために、これらの人びとは自分の行為に関してなんらの意図にも従っていないことになる。一方で、このことは、「意図」が論理的形式の点で「企図」とは異なっているというテーゼを再び裏づける[33]が、他方でこのことによって、企図と意図との差異が知と意欲との差異ではありえないことは明らかである。故意〔企図的〕ではあるが、意図がともに働いていないよう

---

(33) このことはこのテーゼを裏付けているが、このテーゼを証明していない。というのは、判断能力の相違においては量的差異も問題になりえるのであり、したがって、さらなる論理的・カテゴリー的展開が存在する必要はないからである。T-1 にとっての証明は本章、第 2 節の 3 で行なわれる。

な行為が存在するならば、企図のなかに意志的な構成要素も含まれていなければならない。というのは、おそらく意図を欠く故意の行為は考えられうるが（第2節の3、参照）、意志的構成要素を欠く行為はけっして考えられないからである。

テーゼ T-2 は明らかに概念的な手段によってのみ救われるであろう。企図の意志的な構成要素は単純に「意図」の概念によって表現されなければならないであろう。しかし、そのための代価は高すぎるであろう。第一に——ヘーゲルによっても認められた——意図を欠く故意の行為と、意図を伴なう故意の行為との区別はもはや保持されないであろう。またさらに T-1 を放棄しなければならないであろう。すべての行為は意図をもった故意〔企図〕による行為であるであろうから、判断能力の内部における差異は段階的(量的)差異でしかありえない。しかし、そうであれば、企図から意図への主観的意志の形式のさらなる論理的展開はもはやもっともではなくなる。

T-1 と T-2 を解釈仮説として理解するならば、さきに素描された打開策は明らかに通用しない。なぜ「企図」から「意図」への行為の形式のさらなる展開がヘーゲルによって主張されているのかがもはや分からなくなってしまうであろう。しかもこの展開が主張されていることはテキストにおける多くの証拠が証明している。すでに挙げた証拠と並んでさらなる証拠を挙げるためには、つぎのことが引用されるべきである。すなわち、ヘーゲルは「企図から意図への移行」(R§118R)について語り、手段と目的の関係は意図においてはじめて役割を果たす (R§120R) と主張し、企図を「個別的なもの」と、意図を「普遍的なもの」と結びつけ(R§118R と §119R)、しかも——決定的な証拠だが——企図と意図を異なる判断様式によって論理的に特徴づけている (R§114R、参照)。ヘーゲルの思考過程の適切な解釈に関心があるならば、さきに示唆した打開策は明らかに自ずから排除される。[34] しかし、T-1 も証明し、T-2 に対するもっともな代案も提供するような解釈案が存在する。というのは、T-1 が保持されるならば、T-2 が修正されなければならないからである。

代案 T-3

道徳の部のはじめの二章を解釈するための提案とは、ヘーゲルが二つの目標を

---

(34) もちろんだからといって、さきに打開策として示唆した提案が体系的な点で通用することはまだ排除されていない。そのばあいにはヘーゲルの理論に事実上批判の余地があるということになるであろう。ただし、ヘーゲルの分析に賛成し、さきに素描した提案に反対する体系的論拠も見出される。ヘーゲルの規定は、行為の適切な分析にとって不可欠な重要な区分を含んでいることが本章、第2節の3で示されるであろう。

追求しているということである。第一に、ヘーゲルにとっては行為の帰責可能性の条件が問題である。故意性は「企図」と「意図」を含み、(ⅰ)意図性と同じ意味である。故意性(＝意図性)は、実行の時点での行為者自身の所行に関連した行為者の確信として理解され、認知的契機として分析される。企図されたことも意図も知られたこととしてそれに属す。〔第二に〕「企図」と「意図」との区別は、(ⅱ)意志的なものの内部における区別であり、この区別はこれらの契機の形式(概念的構造)の差異に関わる。この形式の区別は、T-1で主張されたさらなる論理的展開に対して責を負う。[35]

それゆえ、代案 T-3 は二つの部分から成り立っている。第一の部分(ⅰ)は§110の分析と結合しており、ヘーゲルは行為の意図性を行為の時点での行為者の一定の確信として規定しているという本書の中心的テーゼを先へと進めている(この点については本章、第2節の2、参照)。T-3の第二の部分(ⅱ)は(解釈仮説として)道徳の部の第2章の内部における論理的規定によって裏づけられなければならない。同時に、ヘーゲルの理論を証明する(体系的な)論拠も挙げられる。これは本書の本章、第2節の3で行なわれる。けれども、そのまえに、ヘーゲルが自分の行為論を『法哲学』の枠内で展開したという事実がどのような影響を及ぼすかについて、まだいくつか考察がなされるべきである。

(2)行為論と法哲学

ヘーゲルが自分の行為概念と行為論を法哲学の枠内で展開することは明白な事実である。一方でこの連関のために、ヘーゲルは、行為を意図的な行為にする確信の特別な性格を把握できるようになった。自由は主体性によって説明されなければならず、法は「理念としての自由」(R§29)であるというテーゼのために、ヘーゲルは、意図的行為者がもつ確信の自己帰着 [Selbstzuschreibung] の性格を把握できるようになる (第2章、参照)。しかし、同時にこのためにヘーゲルは、行為論についての考察を帰責可能性と評価との観点のもとで展開するようになる。

ヘーゲルは狭義の意志の対自存在する(自覚的な)自由を行為の意図性と同一視する。したがって、表象の要素を伴なわないすべての意志表明はヘーゲルにとっては背後に退いてしまっている。ヘーゲルはまず帰責の問題と評価の問題に関心をもつので、行為の記述依存性という構想を展開する。さらに、評価と帰責のさまざまな難問のためにヘーゲルは、「原因である」という関係と「責を帰する」と

---

(35) この点については Kaulbach 1982, S.94 も参照。

いう関係のあいだの差異を扱うようになる。ヘーゲルは行為の出来事と行為の記述との区分によってこの難問の哲学的解釈に成功する。

さらに、法哲学的および法学的問題設定との文脈における行為論的問題の考察は、意志的なものの内部における区別を把握することにも役立つ。ヘーゲルによる評価実践と帰責実践との哲学的基礎づけと説明とはここで重要な区分を提供することができる。したがって、ヘーゲルが行為の分析を行なうばあいの文脈は多くの点で実り豊かである。法学的実践が、行為論的および道徳哲学的に説明されなければならない多くの区分を行なっているということからだけでもすでに、実り豊かである。

しかし、ヘーゲルが行為論を展開するばあいの文脈は長所をもつだけではない。ヘーゲルは行為の結果の帰責と行為の評価との問題のまえに立っているので、彼の視点はつねに事後の行為にある。いかにして行為の出来事が引き起こされるのかという問いがヘーゲルにとって重要になることはけっしてない。[36]さらに、ヘーゲルは行為の意図性を行為者の確信として把握するので、彼の理論の内部における認知的要素の際立った優位が明らかとなる。この優位は、帰責可能な、したがって意図的な行為のみが研究の対象であることによってさらに強められる。というのは、このような仕方でヘーゲルは意志的な構成要素を大幅に背後へ退かせることができるからである。それは意志的構成要素がいずれにせよ行為者によっても知られなければならないからである。

総じて確認しておくべきことは、ヘーゲルが自分の行為論を展開する文脈に即して、行為の成立（行為の原因）の分析をなにも提供していないことである。またヘーゲルが帰責の問題に即して、認知的要素を前面に出していることである。いまや後者の問題が探求されるべきである。

2　意図性と帰責可能性——認知的なものの優位

『法哲学』§110でヘーゲルは、主観的意志の発現にとって特徴的である「内容の同一性」の「より詳しい本来的規定」を挙げていた。第一のテーゼによれば、主観的意志のこのような発現は意図的行為である。また、第二のテーゼによれば、「本来的規定」は、行為者の所行と関連した行為者の確信の形式である。ここで根底にある解釈仮説によれば、ヘーゲルの詳述は行為の意図性を認知上の基準として、行為者の所行に関連した行為者の確信の特殊的な種類として概念的に規定する試

---

(36) この点についてのわずかばかりの言明は本書の「結語」において解釈される。

第4章　行為の形式　147

みであると把握される。

　第2章、第1節の1と2では、意図的行為の形式の「より詳しい本来的規定」(R§110) を提供しようとするヘーゲルの試みが詳細に叙述された。したがって、私はここでもう一度だけ、〈命題3〉の形式で結果を示してみたい。それは、引き続いてヘーゲルによるこの規定の明確化を叙述するためである。

　　(命題3)「内容は、Xの内容としてX自身にとってつぎのように規定される。内容はその同一性においてXの内的目的としてX自身にとってXの主体性を含むだけでなく、内的目的が外面的客観性を維持していたかぎりにおいても、X自身にとってXの主体性を含む。」

　この命題は、行為者が自分の所行について一定の確信をもっていることを述べている。まず行為者は、それが自分自身の所行であることを知っている。そのうえ、行為者は、この所行が主観的目的の実現であることも知っている。さらに、行為者は、内的目的が自分の主体性を含むことを知っている。そして、とくに行為者は、自分の主体性が内的目的の客観化に従って維持されてもいることも知っている。この知がとにかく行為の意図性をなしている。行為者は実現を特定の目的の実現として把握している。すなわち、実現は特定の視点のもとで行為者に与えられている。行為者が自分の所行と、そこから生じる結果とを記述し評価するのはこの視点のもとでである。行為者の法とは、

　　「所行の諸前提のうちで、自分の目的のなかにあるものとして知っているもの、そのなかで自分の企図のうちにあったもののみを自分の所行のなかで自分の行為として承認し、それのみに責を負うということである。」(R§117)

　ヘーゲルはこの法を「知の法」(前掲箇所) と呼んでいる。それゆえ、行為の帰責と正当化という実践は、Xの主体性がX自身にとって、また他者にとって、どれだけ含まれているかが明らかとなる場である。

意図性と帰責可能性

　行為の結果の帰責可能性は、結果を引き起こす行為の出来事が意図的に行なわれていたと想定する。すなわち、行為者は、行為を実行しているあいだに、自分の所行に関して一定の確信をもっていたのであり、この確信はここで出来事の「視点」あるいは「記述」と呼ばれていたと想定する。ヘーゲルは自分の理論の内部で意図性を、行為者の内容的に規定された確信として捉えることによって、帰責可

能な結果を帰責不可能な結果から区別する。この確信の内容（その概念的構造をヘーゲルは§110で展開した）がどのような記述のもとである出来事が行為者の責に帰されるべきかを定める。

　私は本書において二つの区分を導入し、一方で「出来事」と「記述」とを区別し、他方で二つの記述方法としての「所行」と「行為」とを区別した。第一の区分は、「責を負う」という関係の内部で支配的であった、両義性の解明において実り多いものとして示された。いまや第二の区分が意図性と帰責可能性との関係を解明するのに適していることが示される。

　二つの問題を別々にすることは重要である。第一の問題は外延性問題と呼ぶことができるであろうが、それは、すべての出来事の全集合から、行為の出来事、すなわちある特定の主観的意志を含むような出来事の集合がいかにして見つけ出されるかというものである。第二の問題は、内包性問題と呼ぶことができるであろうが、それは、Xにおいては――行為の出来事の集合のなかのある出来事が問題であることを前提として――この出来事が行為者の責に帰されうるためのXの記述とはどのようなものかというものである。

　外延性問題は、ある出来事をある行為者の行ないとして特徴づけるために、必要かつ十分である基準を見つけることを目指す。しかも、行為者自身が自分の所行のなかでなにを見たとしても、それからは独立にそうする。これに対して、内包性問題は行為の出来事についての帰責可能性と評価可能性に関連して、提起される区別をうまく扱おうとする。本書においては、現代の議論のなかで外延性の問題に取り組むさいのさまざまな戦略に立ち入ることはできない。また、第二の問題に関連するさまざまな考察もここでは、ヘーゲルの試みに光を当てることができるかぎりでのみ、関心事になる。しかし、ヘーゲル自身のばあい事情はどうであろうか。

　ヘーゲルは法哲学の文脈において外延性の問題を議論していない。ヘーゲルの注意はもっぱら内包性の問題に対する回答に向けられている。ヘーゲルの論証は、問題の出来事が「主観的意志の発現」であることをつねに前提しており、さらに、どのような記述のもとで出来事は行為者の責に帰されうるのかを問う。本書において導入された、「所行」と「行為」との区分は内包性の問題に関するヘーゲルの立場を捉えている。二つの記述方法は、問題の出来事が「主観的意志の発現」（それゆえ所行）であることを仮定している。両者が前提しているのは、問題となっている出来事がこの出来事に関する行為者の一定の確信を伴なうことである。ヘーゲルによれば、一定の仕方で構造化された確信が現存することは、ある出来事が行為の出来事の集合に属すことのための必要かつ十分条件として理解さ

れる。⁽³⁷⁾ §110 の分析ですでに示したように、行為の出来事の意図性は自分の所行に関する行為者の確信の内部におけるさまざまな主観的構成要素の共同作用によって把握される。したがって、そのような確信が伴なう出来事はどれも行為の出来事の集合に属す。

差し控えと誤った試み

差し控え（不作為）[Unterlassung] もこのような仕方で意図的行為として把握されうる。⁽³⁸⁾ 重要なのは、行為者が自分の行ないをつぎのような確信、すなわち、行為者が別の仕方で振る舞うならば、起こらないであろう一定の結果がこれによって起こるという確信と結びつけていることである。そのさいにたしかにこの行ないは、自分で動かないこと（意識的にじっとしていること）でもありうる。また行為者の確信においては信念のみが問題となっているのであるから、誤った試みも〔意図的行為として〕把握される。ここで重要なのは、行為の出来事の結果が行為者によってそのような結果として記述されうるということのみである。ヘーゲルのアプローチにとって問題となるのは、行為者の確信が一つも当たらないような完全に誤った試みのみである。というのは、ここでは、客観化された主観的目的において行為者の内容が同一性であるかどうかの基準が満たされていないからである。しかし、そのような極端な事例はとにかく構成するのも難しい。

---

(37) このテーゼは本書の第2章ですでに詳細に展開されていた。ここでは、ヘーゲルが「主観的意志の発現」の概念的規定を自分の思弁的方法の枠内で展開していることがもう一度指摘されるべきであろう。ヘーゲルは意図、動機あるいは目的と行為の出来事との関係を分析することによって、ある行為の出来事が行なわれることを説明しようとはしていない。ヘーゲルはもっぱら「行ない」と「行為」の区分に関心をもっている。というのは、この区分によって、法学的および道徳的な評価実践を説明できるからである。

(38) しかし、ヘーゲルが §116 で念頭においている事例は〔意図的行為として〕把握されていない。というのは、そこでは、行為者の意志を含む出来事が問題となっていないからである。行為の出来事と結果との帰責可能性が行為の意図性と関係するというテーゼは、行為の出来事、すなわち主観的意志を含む出来事、あるいはその結果のみに責が帰せられうるというテーゼと取り違えられるべきではない。というのは、ヘーゲルが念頭においている他の事例が意志に関係づけられるのは、「財産」が問題であるからである。また、ヘーゲルは身体と意志の関係も所有関係と考えている（§40 あるいは §47 と §48 を参照）ので、意図的に行なわれていない出来事と結果とが意志の責に帰せられる。というのは、具体的主体はあらかじめ意志的にあるいは軽率に（たとえばアルコール摂取によって）、自分の行為能力が「廃棄」されているような状態へ自分をおいたからである。R§132、参照。

たいていの事例においては少なくとも、私が一定の身体部分を動かしているという確信はやはり当たっているであろう。なるほど優雅な踊りを披露しているという私の確信が当たっていないこともありうるのかもしれない。しかし、この確信のなかには、私が自分の身体を動かすことも含まれる。そして、このことはたいてい当たっているであろう。しかし、ある行為者が一定の身体部分を動かしていることについて、(あるいはより根本的には、行為者がそもそも自分の身体を動かしていることについて) 思い違いしているというように、誤りが見なされるならば、そのような誤りの事例において、その人をそもそも行為者として捉える可能性がいかに消失しているかが容易に見て取れる。このことから想定されうるのは、行為者の確信のなかで出来事に帰せられる性質のなかのいくつかは現にこの出来事に帰属するということである。

それゆえ、ある出来事が行為の出来事の集合に属すと仮定するならば、行為者自身がこの出来事に関連して特殊的な確信をもっていると主張していることになる。出来事の「所行」としての記述はこのような仮定をそのままにしておいて、さらに任意の記述 (たとえば因果的結果に照らして) を選ぶのに対して、出来事の「行為」としての記述は行為者自身の視点を取る。いまや行為者のそのような確信が現に存在していた・ことが仮定されるだけではない。ここでは、問題の出来事を記述するために、この確信の内容が引き合いに出される。すなわち、行為の帰責能力と評価との実践はこの確信の内容に即して行なわれる。

(1) 知の法と帰責の種類

ヘーゲルは道徳の部のなかで主観的意志のさまざまな法とさまざまな種類の帰責能力とを相互に区別している。ヘーゲルは「主観的意志の法 (権利)」(R§107、§132、§132R、§137R) について、「主体の法」(R§132) について、「道徳的意志の法」(R§114) について語っている。この法はその具体的に区分された「形態」(R§107) において道徳的立場をなしている。ヘーゲルはこの「形態」を、道徳の部の三つの章に対応する異なった法へさらに区分するが、これらの法はさらに二つの種類に分割される。第一の種類においては、行為者の知を規準とし、そこから評価と帰責の基準を導出する。このさいに生じる・法は特殊的な行為の確信に基づくが、ヘーゲルはその概念的構造を§110 で示していた。第二の種類の法は、「主観的意志の発現」の概念的構造が明示されるような法である。したがって、この法は、ある行為が満たさなければならない規範・・として理解されるべきである。この規範は、§111 で示されていた概念的規定から導出される。ヘーゲルはこの規範も「法」

と呼んでいるが、それは行為者の法ではなく、「行為の客観性の法」(R§120) であるということを確かめておくことは重要である。このことは二つの仕方で理解することができる。一方で、ある行為者が満たさなければならない規範が問題となっている。なぜなら、ヘーゲルの分析によれば、行為は一定の概念的構造をもっているからである。この意味で、概念的構造自身に法を容認する用意のないかぎり、もともと法が問題とはならない、しかし、他方で、ある行為者が問題となっている規範を満たすよう、他の主体が要求することができるかぎり、やはり法が問題となっているのである。問題となっている「客観性の法」は同時に、ある主体の行為に他者が規準として当てはめることができる正当化された要求である。[39]それゆえ、二つの種類は以下のように相互に区別される。一方のばあいには、行為者の確信が規準であり、評価者に対する行為者の法が問題である。ところが他方のばあいには、行為の概念的構造が規準であり、行為者には自分の行ないに対する規範が課せられている。意図性、知、帰責可能性、行為者の法という関係はここで議論されるのに対して、「行為の客観性の法」(R§120) の分析は本章、第2節の3と第5章に持ち越される。

行為者の法と帰責可能性の種類

　企図と関連して、「知の法」(R§117) が問題となっており、「意図の法」(R§120) と「善の洞察の法」(R§132) が存在する。この三つの法には三種類の「帰責能力」(R§132R) が対応しており、それらは「すべて知に依存する」(前掲箇所) とヘーゲルは主張している。ヘーゲルは道徳の領域の内部における概念的展開に関連して、「全体」(R§114R) は「あるところのもの」(前掲箇所) と、それが「私にとってまた私のなかで」(前掲箇所) そうであるものとのあいだの対立のなかを動いていると述べていたが、ヘーゲルはいまや、「現実性は私にとって──知、意識のなかでどのようにあるか」(R§132R) は、帰責可能性にとって決定的であると詳述する。また、ヘーゲルはきわめて明確に、ここでは「理論的」(前掲箇所) である確信が問題であるともいう。帰責能力は「知における主体性」(前掲箇所) としての主観的意志の自由の場である。

---

(39) ここでは、慣習性 [Konventionalität] の契機が関与していることが明らかとなる。帰責可能性は、文化的および個人的に特徴づけられた予期される態度にも依存することはきわめて明らかである。このことは、一定程度の注意力が通常であれば発揮されるべきものとして前提されているような過失のばあいにとくに示される。このことが問題となっている §116 における「多かれ少なかれ」という定式のヘーゲルによる用例も参照。

企図の法

　この「知における主体性」は行為者自身にとって意識されており、主観的自由の対自存在〔自覚的なあり方〕の一形式である。この主体性がどこで示されるかは、企図と関連してすでに分析されている。行為者の意見と希望とに照らした、眼前の定在の解釈は、客観的に存立している状態から区別されうる。所行を成す行為の出来事の因果的結果はなるほど行為者の主体性も含むが、ただし客観的な仕方によってのみ含む（第2章　第1節の2、参照）。行為者自身にとっても、他者にとってもこの主体性はすべての結果の集合が帰責可能な結果と帰責不可能な結果へ「分裂する」ばあいにのみ、実現された主観的目的の客観性のなかにも含まれている。行為者自身にとってこの主体性は弁明、正当化、根拠づけにおいて自分の知、自分の視点を引き合いに出すことによって、維持されている。他者にとって行為者の主体性が主体性として含まれているのは、結果の集合から行為者の責任とされるべき結果を選び出すために、他者が行為者の視点を規準にするばあいである。

意図の法

　「意図の法」(R§120) も、行為者の法であるかぎり、主観的自由の対自存在を表現する。行為者はある一定のことに到達するために、自分の行ないがなされたといって、自分の行ないを正当化する。行為を根拠づけるために、この〈〜のために〉が引き合いに出される程度に応じて、行為者はこの法を引き合いに出し、この自由の対自存在（この自由についての知）を表現する。また反対に、ある行為とその結果との評価における意図の承認は、この自由が他者にとって主体性の法として客観的になるための場であるということがもちろんここでも再び妥当する。[40]

善の法

　道徳的に善であるか悪であるかという、ある行為の質に関連する法はヘーゲルによって「主体の最高の法」(R§132) と呼ばれる。この法は、行為者自身が自分の行為の道徳的質について知ろうとしており、行為者自身が善と悪の規準を適用する仕

---

(40) 「意図の法」は、第5章ではじめて主題とされるであろう内容的規定をもやはりもっている。さらに、企図に関連する法と意図の法とは相互に区別される。というのは、そのさいに行為者に異なる権限が認められるからである。この区別は以後の節（本章第2節の3）ではじめて探究されるので、さきの箇所では二つの法の共通性のみが示されている。また、「善の洞察の法」の特殊的な点も第5章、第2節ではじめて扱われるので、さきの箇所では共通性が前面に出される。

方を心得ているという要求を表現している。行為者のこのような要求のなかで、自己規定を行う個別性であるという主観的意志の形式は対自存在へもたらされる。しかし、ヘーゲルがこの法に関連して行なう詳述は本来は彼の行為論には属さない。それは、主観的自由と理性性の本質は道徳との関連なしには考えられないというカントのテーゼの受容に基づいている。この善の法は、主観的意志の他の二種類の帰責および法と、知であるという性質とを共有している。ヘーゲルはここで倫理学的認知主義の立場を取っており、感情を引き合いに出すことはなにであれ、拒否している。しかし、この法は他の二つの法から原理的に区別されている。というのは、この法は行為の意図性に対してはなんらの役割も果たしていないからである。[(41)] しかも、ここでは行為論的問題が前面に出されるべきであるから、私はヘーゲルの道徳哲学プロパーのテーゼを、このテーゼとヘーゲルの行為論的テーゼとの関係を規定するために必要なかぎりでのみ、(第5章 第2節で) 扱うことにする。

それゆえ、三種類の帰責は行為者の異なる判断能力に関わる。(ⅰ)自分の行ないと、それが行なわれる状況とを正しく判断する行為者の能力。(ⅱ)自分の行ないによって自分の意図も実現する能力、および (ⅲ)自分の行為のとくに道徳的な質を判断する能力。後者の能力が行為の帰責能力に対してなんらの結果ももたらさないのに対して、企図されたことと意図とについての知は、行為者の主観的自由が〔行為に〕含まれていることにとって決定的となる。しかし、企図されたことと意図との区別は帰責可能性の分析にとってもはや重要ではない。というのは、行為の時点で行為者に知られていることが、企図されたことと意図とにとって共通なものであるからである。本論の以後では意図性の認知的性格が分析され、行為の帰責可能性の確固とした規定として擁護される。さらに、意志的なもの自身の内部における差異である、企図されたことと意図とのあいだの差異が以後の節 (本章 第2節の3) で研究される。

(2) 帰責可能性と意図性──認知主義的分析

ヘーゲルは、帰責可能性の問題にとって重要な行為の要素を、自分の行ないに関連する行為者の確信として規定する。主観的意志が自分の行ないの評価に関し

---

(41) この点については、§140 へのヘーゲルの脚注を参照。そこではヘーゲルは、道徳的誤りが行為の帰責可能性に関係しないという点で、アリストテレスに従っている。道徳的な質のばあいには、「行為者の法」よりも「客観性の法」が明らかに支配的である。道徳的誤りは (ⅰ) 行為の帰責可能性の問題にとって重要でない。また (ⅱ) 主観的な道徳的判断は行為の道徳的質について決定を下さない。

て主張できるすべての法〔権利〕は「知の法〔権利〕」である。行為者は、自分が行為したさいの事情についてなにを知っていたかを、また行為の時点で自分の行ないのどのような性質が行為者に知られていたかを正当化と弁明は引き合いに出す。⁽⁴²⁾自分の行ないが一定の性質をもつことを知らなかったという行為者の主張は、自分の行ないが一定の記述のもとで自分の責に帰されないことを目指している。行為者自身が行為の時点でそれについて知っていた記述のもとでのみその行為は行為者にとって帰責可能な行為と見なされる。⁽⁴³⁾

正当化と弁明の戦略から取ってくることができるこのような証拠と並んで、とくに一つのことが、意図性を行為者の確信によって規定しようとするヘーゲルのやり方を正しいものとする。すなわち、行為者が自分の行ないを実行したさいの対象としての質のみではなく、そのさいに行為者が受け入れた質も〔行為者の〕責に帰される。しかし、後者は、行為者がそれについて知っているような行ないの質である。この質は、帰責可能性の文脈においては、行為者が知っており、意欲していた自分の行ないの質と同様に、行為者の責に帰されるべきである。⁽⁴⁴⁾知られているのみで、直接的には意欲されていないような行ないの質についても〔責を〕帰されるというこの事実のために、行為の意図性を（ⅰ）企図されたものと意図とから区別し、（ⅱ）意図性を認知上の基準として規定するようになる。⁽⁴⁵⁾

ある行ないの知られていただけの質も、知られかつ意欲されていた質も行為者の責に帰されるべきであるという事実のために、ある行ないの意図性を行為者の確信として規定し、意図の分析から概念的に切り離すようになる。そのさいにさきにすでに言及した異論に対処することも難しくない。この異論は、意図がやはり行為の意欲されたことを表しており、知られたことを表しているのではけっし

---

(42) Austin 1986における弁明のさまざまな模範の分析、参照。
(43) 軽率の事例に関連して、ここで「行為者自身が行為の時点でそれについて知ることができたであろう」といわなければならない。ヘーゲル自身は「知ることができた」(R§132R) という表現を用いている。このような反事実的言明の根底にある規準は慣習的および規範的な要素を含む。過失のばあいに、行為者は、自分の行ないの質と結果とについて適切な判断を獲得するという、通常であれば期待されうる努力を行なわなかったとして非難される。もちろん行為者はこの非難を自分自身に対しても行なうことができる。
(44) メイランドは、ある行ないの「受け入れられる」質をも意図性に数え入れられうるほどまでに、意図性の分析を広く捉えるために、「故意的な意図」と「故意的でない意図」とを区別する。(Meiland 1970, S.7f. 参照)。ゴールドマンも、知られてはいるが、意欲されていないある行ないの質を意図性の概念のなかに統合できるようにと、「非意図的行為」の概念を導入する (Goldman 1970, S.56f. 参照)。

てないということであった。これに対して、意図的行為のばあいには、すべての意欲されたことは、意図的に意欲されたこととして知られてもいるといわれる。したがって、ヘーゲルは意図の法を、

「思考するものとしての主体によって知られ、意欲されたものであると自己主張すること。」(R§120——強調はヘーゲルのもの)

とも定式化している。行為の意図性についての問題と関連して、ヘーゲルが企図されたことと意図との区分によって、意欲されたものの内部における区分を行なっているが、この区分は重要ではない。帰責可能であるためには、行為者の企図されたことも意図も行為の時点で当事者の行ないと結びつけられなければならない。行為者は、自分の行ないが企図された質をもち、自分の意図を実現するという性質ももっていると思わなければならない。この連関からまさに、意図はつねに「企図されて」(R§114R)もいるということになる。

　帰責可能性という視点のもとで行為を研究するならば、行ないの意図性が決定的な基準となる。意図性と関連して、確信の内部における区分は広範にわたってなくなってしまう。知られたことも意欲されたことも同様に責を帰せられる。意欲されたものの内部における区別もこの視点のもとでは把握されない。帰責可能かどうかという問いにとっては知のみが決定的である。けれども、行為の評価にとっては、知られたこと、企図されたこと、意欲されたことの関係が役割を果たす。企図されたことと意図との関係がどのように規定されているかは、行為についての判断に対して明らかに影響を及ぼす。死を引き起こすこのような行為者が殴ろうとする企図のみをもっていたばあいと、行為者が犠牲者を殺そうとする意図をもって殴ったばあ

---

(45) この点については、『行為論入門』におけるデイヴィスの詳論 (Davis 1979, S.57-S.72) を参照。そこでは「法律上の文脈において、故意に行動することは一般に〈意図〉にとって十分と考えられている」(S.64) といわれる。「知」が意図性にとっての必要条件であるかどうかについてのデイヴィスの考察は(S.69f. 参照)ヘーゲルの詳論と一致しうる。ただし、ヘーゲルは「知」のかわりに「信」について語るであろうことを度外視すればの話であるが。デイヴィスが挙げられた、なんらの知も必要でない事例とは、行為者がなるほど原理的に重要な知を入手可能であるが、行為の時点ではこの知をあらかじめもっていなかったような事例である。あるいは、また必要な知を獲得することが行為者にとって可能であり、それを行為者に要求しても正当であったような事例である。両者とも、ヘーゲルが自分の理論のなかに同様に統合できる過失の事例である。というのは、ヘーゲルは行為者の法と並んで行為の法 (本文中の前の箇所における、二種類の法の区分を参照) を知っているからである。イルティングの批判に抗して、このことをウッドも強調しているのは当然である。Wood 1990, S.142 参照。

いとでは、われわれは、ある者の殺人を異なった仕方で評価する。また、犯人が金を奪うために犠牲者を殺そうとしたことをわれわれが聞き出すならば、さらに大きな違いとなる。このようなことがすべて帰責可能となるのは、犯人が自分の行ないに関連して、自分の確信のなかで、これに関連する信念をもつばあいのみである。しかし、このことはこの信念に従って評価されるのみでなく、犯人の意欲と関連して示される区別に従っても評価される。そして、われわれが帰責可能性と責任との程度を区別するという事実は、われわれがいま研究しようとしている区別と、さまざまな程度と種類の自由と合理性とを結びつけることをも示している。

3　企図されたものと意図

本節では三つの問いが中心となるであろう。第一に（ⅰ）研究されるのは、なにが企図されたものと意図との区別をなすか、また、いかにヘーゲルがこの区別を自分の概念枠のなかで規定するか、である。さらに第二に、（ⅱ）意図を欠く行為が存在しうるかどうかが問われる。そして、第三に、（ⅲ）意図と目的－手段関係との連関が解明されることになるであろう。そのさいに意図は、主観的意志の内容として、主観的自由のより高度な発展を表すことが示されるであろう。意図を伴って行為することは行為者において、より高い程度の帰責可能性と判断能力、同様に一定の合理性を明らかにする。後者は、なぜヘーゲルがこの場で主観的意志の内容へと移行することができるかの根拠でもある。

（1）判断の種類──企図されたものと意図との区別

道徳の部のはじめの二章において、さらなる概念的展開が確認されうるというテーゼ（T-1）が、本章、第2節の1で立てられていた。このテーゼのなかには、ヘーゲルが主観的意志の内容を概念的に異なる種類へ分けることが含まれる。この区別はここでは、「主観的意志の発現」の意志的構成要素の内部における区別として把握される。というのは、ヘーゲルは意図的行為のみを研究しており、したがってすべての意欲されたことには、行為者によって知られてもいることがつねに伴なうからである。たんに知られたこと（「受け入れられたこと」）と、知られたことプラス意欲されたこととの分離は、ここで研究されるべき差異にとってはなんの役割も果たさない。帰責可能性に関連して、企図されたことも意図も両者〔知られたことおよび意欲されたこと〕を含む。したがって、企図されたことと意図との区別を二つの意志的構成要素のあいだの区別として規定するために、知

と意欲との差異をとにかくここでまず背後に退かせることは可能である。もちろんだからといって、さまざまな種類の知が意図することの種類にとって必要であることは否定されるべきでない。

用語の再確定
　これまで本書で、企図されたものと意図とが概念的に区別されてきたが、このことを精確に規定してはこなかった。ヘーゲルの論証の二つのレベルを術語上明確に相互に限界づけるために、私はこの区分をヘーゲル自身の概念枠のなかで「企図」と「意図」との区別としては定式化しなかった。「企図」の概念はヘーゲルにおいて両義的である。一方の意味で、企図は「意図」をともに含み、他方の意味で、企図は意図とはまさに反対の概念である。企図の第一の用法は、行為の帰責可能性の問題に答えようとするヘーゲルの試みの一部である。この意味での「企図 [Vorsatz]」は「故意に [vorsätzlich]」と同じことを意味し、本書では意図性として把握された。第二の意味で「企図」は「意図」から概念的に区別されるべきである。「企図」のこの用法はヘーゲルの詳述の内部では、彼が自分の概念枠のなかで行なっている、意欲されたことの内部の区別の規定に役立っている。この第二の用法に対してここでは「企図されたこと」という概念が用いられる。
　「意図」の概念に関しても両義性が示されるべきであり、しかもこれは排除されるべきである。人は一方で「意図」概念を、心的状態を命名するために用いる。しかし、さらに「意図」の概念によってこの心的状態の内容も表されうる。あるばあいには、「意図」の概念によってある種の志向（意図）作用 [Intendieren] が考えられており、他のばあいにはある種の志向された内容が考えられている。もちろん「意図」の両者の意味は相互に定義される。（志向作用という意味での）「意図」は、その対象が（志向された内容という意味での）「意図」であるような意欲である。もちろん反対もまた成り立つ。しかし、このことから両者の意味を混同することになってはならない。ここで「意図」と「企図されたこと」とは二種類の志向された内容を表している。しかし、ヘーゲル自身は対象を区別するのみでなく、ヘーゲルの判断論はさまざまな種類の志向作用をも規定する。私はそこでは、企図されたことを志向することを「企図する」と呼ぶことにする。これに対して、ある意図を志向することを「意図する」と呼ぶべきである。もちろん「意図」の両者の意味が相互に定義されうるという、さきに示唆した可能性は、「企図する」ことと「企図されたもの」との関係に対してもまったく同様に妥当する。ヘーゲルの判断論（それは同時に判断作用の理論でもある）のなかには、両者の契機が含まれている。

二つの戦略

このようなやり方の根底にあるテーゼによれば、ここで主観的意志の二つの意志的構成要素が区別されるべきである。ヘーゲルの詳論は、この区別を目的とする三つの言明を含む。ヘーゲルが主張するのは、まず、（ａ）「企図」と「意図」とが異なる種類の判断によって規定されるべきであり、両者が異なる種類の意図することであるということである。ヘーゲルはさらに、（ｂ）企図されたことと意図とは論理的に異なる種類の内容であると主張する。また、ヘーゲルは両者に（ｃ）異なる種類の帰責能力を割り当てる。これらのなかで行為者の異なる自由が明らかとなる。もちろん、この三つの言明は単純に三つの区別を表すのではなく、相互に依存することが予期されうる。ただし、三つの言明はその端緒に関して区別される。（ａ）と（ｂ）は概念的構造を目指すのに対して、（ｃ）は記述実践と評価実践から始める。このことから、（ａ）と（ｂ）が密接に連関し、（ｃ）は概念的構造に依存することが予期されうる。[46]

①判断の種類と意志の内容――第一の戦略

企図されたものが個別的なものを内容としてもつのに対して、意図は普遍的なものに向けられていることをヘーゲルはなん度も強調する。[47]たとえば§118の欄外注では、「企図は個別的なものを主張する」（強調はヘーゲルのもの）といわれており、§114の欄外注ではヘーゲルは「意図は普遍的なものである」（強調はヘー

---

(46) 行為論の議論のなかには再び両者の戦略が見出される。アンスコムは記述実践と評価実践への方法を選ぶ（Anscombe 1957, §22 以降〔邦訳『インテンション』65 頁以降〕、参照）。これに対して、メイランドは、異なる種類の意図が異なる種類の内容を対象としてもつことを示すことによって、異なる種類の意図を区別する（Meiland 1970, S.35f. 参照）。ヘーゲルは両者の戦略を追求する。というのは、『法哲学』においては記述実践と評価実践の分析も、「主観的意志の発現」の概念的分析もヘーゲルにとって重要であるからである。メイランドは「事態 [states of affairs]」、（行為者のまた他の主体の）「行為 [actions]」および「出来事 [events]」を意図の対象として認めている（S.35f. 参照）が、このことで考えられているのは行為タイプと出来事タイプ [Ereignistypen] (events) であって、行為個体あるいは出来事個体（occurrences）ではない。またこのように「行為」と「出来事」は抽象的対象である。もちろん、後者のことは「事態」についても同様に妥当する。また、それゆえにこのような仕方では、ヘーゲルが念頭においているカテゴリー的区別は把握されえない。メイランドが意図の種類を区別するのは、対象のクラスを区別することによってであって、意図すること自身の形式をカテゴリー的に区分することによってではない。ヘーゲルは後者のことを試みる。

(47) 私は以後ではいくつかのとくに際立つ箇所のみを引用するが、完璧は期さない。

ゲルのもの) と書き留めている。『エンツュクロペディー』ではヘーゲルは、企図されたものと意図のあいだの区別をつぎのような仕方で説明している。

> 「企図は直接的定在にのみ関わるが、意図は定在の実体的なものと目的とに関わる。」(E§505)

この所見は、企図と意図の対象となるのは異なる内容であり、しかもカテゴリー的に異なる内容であるという推測を裏づける。『エンツュクロペディー』においてヘーゲルは詳論を続けて、意図の「形式」を「普遍性の抽象的形式」(E§506)として規定し、この形式は「経験的・具体的行為」(前掲箇所) と「本質性」(前掲箇所) の関係のなかにあるとしている。ヘーゲルが直接的定在ということで、行為の出来事を考えていることについては、本書の進展の過程ですでにその論拠が挙げられた。したがって、ここでは、どのような意味で企図されたものがこの直接的定在にの̇み̇「関わる」のかが明らかにされるべきである。これに対して、さきには意図と行為の出来事との関係は「本質的なもの」として規定されていた。ヘーゲルは「意図の本質性」(E§506) を「普遍性の抽象的形式」(前掲箇所) として特徴づけている。ヘーゲルはここでは (思弁的な) 具体的普遍性の概念から、彼が「反省(反照) の普遍性、〔すなわち〕共̇通̇性̇あるいは全̇称̇性̇」(R§24) と呼ぶ (強調はヘーゲルのもの) 普遍性の概念を区別する。

ヘーゲルは『法哲学』§119 では、行為の出来事の記述は意図に照らすならば、「個別的な一側面を孤立化すること」(R§119) であり、この側面をつうじて行為の出来事に「普遍的な述語」(前掲箇所) が与えられると叙述している。そのさいのヘーゲルの事例は「放火、殺人など」(前掲箇所) である。また、同じ節の欄外注でヘーゲルは行為の出来事についてのこの種の記述を「普遍的なものとしてのそれら〔行為の出来事〕の規定。秩序、クラス」(R§119R) として説明している。内容の点では意図は「目的」(R§122) であり、行為において目指されているものである。形式の点では意図は「行為の普遍的質」(R§121) である。

そのさいにこの普遍的質は、行為の出来事によって例化されるべき行為のタイプとして理解されるべきである。ある箇所でヘーゲルはつぎのように注記するが、そこでは、彼が企図されたものと意図のあいだの形式との区別を挙げており、したがって内容の視点を顧慮していない。

> 「(a) 意図そのもの一般。形式的区別一般——なんらかの内容の普遍的なもの、それはまだ規定されていない。」(R§119R)

ヘーゲルは、ここで示そうとする差異を、自分の判断論を介して分析する。すなわち、企図が「直接的判断」(R§114R) によって論理的に規定されるのに対して、意図には「反照（反省）判断」(前掲箇所) が対応する。行為の「正当化」(R§119R) の実践と「行為の判断」(R§119R) の実践がどれだけ「企図」と「意図」との区別を含むのかについてのヘーゲルの言明は、さらにのちの箇所で追究する予定であるので、[48] ここではつぎのかぎりで判断論を引き合いに出したい。すなわち、カテゴリー的に異なる内容を、問題となっている区別の規定のために引き合いに出すという戦略に判断論が役立つかぎりでのみ、そうしたい。

定在の判断と反照の判断

　判断の種類についてのヘーゲルの理論はここでは、さきに素描された目的にとって重要な視点に関連してのみ叙述されうる。既述の二種類の判断の内部における、異なる種類の判断のあいだの区別はさらに顧慮されることはない。したがって、ここで取られる視点はヘーゲルの言明の選択的分析ということになるのであり、『大論理学』の当該の節の複雑な議論を適切に扱うことはできない。ヘーゲルの論証は存在論的問題設定と論理学的問題設定との密接な結びつきによって特徴づけられている。この問題設定は主体性の形而上学の文脈において、おそらく思弁的体系の文脈においてのみ保持されうるような統一へ織り込まれている。ヘーゲルにおいて「判断」は、論理学的意味と並んで、存在論的意味をももつ。判断は概念自身の自己規定である。[49]

　二種類の意図すること（企図することと意図すること）の内容（企図されたことと、ここで導入された意味での意図）がどのような仕方で区別されるかを問うだけで、「定在の判断」と「反照（反省）の判断」との差異によってこの点について教示されるにちがいない。

別の解釈

　ミシュレは道徳の部についての注解のなかで、企図を、反照判断の第一形式である「単称判断」に関係づけている（Michelet 1828, S.43 参照）。ミシュレにおい

---

(48) そのさいに問題となるのは、記述実践と評価実践との分析をつうじて意志的なものの内部における区別を示すという、すでに言及した第二の戦略である。
(49) ヘーゲル論理学における主体性の思弁的理論の枠内における判断論の役割については、Düsing 1984, S.251 参照。サロモンの研究は『論理学』の当該の節の厳密な分析を叙述している（Salomon 1982, 参照）。彼の研究においては同様に思弁的内容が中心にある。

第 4 章　行為の形式　161

て明確に見て取れるように、このような配列の根拠は、ヘーゲルの行為論のすべての段階に『大論理学』の順番で判断諸形式を配列しようと努力することにある。しかし、ミシュレの解釈に対する典拠として役立つことができるのは、ヘーゲルが単称の反照判断を「直接的な反照判断」(LII288〔寺沢訳『大論理学』3、100 頁〕)とも呼んでいることのみである。この注解はこの点では反論されなければならない。それはその他の点ではひじょうに綿密で、とくにアリストテレスとの関係を納得のゆく仕方で明らかにしており、ヘーゲルに近いのではあるが。

　ミシュレの解釈仮説に反対する論拠であると私が主張したいのは、ヘーゲルが §114 の欄外注で「直接的判断」、「反照判断」、「概念判断」という形式 (R§114R) を発展段階と呼んでいることである。この段階はそのつど判断の章の内部の一つの節に対応しているのであって、反照判断の下位形式に対応しているのではない。この別の配列のために、ミシュレは意図を「定言判断」(Michelet 1828, S.85 参照) の助けを借りて分析しなければならなくなるが、これは、ヘーゲルが『法哲学』のどの箇所でも言及していない規定である。ヘーゲル自身が『ハイデルベルク・エンツュクロペディー』において「直接的判断は定在の判断である」(HE§120) と詳述していることもテキスト上の典拠として、ここで提案された解釈の証明となる。また、ヘーゲルが「悪い行為」(LII285〔寺沢訳『大論理学』3、103 頁〕) を「無限判断」に対する事例として挙げているという事実も、ミシュレの提案する解釈に反対する論拠として挙げられる。というのは、「無限判断」は「定在の判断」の第三形式であるからである。しかし、このようなテキストに関わる文献学的論拠と並んで、ここで提案された解釈によって、ヘーゲルのテーゼが、異なる種類の意図の体系的に重要な規定として理解できるようになることがとくに内容的にこの解釈の証明となる。

判断の種類のあいだの区別
　二種類の判断の根底には主語―述語構造がある。けれども、述語が言明している対象の主語は二つの判断においてカテゴリー的に異なる仕方で規定されている。

　　「直接的であるような判断はさしあたり定在の判断である。その主語は直接的には、存在する抽象的な個別的なものである。述語は主語の直接的な規定性あるいは性質であり、抽象的に普遍的なものである。」(LII272〔寺沢訳『大論理学』3、87 頁〕)

　「反照の判断」の節を規定する文はつぎのようである。

「主語は、いまや成立した判断においては個別的なものそのものである。同様に普遍的なものはもはや抽象的な普遍性あるいは個別的な性質ではなく、区別されたものの関係をつうじて一つのものへ取り集められた普遍的なものとして定立されている。」(LII286〔寺沢訳『大論理学』3、104頁〕)

両者の言明から明らかに読み取られるように、ヘーゲルは「判断する」ということで論理学的な過程のみでなく、同時に存在論的な過程も理解している。この後者の意味で直接的判断に関連した言明は、存在する個別的なもののレベルにまで概念構造が到達するというテーゼを含む。[50] ヘーゲルのこのような存在論的想定は、ここで追求されている証明の目標にとって重要ではない。というのは、企図されたことと意図との区別は判断の論理学的形式によって確認されるからである。本書の第2章で導入された内実の命題化という言い方はいずれにせよ、内容がつねに普遍的形式をもっており、あるクラスの出来事によって満たされうることを確定している。したがって、ヘーゲルが念頭においている差異は意欲されたものの形式の内部で見出されなければならない。

第一の差異

それゆえ、企図されたことも意図も命題的態度の形式として普遍的本性をもつ。したがって、ヘーゲルが挙げている差異はこの普遍性自身の内部で見出されなければならない。二つの言明は実際に主語に対しても、述語に対しても区別を示している。定在判断 (U–D)[51] の主語は、存在する個別的なもの「である」(LII272〔寺

---

(50) この点については、サロモンの詳述も参照。「判断論が前提しているのは、概念――存在と本質は有名な二重の意味で普遍的概念としてのこの概念へ自己を止揚した――が、その規定、概念規定へばらばらになって入っていったということのみではない。判断論がより規定された意味で前提しているのは、概念が個別的なものの概念規定へと展開されており、この規定のなかで概念は個別的なものとして、普遍的概念としての自己自身に対立しているということである」(Salomon 1982, S.7)。概念構造は普遍的なものに対立するものへ到達するというヘーゲルの存在論的テーゼは有名な問題を提起するが、ここではこの問題を追究することはできない。同時代の立場のなかで、同じように広範囲にわたる主張をするただ一つの立場を私は知っている。私が考えているのは、カスタニエダが Castañeda 1982, S.361f. において導入する関係 C*（共実体化[Konsubstatiation]あるいは共事実性[Ko-Tatsächlichkeit]）のことである。私見では、ヘーゲルがこの強いテーゼを主張する理由は、ヘーゲルが連辞 [kopula] を同一性の関係として理解し、述定化としては理解しないことのなかに根拠づけられている。

(51) 以後の箇所で私は〈U–D〉を「定在の判断」に対して、〈U–R〉を「反照の判断」に対して用いる。

沢訳『大論理学』3、87頁〕）のに対して、反照判断 (U-R) の主語は、個別的なもの「そのもの」(LII286〔寺沢訳『大論理学』3、100頁〕）である。「そのもの」というこの表現が意味するのは、個別的なものの論理学的性格が「定立されて」もおり、それゆえ概念的に明確であることにほかならない。このことは形式の内部で見出されなければならない。述語の側では反照判断についての言明が差異を明確にしている。定在判断の述語が「抽象的な普遍性あるいは個別的な性質」(LII286〔寺沢訳『大論理学』3、100頁〕）であるのに対して、反照判断の述語は普遍的なものであるはずであり、その普遍性は「定立されて」おり（前掲箇所）、それゆえ明確である。一方で、この区分から明らかになるように、企図されたことも意図も普遍性の形式において与えられており、したがって、差異は、単純に行為のタイプと行為の出来事との差異にすぎないのではありえないことをヘーゲルは明確に念頭においている。むしろ、ヘーゲルは述語の諸階層を区別し、なぜ意図が個別性（主語）と普遍性（述語）の論理学的規定を明確に定立するのかを示さなければならない。だが、企図されたことと意図の問題に関連して、ここで要求される徴表を示すような解釈提案を紹介するまえに、ヘーゲルの言明によれば、定在判断と反照判断とのあいだの第二の差異がさらに紹介されるべきであろう。

第二の差異

　ヘーゲルにとってさまざまな種類の判断の区別は同時に概念自身の自己展開とさらなる規定である。私が文脈に沿って引用する以後の諸言明はこのさらなる規定の論理学的運動と関連して、定在判断と反照判断との区別を記述する。これらの言明が、ここで扱う問題設定にとって興味深いのは、二つの種類の判断における主語概念と述語概念との異なる関係について重要なことがそのなかで言明されているからである。このこともまた、これから展開する解釈提案に組み入れられるべき特徴である。

　　「なお、反照の判断において規定がその運動のなかでどのように現れるかということの規定について指摘しておかなければならないのは、定在の判断は直接性という規定において存在し、したがって主語が根底にあるものとして現れたため、定在の判断においては規定の運動は述語の側で示されたということである。同じような根拠から反照の判断は、反照した即自存在を自分の規定としてもつため、規定化の前進運動は反照判断においては主語の側で行なわれる。したがって、本質的なものはここでは普遍的なものあるいは述語

である。それゆえ、述語が、主語を測り、それを規定するさいの根底にあるものをなしている。とはいえ、述語も、主語の形式のさらなる形成をつうじてさらなる規定を、ただし間接的に獲得する。これに対して、主語の側での前進運動は、すでに示した根拠によって直接的規定の前進として現れる。判断の客観的意味についていえば、個別的なものはその普遍性をつうじて定在へ歩み入るが、ただし、本質的な関係規定のなかにあるものとして、すなわち現象の多様なあり方を貫いて自己を維持する本質性のなかにあるものとしてそうである。主語は、即自的かつ対自的に規定されたものであるべきであり、主語はこの規定性を自分の述語のなかにもっている。他方で、個別的なものは、自分の普遍的本質であるこの自分の述語へ反照している。主語はそのかぎりで、現実存在するものであり、現象するものである。述語はこの判断においてはもはや主語に内属しているのではない。それはむしろあの個別的なものをそのもとに偶有的なものとして包摂する自体存在するものである。定在の判断が内属の判断としても規定されうるとすれば、反照の判断はむしろ包摂の判断である。」(LII287f.〔寺沢訳『大論理学』3、106頁〕)

　ヘーゲルがこの規定の「運動」を根拠づけるための思弁的論拠にここでは立ち入らないことにする。重要なのは、主語と述語の関係とのあいだにあり、ヘーゲルが「内属」と「包摂」と言い換えている差異である。また、一方のばあいには主語が根底にあり、他方のばあいには述語が根底にあるということも重要である。いまや解釈されるべきであり、また企図されたことと意図に関連して解釈提案によって考慮されるべきであるのはこの規定である。

　このように相互に条件づけあっている四つの区別が確認されるべきである。最初の二つの区別についていえば、反照判断において主語（ⅰ）と述語（ⅱ）の論理学的規定がそのつど明確に「定立されて」いるが、このことは定在判断においては当てはまらない。第三の区別（ⅲ）についていえば、定在判断においては主語が根底にあるのに対して、反照判断においては述語が根底にある。また第四の区別（ⅳ）は主語と述語との関係に関わる。定在判断においては述語は主語に内属すのに対して、反照判断においては主語は述語のもとに包摂される。（ⅲ）は（ⅳ）からの帰結であることは明らかである。また（ⅰ）と（ⅱ）における主語と述語の論理学的説明は（ⅲ）と（ⅳ）の区別にとっての根拠を与えていることも同様に明らかである。だがこの要求は、ここで研究されている問題にどのように適用されるのであろうか。

企図されたものと意図――一つの解釈提案

Xがあることを行おうと企図するばあいに、彼の意欲は定在判断の形式をもつ。この企図されたことはつぎのような形式をもつ。

> 「Xは、FとGとHなどの性質をもち、X自身の行ないである出来事eが行なわれることを意欲する。」

それ〔出来事e〕が自分自身の行ないであることを行為者が知っていることを「X自身」は再び表現している。このことは以後において「T-彼*」(「〜はX自身の行ないである」と読む)と記号化されることになる。さらに、「行なわれる」を存在量化子によって記号化するならば、[52]この意欲の形式をつぎのように言い表すことができる。Xは、

> ∃e [(T-彼*,e) & (F,e) & (G,e) & (H,e) & etc.]

を意欲する。この定式をさらに詳しく注解するまえに、これと同じように、反照判断の形式における意欲を分析しておこう。

Xが、自分の行ないがA性の実現(実現への貢献)であることを意図するばあいに、彼の意欲は反照判断の形式をもつ。意図はつぎの形式をもつ。

> 「Xは、A性という性質が出来事eによって例示されることを意欲する。そのさいこの出来事eはX自身の行ないである。」

例証の関係を「EX」によって記号化するならば、この意欲の形式はつぎのように規定される。

> EX (A性,e) & (T-彼*,e)

をXは意欲する。そのさいに例示の関係は、A性を例示されるような出来事eが行なわれることが含まれているというように理解されるべきである。それゆえ、出来事の個体(occurrences)のみがA性を例示できるといわれるべきである。[53]

いま分析したような意欲の二つの形式をよく見るならば、さきに説明したこの形式が四つの徴表に関連して区別されることが示される。定在判断においては主語が

---

[52] 問題を簡単にするために、生起を意欲する時点と出来事自身が生起する時点とのあいだの時間は無限に小さいことにする。しかし、そのさいに、意欲する時点は、生起する時点よりも後であってはならない。ここでより大きな時間を認めるばあいに生じる難点(および可能性)はこの場では扱われえない。

根底にある。というのは、主語によって行なわれることが意欲され、また主語は一定の性質をもつはずだからである。さらにこの判断は個別的なものに向けられているというヘーゲルの言い方は、個別の出来事のますます精確な個体化へ到達するために、意欲された性質の連言は無限に増やされる、というように理解することができる。運動は述語の側で行なわれるが、この述語は性質のおそらく無限の連言として規定されている。[54] 普遍的なものは個別的なものへ到達するというヘーゲルの存在論的テーゼを受け入れないならば、すべての意欲された性質をもつ出来事のクラスがつねに存在しうることをあくまで主張しなければならない。このため、つねに行為タイプが意図されている。[55] 述語のF、GあるいはHはその地位の点でつねに普遍的である。しかし、これらの述語は、ここで出来事の個体に内属するものとして考えられているので、述語の普遍性は判断の形式においては明確にならない。したがって、また反対に、主語の個別性とのカテゴリー的対立も同様に「定立されて」いない。ヘーゲルにとって、個別性が定立されておらず、抽象的普遍性の背後に隠れたままであることに対するしるしとなるのは、性質の連言の（悪しき）無限性である。この点について『大論理学』においてはつぎのようにいわれる。

「したがって、判断（定在の判断——クヴァンテ）は第一にその形式の点では、個別的なものは普遍的なものであるということである。しかし、そのような直接的な個別的なものはむしろ普遍的ではない。それゆえ述語はより広い外延をもつのであり、したがって述語はこの個別的なものに照応していない。」（LII277〔寺沢訳『大論理学』3、94頁〕）

---

(53) 「意図性」（あるいは「故意性」）と「企図」および「意図」とのここでの区分はさらにつぎのように把握される。〈T-彼*,e〉は、行ないが「私のもの」であるという確信を表現している。このように意図性は自己帰着（自己帰責）という性格をもつ特殊的な確信として把握される。述定化〈F,e〉と結びつく連言 [konjunktion]〈&〉は企図の特殊的な形式であるのに対して〈EX (A性 ,e)〉は意図の特殊的な形式を表現する。
(54) 私の解釈によれば、ヘーゲルの定在判断は認識のばあいには個別の事物の記述に向けられ、意欲のばあいには出来事の個体の生起に向けられる。両者は存在量子によって言い表わされる。ヘーゲルが量子論理学のこの手段を駆使できないとしても、彼は自分の判断論において類似の規定を定式化することができる。出来事と記述との区分のために、ヘーゲルは企図することを定在判断として分析することができる。
(55) すでに示唆したように、ヘーゲルの存在論的テーゼは、連辞を同一性として解釈することのなかにその起源をもつ。ヘーゲルのテーゼをそのように解釈するならば、個別的なものをその性質の無限な連言として理解するにまで至ることができる。しかし、私はここでこの難点にさらに立ち入ることはしない。

これに対して、反照判断においては事情が異なる。ここでは主語と述語との関係が内属の関係としてではなく、例化の関係として考えられている。このように普遍的なものと個別的なものとの差異が明確にならざるをえない。普遍的なもの（述語）はここではA性として考えられており、A性は個別的なものによって例示される。これに対して個別的なもの（主語）は、この普遍的なものを例化する規定された主語として考えられている。反照の判断がこのようなものであるのは、例示の関係が普遍的なものと個別的なものとの「本質的な」関係であるからである。普遍的なものはその「現実存在」を例化のなかにもつのに対して、個別的なものは普遍的なものを例示することによって、その同一性を得る。例化するものとして、「主語は……そのかぎりで現存するもの、現象するもの」（LII287〔寺沢訳『大論理学』3、106頁〕）である。それゆえ、例化の関係は、定立された個別的なものと、定立された普遍的なものとのあいだにある。両者の関係は「当為」であり、普遍的なものは根底にあるものである。

それゆえ、企図することと意図することのあいだの決定的な区別は、前者が、一定の性質を内属させるような出来事が行なわれることを意欲するということであるのに対して、後者は、生起している出来事（一定の性質を伴なう）が同時に普遍的なものに包摂されていることを意欲するということにある。この区別を正当化したければ、述語があるばあいには個別的なものであり、他のばあいには普遍的なものであることを拠り所とすることはできない。むしろ、普遍的なもの自身の内部に区別が存在しなければならない。そして、ヘーゲルもこの区別を定式化している。定在判断における述語は「抽象的に普遍的なもの」（LII273〔寺沢訳『大論理学』3、89頁〕）であるにすぎない。というのは、この述語は個別的な主語に直接的に内属しているのに対して、反照判断における述語は、「関係のなかにある規定、あるいは一つに統合する普遍性」（LII286〔寺沢訳『大論理学』3、105頁〕）であり、この普遍性は「本質性」（前掲箇所）を表現しているからである。

行為論的問題設定と関連してこのことがもっとも見なされるのは、行為タイプ（述語）がつねに志向されるが、この内部にはカテゴリー上の差異があるということをとにかく認めるばあいである。一定の性質を伴なう出来事が一定の状況において生起するばあい、直接的に例化される行為タイプが存在する。また、他の行為タイプが例示されることによってのみ例化されうるような行為タイプが存在する。後者の述語は、それを例化する出来事の個体と、ある「関係」にある。この述語は行為のタイプのあいだの関係（「〜によって [dadurch, dass]」あるいは「……をつうじて [indem]」）を表現するのに対して、前者の種類の述語は出来事

の個体に「直接的に」帰属し、内属する。[56]

そのような差異を導入するならば、どのような述語がどのような種類の判断のなかで用いられうるかにとっての基準も当然得たくなるであろう。定在判断と反照判断との区別は、主語と述語の変化した種類の関係に基づいており、異なる種類の述語に基づいているのではないので、この試みは有望とはいえない。ある出来事の生起がある一定の行為タイプの例化であるかどうかは具体的な状況に依存する。そして、もちろん例示の関係もなん度も適用される。B性を例示するために、A性を例示したいと思うことは意味のあることである。たとえば決勝戦に勝つために、ペナルティーキックを決めることができるし、サッカーのワールドカップの王者になるために、決勝戦に勝つこともできる。身体運動における関係項の連鎖は下位の方に向けて終わっていくように見える。ボールをしかるべき仕方でシュートするために、一定の仕方で自分の身体を動かすということにはまだ意味がある。しかし、さらに後退して、適切な仕方で運動するために、なんらかの身体事象を呼び起こそうとするということにはもはや明らかになんの意味もない。ここで下位の限界とは、われわれがまだ意図的に行なうことができることであるように思える。そして、これが通常、意識された身体運動なのである。[57]

上位に向けて限界を定めることはやはりより難しい。ある行為者がもっともな仕方で、自分がAを行なうことをB性の例示として記述できるかどうかはここではほとんどつねに具体的状況に依存する。さきに挙げたサッカー選手のばあいに、われわれはたしかに第一の位階とより高い位階の意図[58]との連鎖を受け入れる用意がある。ペナルティーキックが決勝戦の内部における一つの出来事であるこ

---

(56) 行為タイプのあいだのそのような関連の現代的な分析については、ゴールドマンの理論を参照。重要なのは、このさいに概念的関係が問題であって、因果的関係が問題でないことである。ヘーゲルは出来事と記述とを区別するので、ある出来事の異なる記述のあいだにありうる概念的関係を明るみに出すことはヘーゲルには可能である。さらに、行為者が自分の行為をこの記述のなかに見ているばあいに、行為者はそのような関係を自分の意欲のなかで考慮しているという事実をもヘーゲルは自分の行為論へ統合することができる。ヘーゲルの理論はここでゴールドマンの行為論と一致する。したがって、定在判断の対象である行為のタイプは、ゴールドマンの意味における基礎行為 [Basishandlung] であろう。すなわち、それは、われわれが他の行為を実行する必要がないのに、実行することができるような行為であろう。この基本行為はゴールドマンの行為図式における最下位のレベルである。

(57) 特殊的な場合には、あるいは特殊的な才能においては、この限界がずれることがありうる。たとえば多くの人が（意識的に）心臓の鼓動を遅くすることによって、落ち着くことができる。

とから出発するばあいには、そうである(59)。しかし、さきに挙げたペナルティーキックのばあいに、たとえばあるブンデス・リーガ〔ドイツ国内リーグ〕の試合におけるペナルティーキックが問題であるならば、さきに挙げた意図表明はきわめて理解し難いであろう。ナショナルチームに指名されるために、さらにこのチームとともに世界選手権トーナメントの決勝戦にまで勝ち進むために、さらに決勝戦で勝つ等々のために、ペナルティーキックを決めたいとポイントゲッターがわれわれにいうならば、われわれはおそらくこのことをまじめに取る用意はないであろう。ここで示されているのは、行為者は自分の行ないによって意図も追求できるためには、さらに広範囲に及ぶ連関について知（信念）をもっていなければならないということである。ある出来事eの生起がA性の例示へいたることが、ありそうもなくなればなくなるほど、われわれは行為者の所行のなかにこのA性の実現を見て取る用意がますますなくなる。しかし、そのさいにどれだけ具体的状況が重要であるかはつぎの事例において明らかになる。ペナルティーキックが最後のワンプレーにおいてシュートされることになっており、相手のチームがこの時点で3点リードしているばあいに、われわれはポイントゲッターをやはり理解できないであろう。ある行ないにおいてA性の例示を見て取る用意があることはつねに具体的な状況に依存し、推測される結果（確率の考慮）と世間の（社会的および身体的）状態についてのわれわれの知（信念）に依存する。

　ヘーゲル自身は『法哲学』において意図を第一階の意図に制限している。そのためヘーゲルは、意図によって表現される行為の普遍的本性としては「最近縁類」（R§120R）(60)しか認めない。しかし、このことによって、〈行為の最近縁類はいったいなにか〉にとっての基準が決められていないことは明らかである。この基準は、出来事が評価されるための枠組みによってつねに確定される。

②記述と評価──第二の戦略

　さきにすでに推測しておいたように、われわれの記述実践と評価実践の内部で、

---

(58) より高い階の意図とは、一つ下の階の意図によって例化されうるあらゆる意図のことである。第一階の意図とは、その例示がもはや他の意図によってではなく、ある出来事が生起することによってのみ例示される意図である（より高い位階の意図については、R§122 も参照）。
(59) 例化の関係において世間知がどれほどの役割を果たすかは、どの読者も（おそらく）暗にこのような想定をしてきたことのなかに見てとれる。
(60) 『エンツュクロペディー』§229 の補遺でヘーゲルは「最近縁類」を〈genus proximum〉として定義している。

企図されたものと意図とのあいだにある差異は、概念的構造から見て取られるべき差異に依存するであろう。われわれは出来事（および事物）を性質の担い手としてのみではなく、普遍者の例化としても認識し、また意欲することもできるのであろうから、われわれは行為の出来事についてさまざまな記述と評価を与えることができる。ある出来事の生起を意欲することと、ある行為のタイプの例示を意欲することとのあいだにある論理学的関係にはさきにすでに立ち入ったので、ここではこの差異に関連して、われわれの評価実践のなかで示されるべき区別に手短に立ち入るにとどめたい。

　犯罪行為は、どのような意図をもって実行されたかという面から判定されることが多い（過失殺人か故殺か殺人か）。ここで決定的な役割を果たすのは、行為者が自分の行為を「～のために（目的）[um zu]」、「～によって（手段）[dadurch, dass]」、あるいは「～をつうじて（手段・原因）[indem]」という関係を介して記述する能力である。ある行為者が椅子によってあるいはビールジョッキによって犠牲者の頭を殴ることをつうじて、〔犠牲者を〕殺そうとするならば（R§120Rの事例）、それは故殺であり、行為者が犠牲者を殺すことをつうじて、私腹を肥やそうとするならば、それは殺人である。また反対に、ある行為者がこの関係を理性的に適用することができない[61]ことをわれわれが知っているならば、われわれはこの行為者に、ある意図の実現としてではなく、企図されたことの実現としてのみ、その所行の責を帰する。行為の出来事を意図の例化として意欲し、把握する能力は、だれかがある行為の出来事の一定の性質を意欲することのなかにある帰責可能性とは異なる「他の形式の帰責能力」（R§120R——強調はヘーゲルのもの）を前提する。帰責能力のこの他の形式は同時により高度な合理性と——このことと結びついて——行為者に与えられるより大きな程度の自由と責任である。この形式は、判断能力と思考能力、および一定程度の世間知を前提するより複雑な連関が知られ、意欲されうることに基づいている。ただし、われわれの日常的な行為の実践に関して、意図を欠く行為がそもそも考えうるかどうかは疑わしい。

（2）意図を欠く行為？
　すでに叙述したように、ヘーゲルが、意図を欠く行為を認めるのは、彼が異なる種類の帰責能力を区別し、一般的に、帰責能力と意図性にとっては帰責能力の

---

(61) ありそうもないことであるが、時間ぎりぎりになってもまだ試合を「捨てようとしない」サッカー選手のばあいのように。

第一の形式、すなわち企図化で十分であるとするからである。しかし、行為が意図を欠いたまま行なわれるとすれば、行為はどのように見えるであろうか。そのように問われるならば、意図を欠いたまま行為する者は、行為の出来事に「直接的に」与えられるこの出来事の性質のみを挙げればよい。この者の所行の記述は、企図されたことと第一階の意図との関係をまったく含んではならないか、あるいは、行為者の判断能力がこの関係を有意義に確立するには十分でないことを明確に示すような仕方でのみ、両者の関係を含んでいるかである。ヘーゲルはこのことをつぎのように詳述している。

「企図は個別的なものを、それに結びついているものを、他者として、企図に含まれていないものとして主張する——このように私は普遍的なものとしての行為を拒絶する。」(R§118R)

この所見は、ヘーゲルの論証の文脈をもう一度明確にしてくれる。もちろん拒絶が行なわれるのはとくに、行為者が（たとえば法廷のまえで）、ある種の物事が自分の責に帰されないように努力しているばあいである。しかし、私にとってここでは、このような拒絶のなかにある行為論的に重要な事実を示すことのみが問題である。したがって、行為者は現実には第二の形式の帰責能力をもっていないことが認められるべきである。そのばあい、自分の行為の〈なぜ〉についての問いに対するその者の答えはつねにきわめて不十分なものになるであろう。なるほど行為者は、それが自分自身の行為であったことを否定しないであろうし、自分の視点を再現する自分の所行の記述をも与えることができるであろう。しかし、この視点はあたかも一次元的に現れるであろう。この視点は、行為者が自分の行為を完全に孤立させ、より大きな連関を離れて記述しているという印象を呼び起こすであろう。というのは、行為者にはたしかに、論理的関連を確立する能力が大幅に欠けているからである。[62]

それにもかかわらずこの所行もやはり行為であり、したがって帰責可能である。その根拠とは、この行為が一定の記述のもとで意図的であることである。このことは「T-彼*」によって表現される。この記述は、たとえ不十分であるとしても、

---

[62] アンスコムはこの連関を詳細に叙述し、われわれの意図が、企図されたこと（クヴァンテの用語）からのみ成り立つとすれば、意図の日常的概念はきわめて乏しいものになるであろうことを示した。それにもかかわらず、彼女の「なぜ（理由）を問う」基準は同様に、この乏しくなった行為もやはり意図的であることを示している。Anscombe 1957, §20 以降〔邦訳『インテンション』65 頁以降〕、参照。

172　第2部　行　為

主観的意志の対自存在する自由の表現であるという最低限の概念的な要求をやはり満たしている。この記述は自己帰着（自己帰責）を含む。「ああ、私は自分がそもそもなにかをしたこともまったく知らなかった」という意味で、〈なぜ〉の問いが完全に拒絶されるばあいにのみ、この基準を満たさなかった。[63]したがって、ミシュレが、企図が「協議の末に生じてきた、われわれの支配下にある物事を切望することとして定義」されるということにも賛成されるべきである。[64]

　ここで自由のより高度な形式を自我の概念的構造から思弁的に根拠づけるというヘーゲルの試みに立ち入らないとしても (R§118R, 参照)、われわれの行為者としての自己理解がこの広範囲にわたる能力を含んでいることは確かめられうる。したがって、ここでも、ヘーゲルが「行為の法」あるいは「意図の法」として導入した第二の種類の法がとくに明確に妥当するようになる。われわれはある知性的な行為者に対して、その者が自分の所行の広範囲に及ぶ結果をともに自分の知と意欲へと取り入れる能力をもっていると期待する。また、われわれは通常、行為とともに意図も追求されていると想定している。したがって、「思考する者としての主体（主観）」(R§120R) に対する意図の法とは、まず第一に、他の主体の行為者に対する要求である。この要求が出されるのは、一定程度の知が、行為状況の性質についてであれ、社会的な物事についてであれ、通常のばあいには行為者の自由になるからである。なるほど、ヘーゲルは「行為の本性を知ること」を「思考する人間における意図の法」(R§120R) として定式化している。しかし、この法はまず、ある社会において行為者の行ないに対して適用される規範を表し

---

[63] このことは行ないについての一定の記述の拒絶と混同されるべきではない。「ああ、私は自分の行ないがこの種のものであったとは知らなかった」は〈なぜの問い〉の完全な拒絶でなく、まったく同様に、「私はとにかくそれがしたかったのだ」はこの問いの完全な拒絶ではない。両者は、行ないが意図的であったことを認めている。後者のばあいには、広範囲にわたる根拠づけを行なうことが拒否されているにすぎない。

[64] Michelet 1828, S.46. 直前の箇所でミシュレは、「故意の行為においてつぎの諸契機」(S.45) が区別されるべきであることを詳述していた。すなわち、「協議」、「決断」および「決断を実行しようとする切望あるいは努力」である（前掲箇所）。そのさいに重要なのは、決断が主観的自由の対自存在を保証するのであるから、実際には責を帰せられうる行為のみが語られなければならないということである。ただし、「協議」がつねに必要かどうかは疑わしい。習慣もまたこのかわりになりうるが、行為がこのことによって不自由になることはないであろう。ここで再び人倫的行為の評価の問題が浮かび上がってくる。人倫的行為においては、背景が問われることもなく、背景を問うこともできない伝統的な行為が、行為者が自分の生活史の経過のなかで習得した性格から生じる行為から区別されるべきである。「習慣」の両義性については Merker 1990, 参照。

ている。$^{(65)}$ そのさいに、この想定された知の地位はヘーゲルによるつぎの言明のなかで明確になる。ヘーゲルはそこでは、行為者がこの知を行為の時点で能動的に利用しないとしても、この知は想定されると詳述している。

> 「この規定された行為——殺人——がこの瞬間に、企図のなかに意識的に存在していなかったとしても、——行為者は、そのような振る舞いのなかにそのようなものがあることを知っている。」(R§120R)

この行為者は自分の行ないによって、「殺人」という行為のタイプを例化しようとしたのではなかった。それにもかかわらず、行為者は原則的に、自分の行ないのなかにそのような例化を見て取る知と能力をもっている。そのさいにこの種の想定はもちろん、他の主体によって抱かれる期待に基づいている。

総じて明らかなのは、意図的で帰責可能な行為についての日常的概念がつねに、企図することをも意図することをも（ここで導入された術語の意味で）含んでいることである。ヘーゲルがこの両者の形式の必然性を概念的に根拠づけようとするための思弁的演繹を再検討しなくても、ヘーゲルの詳述がわれわれの記述実践と評価実践との重要な区分を把握し、概念的に分析することができるということは確かめられうる。そのさいにヘーゲルによる二種類の判断の区分は、この区分をも概念的に把握する道具を提供してくれる。したがって、主観的自由のこの二つの「形態」の必然性を思弁的に根拠づけるというヘーゲルの要求を受け入れる用意はないとしても、ヘーゲルの詳述を、実質的に正しく根拠づけられたものとして承認することはできる。$^{(66)}$

(3) 目的に対する手段としての行為

ヘーゲルによれば、意図の形式によって行為者は、自分の所行をある目的（意図）

---

(65) この規範はもちろん、変化することがありうる個別的な、ただしとくに社会的な規準である。したがって、たとえば「環境汚染」という次元は行為の質であるが、われわれはその順守をこの間に自明のことだと考え、その結果、違反は無思慮あるいはそれどころか過失と評価されている。30年前にはまだそうではなかった。

(66) ヘーゲルの行為論は行為計画論のテーゼをも含むことができる。このテーゼによれば、われわれの行為概念はつねに、われわれが行為の出来事をより包括的な行為計画の一部として把握するように要求する。この連関を——ゴールドマン (Goldman 1970) から出発しつつ——とくにマイルズ・ブランド (Brand 1984 と 1986) とマイケル・ブラットマン (Bratman 1983 と 1989) が指摘していた。そのさいに行為計画論は同時に、この行為計画を心理学的状態として分析しようする。

の実現のための手段として理解することができる。意図においてはじめて内容そのものが定立されているというヘーゲルの発言は反照判断の規定に基づいている。

> 「反照の判断においてはじめて本当に規定された内容、すなわち内容一般が現存する。……定在の判断においては内容は直接的な、あるいは抽象的、無規定的な内容にすぎない。」(LII286〔寺沢訳『大論理学』3、105頁〕)

例化関係を理解する能力のために、行為者は自分の意欲を目的の形式へ定立することができる。このことは、「外的行為」がある行為タイプ(意図)の実現のための「手段にすぎない」(R§120R)という行為者の知のなかで示される。したがって、この意図は行為の出来事の生起の根拠であり、[67]行為者が照会に応じて挙げることのできる根拠である。すでに分析した例化関係に基づいて、ある出来事の記述をつうじて、このように追求された意図に照らして、無限に多くの性質を備えたこの具体的な個別的な事物が「本質的」性質へ、すなわち行為者の意図の実現のための手段であることへ還元される。そのような記述がある主体の承認によってのみ「現実的」となりうることは自明であるので、そのように記述された行為が「判定に従っている」(R§124R)ことは明らかである。[68]

「判定(評価)[Beurteilung]」という言い方はここでは、理論的および実践的妥当請求によって特徴づけられてきた、すでに分析された両義性を再び含んでいる。行為者の目的―手段関係が正当に主張されていると判定者が同意するならば、このことによっていわれているのは、これこれの出来事がこれこれの意図の例示に数えられうるということにすぎない。この判定は、目的―手段関係を適用することにある共通の合理性を要求するにすぎない。想定された共通の知が規範を叙述するという意味でのみこの判定は規範的である。しかし、他の主体が行為者自身の意図を承認するような判定はこの種の判定から明確に区別されなければならない。

第一の判定は仮言判断の形式をもつ(「人がA性を意図するならば、この行為の出来事は適切な手段である」)のに対して、第二の判定は意図自身を目標とする(「A性を意欲することはもっともである、よい、望ましい、ふつうである、等々」)。ただし、行為についての判定と意図についての判定との中間形式があり、

---

(67) このことは、意図は因果関係上の原因でもあるというテーゼと混同されるべきではない。この問題については本書の第3部、結語、参照。
(68) このこともまた、独我論的な行為者の可能性に反対する論拠ではない。行為者自身が――行為を実行したあとの時点で――判定者の役割を引き受けることができる。

そこではさきの両者の判定が入り込む。ここにあるのは、出来事が意図の適切な例示であることが否定されるような諸判定である。しかも、適切でないのは、出来事の生起によって同時に、判定者が受け入れない他の行為タイプであるB性が例化される（「B性を意欲することは、もっともでない、悪い、等々」）からである。そのさいにこの判定は二つの形式を取りうる。行為者が有意義な仕方でA性とB性をともに意欲しうることを人が否定するか、あるいは、A性を実現することよりもB性を実現しないことの方がより重要であることに人が固執するか、である。最初の判断は、行為者が自分の主張された目的―手段関係をもう一度よく考えてみなければならないという論拠によって行為者の合理性に向きあう。これに対して、第二の判断は価値判断であり、目的―手段関係自身には関わらない。

　この詳述は二とおりのことを示している。第一に、行為者が自分の所行によって意図を実現しようとするばあいにはじめて、目的―手段関係が役割を果たすことができるというヘーゲルのテーゼは通常の意味で真である。というのは、企図することについてのヘーゲルの規定が関係の把握を許さないからである（関係は「定立されて」いない）。しかし、目的―手段関係は、行為者自身が適用し、したがって行為者の意欲のなかに明確に（「定立されて」）存在しなければならないような関係である。しかし、より重要なのは、この能力のために行為者は特殊的な目的のみを追求しないことができるということである。たったいま素描したさまざまな種類の判定は、目的―手段の合理性をもつ行為者が自分のさまざまな意図を相互に関係づけることができるということを示している。また、さきの判定は、行為者がこのことを行なう必要もあるということを示している。というのは、ある行為の出来事の生起によって通常は一つ以上の行為タイプがつねに例化されるからである。そのさいに現れうる衝突のために、行為者は自分の意図の階層を確立せざるをえない。他方で、そのように熟慮する能力のおかげでもちろんより高度な自由も開けてくる。というのは、行為者は自分の行ないのきわめて長期にわたるより媒介された結果を自分の意欲の対象にすることができるからである。

　このことは、なぜヘーゲルが意図の形式を展開したあとで、行為の内容（意図）へ移行できるかということの事実上の根拠である。合理的な行為者が自分の意欲を、一定の具体的な性質を伴なう出来事の生起に向けるのみでなく、行為者がその出来事をある行為タイプの例化として理解することによって、この出来事に「本質的に」帰属する連関を把握することができるということが示されているばあいにはじめて、長期にわたるより複雑な行為の目的に対する問いが有意義な仕方で立てられる。しかし、この連関は――抽象的対象としては――「思考者」として

の行為者にとってのみ近づきうる相互関連のなかにある。したがって、すでに挙げた能力は、合理的行為者であるというわれわれの自己理解に対応するより高度な自由と責任を含む。同時に、行為者が自分の所行をそのような意図に照らして記述することができることを意図の評価が同様に前提しているということも明らかである。したがって、道徳的行為者であるという能力は同様に行為者のこの能力に依存する。本書の後続の章で扱われるのは、自分の所行のなかに意図の実現を見て取る能力とともに、道徳プロパーの次元がすでに含まれているのか、それとも行為概念についてのヘーゲルの詳述は合理的行為者のみを含むのかという問いである。

第5章　行為の内容

　本章でヘーゲルの行為概念の研究を終えるが、ここで二つの問いを追究しておきたい。最初に（第1節で）、行為の内容に関わるヘーゲルの言明を示す。この節の根底にあるテーゼは、形式から内容への思弁的な移行を進んで受け入れないとしても、ヘーゲルによる「意図」と「福祉」との結合には意味があるというものである。すでに前章で詳しく述べたように、ヘーゲルは「意図」の分析によって行為論の基礎を用意していたが、このことによっていまや道具的合理性あるいは目的—手段—合理性と呼びうる行為の自由を展開できるようになる。私が出発点とするこの自由は、帰責可能な行為の概念に属す。ここではヘーゲルの行為論を問題としているのであるから、本章では、ヘーゲルの見解に従って行為概念に必然的に含まれる諸概念のみを解釈する。それゆえ、ヘーゲルがそれとともに同時に倫理の特定の構想すなわち幸福論をも提示し、また、それを、それに見合った正当性をもって基礎づけているという事実をさらに考慮に入れることはしない。

　本章で扱う第二の問いは、合理的な行為と道徳的態度との連関に関わる。[1] すでに（第3章で）詳しく述べたように、ヘーゲルは道徳の部で彼の行為概念だけでなく、道徳哲学の解釈をも展開している。しかし、問題なのは、ヘーゲルが道徳概念と行為概念とのあいだに分析的な連関があると主張しているのかどうかである。私が擁護したい解釈上の仮説によれば、それは否定される。その仮説とは、ヘーゲルの行為概念はこのような連関を確立してはいない、というものである。彼は、行為がつねに道徳的態度の所持を含意するというテーゼを確証していない。それゆえ、本章、第2節では、ヘーゲルの道徳論を示すわけではない。むしろ、ヘーゲルの行為論自身はなんら道徳哲学的含意をもたないということを支持する議論を引き合いに出す。道徳の部で主観的自由と道徳的態度との連関を確立するのは自律の概念である。主観的自由を道徳的態度と分析的に結合することを可能にするのはヘーゲルの行為概念ではなく、理性の自律の概念である。ただし、本書では自律というこの概念をそれ以上取り上げることはしない。

（1）私は道徳的態度ということで、他の具体的な諸主体が彼ら自身のために正当な関心を「抱いている」ことを意識的に承認し、あるいは無視するということを理解している。

第1節　行為の内容

　ヘーゲルは、行為の内容に関する言明を法哲学上および倫理学上の問題設定に関係づけるという仕方で、自分の行為論を展開した。それにもかかわらず、行為の概念に属すとされる基本諸概念は行為のいかなる内容にも当てはまるのであるから、これらの概念を論述から取り出すことができる。これまで行為の内容規定に関する問いはまだ取り上げてこなかったが、いまや、意図の論理形式の規定に従って、合理的行為に属すと認められる特殊的な合理性を究明する可能性が開かれる。

　まず、行為のすべての内容に属す諸規定が提示される（第1節）。これらの規定は主観的意志の発現としての行為の概念に属す。つづいて、第2節では、意図の形式から生じるような人間行為の特有の合理性が示される。そのばあいに主観的自由が選択の自由として解釈され、これに関連して示される普遍性が「反省（反照）の普遍性」として解釈される。最後の第3節では、どのようにして他の諸主体の関心と選択が合理的な行為者のこの自由に関わるかがさらに研究される。

1　行為内容の諸契機

　行為の意図はその内容の点では、行為者がその行ないによって実現しようと意欲する「特殊的な」目的である。ヘーゲルはこの目的を「特殊的な内容」と呼ぶ（R§121）。というのは、行ないにおいて発現するのが個別的な行為者の関心であるからである。また、「この特殊的なものによって……行為が主観的な価値、私にとっての関心」（R§122）をもつということがそこから帰結する。いかなる行為も、行為者にとって「主観的な価値」をもつ目的を内容とする。すなわち、いかなる行為も、目的に対する行為者の関心を、目的を実現しようとする関心を証拠立てる。行為の概念に属すのは、目指される目的が行為者にとってある価値を表し、彼がその価値の実現に関心をもつということである。

　行為の内容が行為主体にとって、ある価値を示しているということ、また、この主観的目的の実現への関心をもつということはいかなる行為内容についてもいえる。しかし、この言明が普遍性をもつべきであるという要求は、特定の内容が一般に、行為する個人にとってのある価値を表すというあり方をしているべきであるというものと理解されてはならない。行為者が特定の内容の実現に関心をも

つかどうか、また行為者がその実現に主観的な価値を結びつけるかどうかは行為の具体的状況による。[2] それゆえ、概念上の連関はつぎのように定式化できる。

> いかなる個別的な行為に対してもつぎのことが成り立つ。行為者が自分の行ないによって特定の目的を実現しようと意欲するとき、彼はこの時点でその内容に主観的な価値をおき、またこの内容の実現に関心をもつ。

ヘーゲルは第11節への欄外注で演劇にとっての行為概念の意義を説明しているが、同様に行為概念に属す別の原理を定式化している。そこで彼がいうには、人は自分の「受苦」を、すなわち行為者にとってなにか「否定的なもの」を「直接に意欲することは」でき「ない」(R§118R)。このことはつぎのことを意味すると理解することができる。すなわち、内容が当人自身にとって求めるべき価値をもたないばあいには、その内容を意欲することはできないということである、と。行為の理由は、関心がそれに向かうかぎり、つねに肯定的なものであり、行為する主体にとっての価値である。[3] 行為者が間接的に受苦を意欲することができるのは、それとともに他の善さが得られるばあいか、あるいは受苦のなかにある肯定的なものを認めているばあいかである。第二のばあいには否定的なもの自身が具体的な事例において行為者にとって肯定的なものとなるのに対して、第一のばあいには否定的なものは意図という意欲されたものではない。

ヘーゲルが詳しく述べているように、意欲されたもの（意図の内容）は、行為者の「福祉 [Wohl]」すなわち当人の「幸福 [Glückseligkeit]」(R§123)である。福祉とは、目的の実現において自分自身の関心が満たされていることを見出すような「満足」(前掲箇所)の状態である。そのさいにこの福祉はまずいかなるばあいにも具体的な意志の満足として具体的に規定されている。そのことは、個々のいかなる行為の幸福も具体的な欲求の具体的な満足のなかに成り立つのと同様である。

さて、行為の内容は行為者の関心を伴なう活動的なあり方によって実現されるが、どこからその内容がとってこられるのかをヘーゲルはつぎのように説明する（強調はヘーゲルのもの）。

---

(2) アリストテレスの「混合的な行為」は、たとえば行為者が特定の状況のゆえに内容になんらかの価値をおき、その実現に関心をもつような事例である。他の状況のもとでは当人はこの行為を行なわないであろう。

(3) ヘーゲルはこのことを経験的な真理としてではなく、概念的な真理として考察している。善の概念は、意欲の概念のなかに分析的に含まれているものとして規定されている。R§140(d)、参照。

「しかし、主体性のまだ抽象的で形式的な自由は、さらに規定された内容をその自然的な主観的定在のなかに、すなわち欲求、傾向性、心情、臆見、思いつき等々のなかにのみもっている。」(R§123)

この言明から明瞭に見て取れるように、ここで行為の内容について述べうる最も普遍的な諸規定をヘーゲルは挙げようとしている。すでに取り上げた諸規定（主観的価値、実現への関心、満足）以外に行為の内容を得ようとすれば、個別的な行為主体自身にのみ依拠することができる。一方で彼の欲求と心情、他方で彼の臆見と思いつきは、行為の内容を手に入れるための源泉である。それらは、行ないが行為として記述されるときに、その記述が頼りにする素材である。[4]

したがって、総じて一般的な仕方では行為の内容としてほんのわずか、具体的なことを語ることができるにすぎない。具体的な行為遂行のいかなる内容にも行為の時点で、行為者にとっての主観的な価値（その実現は自分の福祉につうじるので、行為者はその実現に関心をもつ）を具現するという性質が帰属する。しかし、行為者がどこに福祉を見るか、どこに主観的な価値をおくかはそれぞれ個別的主体の信念と欲求に依存する。行ないをこのような主観的な目的の実現として特徴づけるならば、ある意味で、その行ないという出来事を合理化する[5]記述を行なうことになる。人は、どのような欲求と信念に基づいて、その行ないが行為者にとって望ましいものであったのかを述べる。しかし、それのみではまだ、行為者がこれこれの目的を実際にもっていることを正当化するのではなく、むしろ、彼がこれこれの内容とこの信念をもつがゆえに、これこれの行ないを行なうことが彼にとって合理的であるという言明を正当化するにすぎない。行ないを行為として記述するときに、その記述が出来事を行為者の欲求と信念と結びつけるがゆえに、この正当化はそのようなあらゆる記述のなかですでに成り立っているが、それはもちろん弱いものにすぎない。その記述において行為者に帰される合理性は個別的内容と具体的行ないとの関係に制限されたままである。

しかし、ヘーゲルが「意図」の分析のばあいに示したように、意欲のこの形式は複雑な合理性を可能にする。「福祉」、「幸福」という概念が個人の直接的な満足を表すだけでなく、意図とその満足の全体をも意味しうるということから、このような合理性が明らかになる。われわれは、思考する主体に直接的な関心の実現の能力を帰すだけでなく、複数の目的を調整する能力をも帰すことによって、選

---

(4) この点については、Davidson 1985, S.22 における「主たる理由」の構成、参照。
(5) 合理化の概念を私はデイヴィドソンから引き継いでいる。

択の自由と道具的合理性を認める。

2　行為の合理性

なるほどヘーゲルは帰責可能性の限界を規定したとき、意図を欠く行為を概念上認めたが、それでも同時に、合理的な行為が従う行為の意図の法と客観性の法を規範的な基準として導入した。行為の内容の最も普遍的な諸規定を展開する諸節でヘーゲルは、行為が思考する意志を一般に前提しており、意図が「形式的な普遍性」(R§123R) によって際立たせられるという点に再度注意を促す。

内容の点では意図は「特殊的な」なにかであり、しかも二重の意味でそうである。意図は個々の特殊的な主体の特定の目的であり、個別的な具体的内容である。しかし、形式の点では意図は普遍的である。また、意図は命題的内容として意図と共通に普遍性をもつが、意図にはそのような普遍性が帰属するだけでなく、意図は「反省（反照）の判断」として普遍性の形式をむしろ明示的に（すなわち行為者にとって定立されたもの「として」）もっている。行ないの理由として意図の内容は、行為者がどのような性質を実現しようと意欲しているのかを定める。それゆえ、彼にとっては、

> 「行為の直接的なものは、行為のさらに別の内容のなかで手段に引き下げられる。そのような目的が有限なものであるかぎりで、それは再びさらに別の意図の手段に引き下げられる等々というように、無限に引き下げられる。」(R§122)

意図の形で目的を備えている行為者は、自分の行ないをより複雑な連関に組み込み、その行ないによって意図をつぎつぎと遂行することができる。彼の意欲はたんに直接的な個別的行為に向けられているのではないのであるから、彼は自分のさまざまな目的を相互に調整することもできる。そのつどつぎの行為の出来事にのみねらいを定めている行為者（たとえば目先のことのみを目指して努力する行為者）は、認知能力〔の限界〕のゆえにこれらの目的を遂行することはできないであろう。[6] しかし、われわれは普通このようなより大きな連関を知と意欲の対

---

(6) おそらくこのような行為者を、つねにつぎの手だけを考えるチェスプレーヤーに例えることができるであろう。しかし、このことも根本的にはすでに行き過ぎた類比である。というのは、このプレーヤーは少なくともまだゲームの目的全体を見据えていなくてはならないからである。

象とすることができる。したがって、「福祉」と「幸福」の概念は、欲求の直接的な、いわば瞬間的な満足では尽くされない意味をももつ。福祉ということで通常われわれが理解しているのは、かなり長期にわたる個人の状態全体である。幸福もまた、成功した人生という意味で、すなわち個人が自分の目標を最大限うまく達成する人生という意味で理解されている。それゆえ、これらの概念は意図の最も抽象的な内容としても、そのつど行為の理由を表現する一連の記述の最後におかれている。それぞれの内容は行為者にとって福祉を表すのであるから、彼の行ないがつねに寄与すべき最も抽象的な基準は彼の福祉である。また、それぞれの行ないは彼の満足を目標とするのであるから、あらゆる行ないが寄与すべき最も抽象的な目標はあらゆる欲求の普遍的な満足、すなわち幸福である。

　しかし、残念ながら、この幸福と福祉を達成することはそれほど容易ではない。相反する欲望によって、また短期的な福祉と長期的な損害との対立によって、瞬間にのみねらいを定める戦略は（目先のことのみを目指して努力する者の戦略のように）たいていあまり成功しないということになる。同様に、合理的行為についてのわれわれの日常的な概念に含まれるのは、行為者が異なる目的を相互に考量し、彼の行ないのより長期的な帰結を同時に考慮に入れ、背反する目的の組み合わせを実現不可能なものであると認識することができるということである。このことがすべて可能であるためには、行為者は、自分の目的が意図として備えている普遍的形式を把握することができなければならない。

　行為の可能な内容の源泉を示すにあたり、ヘーゲルは「自然的な主観的定在」(R§123) について語った。彼はこれを二つの観点で精密化する。[7] そこで彼は、自然的意志が主観的意志の内部で果たす役割をつぎのように説明する。

> 「それゆえ、ここでは傾向性、衝動、内容は——ただし、たんに自然的で粗野な仕方でではなく——自分の衝動を、欲望や傾向性そのものによって規定させるままに任せる——未開人や野蛮人のように抑制なしに——のではなく、私が自分へ反省したものとして振る舞うという仕方でそうする——形式的普遍性。」(R§123R)

　主観的意志の内容は行為者の「自然的な主観的定在」(R§123) にのみ由来しうるとはいえ、それは、動物にも認められるような自然的意志と同一視されてはならない。ヘーゲルがここでもう一度注意している相違点は、本書ですでに詳しく

---

(7) この点については Amengual 1990、参照。

述べたとおりである。人間の行為はつねに自分の行ないを解釈する視点を伴なう。ヘーゲルは、この随伴する行為知の形式を『法哲学』§110 で示したが、その行為知のなかには自己決定の自由の知も含まれている。それゆえ、主観的意志の内容は、「動物」のばあいのようにもはや「機械的」(R§119R) に作用するのではなく、自由に選択されたという信念を伴っている。この行為知のなかで行為の内容は、命題化された（思考に与えられた）内容となり——このことによってすでに普遍的本性のものである。しかし、ヘーゲルによれば、この普遍性は、思考する人間の行為の合理性（「理性性」）を汲み尽くしてはいない。

> 「これこれの衝動は直接的に〔ある〕のではなく、一つの全体に、さしあたりそれらの全体へ関係づけられている——反省する思考、福祉、幸福。それらの衝動が従属的なものであることを知っている。衝動、自然性の抑止。」(R§123R)

「意図」によって表現される普遍性の形式がここに入り込んでくる。われわれが行為に関するある特定の信念をもっているということは、われわれが合理的行為の概念を規定するためには、十分ではない。むしろ、個別的な衝動が、ある調和した全体へ統一されるための「反省する思考」が必要となる。そのばあいに明らかにヘーゲルは、自然的意志と主観的意志とが相互に敵対的関係に立つのではなく、諸衝動が一つの体系を作り、その体系が理性的全体へ形成されうるということから出発する。[8] 意図という形で人間の行為に属す合理性は、行為者の有機的な「自然的な主観的定在」に「適合する」。それゆえ、ヘーゲルにとっては、人間の行為が自然的意志の内容の実現を目的とするとしても、そのことはなんら不自由の印ではない。とはいえ、ここで問題となっているのは、「行為の合理性と自然的な主観的定在との」可能な合致にすぎない。つぎのような人生計画も考えられうる。なるほど全体としては階層をなし、ある目的に方向づけられているが、それでも現実的に理性的な、つまりヘーゲルにとって人倫的な生を可能にするのではないような計画である。人倫的に理性的であるような全体への関係がこのような「人倫的生の」構想に入ってくるのは、ヘーゲルの意志概念における規範的な含意（自己規定、自律）によってであって、行為の概念に含まれる合理性によってではない。

---

(8) このテーゼには、傾向性の支配と抑圧というカントのイメージに対するヘーゲルの批判の要点がある（この点については Pöggeler 1973, S.331f. 参照）。そのばあいにヘーゲルのカント解釈はたしかにそれほど正当ではない。この点については、Willaschek 1992, §4 の解釈、参照。

もちろん、ヘーゲルによれば、諸衝動が「反省する思考」によってその自然的直接性を失い、「諸衝動（自身の――クヴァンテ）全体」（前掲箇所）としての福祉と幸福に関係づけられているということが行為の概念に含まれている。この関係によって衝動は、もはや直ちに行為を引き起こすものではないという意味で、抑制される。熟慮と選択のあとではじめて、衝動は主観的意志の内容となる。それゆえ、反省する思考は、「衝動が従属的なのもの」であることを知っている（前掲箇所）。つねになにか他のものをも欲しうるという自由の意識は、衝動の自然性をこのように抑止することに起源をもつ。(9)

したがって、主観的意志の発現としての行為の概念に含まれているのは、個別的な内容が行為者によって直接的に行為において実現されるということのみではない。むしろ、合理的な行為の概念のなかには、行為者が衝動、欲求、傾向性の全体を、自分の福祉と幸福を達成するように調整するということも含まれている。このことは行為の概念に含まれている。というのは、それぞれの内容が概念上行為者の福祉に向かうからである。しかし、それぞれの行為の理由（〈なんのために〉）としてのこの福祉は、内容を個々直接に満足させることで尽くされるのではなく、さまざまな内容の序列化と調整をも必要とする。この能力によってはじめて、幸福は意欲の対象となる。合理的な行為者が意欲の個別的な内容を意図の序列に関係づけうることによって得る自由とは、成果を得るための長期的な戦略に従い、また、相反する目標設定を回避するという能力にほかならない。この自由は世界についてのある程度の知識と高度な判断力を必要とするが、主体にとって求める価値がある。なぜなら、その自由によって人間の行為の普遍的な目標を意欲の対象とすることができるからである。また、このことが（少なくともヘーゲルにとって）それぞれの主体に属す目標であるのであるから、この自由、およびそれと結びついた能力とは、われわれが合理的行為者とその行ないに基準として課す能力である。それゆえ、ヘーゲルが、「思考する人間における意図の法」について語る

---

(9) この抑制には自然的欲求の洗練も含まれる。ヘーゲルの自然的意志論はつぎの意味でも目的論的に構想されている。すなわち、諸衝動が（体系あるいは全体性であるという）理性的な構造をもつことを彼が認めるという意味である。しかし、諸衝動は主観的意志においてはじめて理性的構造に到達できる。ここでは「陶冶（教養形成）」の概念が重要な役割を果たす。ただし、この概念にさらに立ち入ることはできない。しかし、衝動の体系のテロスが合理的な行為において達成されるという点を確認しておくことは重要である。福祉と幸福は衝動に対応する全体である。そのため、合理的な行為は、自然的意志と主観的意志が統一をなす場である。それゆえ、道徳の部でなお引き続き依拠している目的論的展開はもはや行為概念に関係づけられるのではない。

のは正当である。われわれは合理的に行為する者として、われわれの関心を実現するために理性を用いる。そのことはあらゆる行為の構成要素である。したがって意図をもつことは、この関心を実現しうるためにも最善の道である。それゆえ、われわれが、たとえば意図を伴なう行為を帰責能力の拡大とは見なさず、逆に、意図を欠く行為を帰責能力の縮小と結びつけるということも明らかである。それにも関わらず、意図を伴なう行為もそのつどの個別的行為者の福祉と幸福のみを目的としてもつということはやはり確認しておかなければならない。しかし、ヘーゲルは『法哲学』において、ある行為者の福祉から他者の福祉へ移って行く。どのような意味でそれについて語られうるのかについては手短に述べるにとどめておきたい。そのあとで、なぜヘーゲルの行為概念が道徳的態度の存在を含意していないのかを示す論拠を挙げることにしたい。

3 他者の福祉

　個別的主体の普遍的福祉が、「他人のものでもある福祉」(R§125) および「万人の福祉」(前掲箇所) へと概念上さらに規定されることを支持する思弁的な論拠をヘーゲルは挙げている。この思弁的展開の「根拠」は、ある個別的主体の「福祉の特殊的内容」(前掲箇所) が「自己へ反省 (反照) したもの、無限なものとして」(前掲箇所)の福祉の普遍的な形式に関係づけられているという点にある。しかし、この「演繹」に賛同できないとしても、行為概念を概念的に分析しているこの箇所で他の主体の福祉を考察することはもっともである。

　われわれが行為者としてたいていのばあいにわれわれの行為によって他の主体の利害・関心にも関わっているということは、経験的に争う余地のない事実である。概念的に真であろうと、偶然的な仕方でのみ真であろうと、いずれにせよ他の主体の計画と意図を挫折させたり、あるいは手助けしたりしうることが人間の行為の特徴であるということを確認しておく必要がある。われわれの行為はつねに相互主観的に到達可能な世界に適合しているのであるから、われわれの行為をつうじて、行為の計画において他の行為者を考慮に入れざるをえないという事実が生み出される。また、このことのみではなく、協同の可能性もまたわれわれの行為概念に関わる経験的な基準をもつ。

　行ないによって意図を遂行する行為者は、その行ないをより広い連関におき、またそれゆえ、他の主体が行なう可能性のある活動がどの点で自分の計画を促進しあるいは阻害するのかを見て取ることもできる。また、行為者がなにかを行な

うにあたって、自分自身の行ないがいかにして他者の福祉と関心に触れるのかをやはり考慮するばあいにも、彼は他者の反応や行為を顧慮することができる。行為者は、他者の活動を織り込んだ戦略に従うことができる。また、そのさいに行為者は、他の行為者もまた自分の福祉と関心の実現をねらっているということを当てにすることができる。行為者は、他者の行為のこの根本的な特徴を信頼するのに応じて、(たいていは)他者の振る舞いについて一定の予測の根拠をもつ。

いまや他の主体の反応を計算することによっても自分の目標を首尾よく実現するというこの可能性と並んで、他の行為者との協同を必要とする行為の目標が存在するということもさらなる経験的事実となる。多くのばあいに、多数の行為者の関心が一致し、多数の個別的な主体の福祉は一つの目的の実現を求める。それゆえ、ヘーゲルがつぎのように述べていることに全体として同意することができる。

「私の福祉は他者の福祉へ自ずから直ちに拡大する。なぜなら、私の福祉は他者の福祉なしには成り立ちえないからである。」(R§126R)

もちろんこの注釈は(本書の枠内では)つぎのように限定的に理解されるべきである。すなわち、この「拡大」はなんら思弁的論理によるものである必要はなく、意図をもつことから生じるさまざまな可能性と必然性とを分析するばあいに「直ちに」明らかになるような拡大である、というようにである。たしかにヘーゲル自身この注釈において分業社会の相互依存関係を具体的に考察してもいるが、たったいま引用したこの説明に重要な制限を付け加えている。彼はつぎのようにいう。〔ある者の〕個別的福祉が他者の福祉へこのように拡大することは、「このように(たんに——クヴァンテ)利己的」(前掲箇所)なものである。このことで考えられているのは、行為者が自分の関心を実現するために、他者の関心を考慮に入れ、またそれを自分の行ないによって同時に遂行するということである。それゆえ、行為者の福祉が他者の福祉へこのように拡大することは道徳的態度の現存を含意してはいない。なぜなら、他者の関心は他者自身のために追求されるのではないからである。

したがって、個々人の福祉から他者の福祉へのこのような拡大を、ヘーゲルの行為概念が行為者の道徳的態度の現存を含意することの証拠と見なすことはできない。ヘーゲルはいま引用したテキストの箇所で、まさにさまざまな経験的事実によって示された連関の理性性からこの道徳的態度への移行——「私の福祉を後回しにし、犠牲にすることによって」(前掲箇所)「他者の」福祉を促進するこ

第5章　行為の内容　187

と——を導き出す。明らかにヘーゲルのこの論証は彼の行為概念に基づくものではない。そこで、締めくくりとして私は、ヘーゲルの行為論が『法哲学』の道徳の部の枠内で展開されてはいるとしても、なんら道徳哲学的含意をもたないということを支持する論拠を示したいと思う。

第2節　合理的行為と道徳的態度

1　行為概念の道徳哲学的中立性

　ヘーゲルの行為概念についての本研究を締めくくるテーゼはつぎのようである。ヘーゲルの行為概念自身は行為者の道徳的態度の現存を含意せず、自律の概念がそれを含意する。なるほどヘーゲルは、彼の行為概念を『法哲学』において、しかも道徳の部で展開する。また、彼の意志論が道徳哲学的含意をもつことに議論の余地はない。意欲する者が即自的かつ対自的な善を意志すること、さらに意志が——意志実体として——この善自身である（R§132参照）ことさえ、実に意志の概念に含まれる。ここで主張されるテーゼは、つぎのような事態を考慮するならば、いずれにせよ究明が必要である。
　ヘーゲルは第113節で——本書のはじめに詳しく述べたように——「行為」と「主観的意志の発現」とを、二つの表現が外延的に等しいという仕方で関連づけていた。さて、行為概念がなんら道徳哲学的含意をもたないのに対して、主観的意志の概念の展開として理解されなければならない道徳の部が全体として道徳哲学的含意をもつのはなぜなのか、と自問するならば、この道徳哲学的含意は「主観的意志」の意味のなかに含まれているはずである。ヘーゲルによれば、「主観的意志」の意味内容の概念上の展開から、行為者には道徳的態度が現存していなければならないことが帰結する。行為の出来事を記述するにあたって、「主観的意志」の十全な意味を前提にするならば、その出来事は道徳哲学的に意味のあるものとして把握される。これに対して、ヘーゲルによれば「行為」概念に含まれる諸概念によってのみその出来事を記述するならば、この結合は成り立たない。
　このような事態から導かれるのは、ヘーゲルの意志論を継承しないとしても、彼の行為概念を用いることができるということである。彼の行為論が適用できるのは、彼特有の意味での「主観的意志」をもたない行為者に対してではなく、絶対的に利己的な行為者の道具的合理性のみを用いることができる行為者に対してである。主観的意志の概念のなかに、行為概念を越える意味要素を求めるならば、

そこには自己規定〔自己決定〕の概念が見出される。この概念は、主観的意志のテロス、したがって道徳の部の概念展開のテロス〔目的〕である。しかし、それは、行為の概念をなす概念諸規定のテロスではない。

さきのテーゼを証明するための戦略はこの事態から自ずと明らかになる。主観的意志の規定と行為の規定のあいだに確認できる相違点を挙げたい。このことによって、行為の規定が主観的意志の規定から独立に充足されうることを証明したい。それではこのことを示すとしよう。

2　三つの論証

ヘーゲルは、『法哲学』第2部、第3章のはじめで「善」の概念を「意志の概念と特殊的な意志との統一」(R§129) として導入している。このことによって考えられているのは、もはや特殊的な主体に相対的な善 (私にとっての善) ではなく、客観的で自体的な (即自的な) 善である。それゆえ、自分の目的としてこの善を求める主観的意志は、意志によってそれ自体で (即自的に) 欲せられるということが概念上あてはまるようななにかを欲する。また、主観的意志は、他の主体にとって善であるということも当てはまるようななにかを欲する。合理的行為者にとって目標であり目的であった福祉がまだ特殊的な個人に制限されたままであるあいだは、つぎのことが成り立つ (強調はヘーゲルのもの)。

>「福祉はこの善の理念において個々の特殊的意志の定在としてはそれだけで (対自的に) は妥当性をもたず、普遍的福祉のみとして、また本質的にはそれ自体で (即自的に) 普遍的なものとして妥当性をもつ。」(R§130)

自分の行ないをこのような善の実現として把握している主観的意志は、自分の個人的福祉にではなく、万人の福祉に (彼ら自身のために) 寄与する普遍的な善を追求するという要求を掲げる。それゆえ、主観的意志の対象は道徳の部の第3章のはじめで変化したということを確認することができる。すなわち、いま重要なのは、もはや個人の善 (私にとっての善) ではなく、自体的 (即自的) な善 (普遍的な善それ自体) である。これは、個人の関心のために意欲される目的ではなく、万人の関心に対応する目的である。

ヘーゲルは、この客観的な善を概念として導入する節につけた欄外注で、それまでの諸節の説明との区別を明瞭に際立たせている。

「この直接的な特殊的意志——幸福、福祉のなかにある——生——自分自身の普遍性。」(R§129R)

　ヘーゲルは、新たに規定された自体的な善が「客観的なもの」(前掲箇所)であると語っているが、自体的な善との「福祉や幸福の」相異は明瞭である。また、彼は正確を期してつぎのように付け加える。「人間」は「自分の福祉を反省する」ばあいには、「もはや直接的な意志としてある」(前掲箇所)のではないと。この言明は、行為の内容に一般に帰属する(この探求ですでに詳しく述べた)諸規定をもう一度述べている。ここで解明すべき問いはつぎのようなものである。この自体的な善も行為の内容に必然的に含まれる規定であるのか。

　ヘーゲルによれば、主観的意志が行為の客観的な価値の点でその行為に責を帰せられることは、「主観的意志の法(権利)」(R§132)である。ある行為がこの意味で評価されるばあいに、「その行為を善あるいは悪、合法あるいは非合法という規定のもとで見分けること」(前掲箇所)は「主体の最高の法」である。このことが意味するのは、行為の道徳的性質を把握したり、評価したりしうることが主観的意志の概念に属すということである。この点の欠陥は、「この側面からみて、帰責能力を軽減したり、棚上げにしたりすること」(前掲箇所)に導く。[10] 主体がこの法をもつ根拠は、「意志の純粋な無制約的自己規定」(R§135)がこの「帰責」能力の源泉と見なされるべきであるということにある。「道徳的自己意識」(前掲箇所)には「自律」の「抽象的普遍性」が帰属するが、自律において「道徳的自己意識はその内部で自分自身にのみ関係する」(前掲箇所)。

　さて、なぜこのような概念規定〔自己規定、自律〕が行為の概念に必然的に含まれるのではないのか、その論拠を問うならば、いくつかの論拠を挙げることができる。決定的な論拠は、ヘーゲルがある注釈で『ニコマコス倫理学』に立ち入り、そこで明確に述べているように、「善への洞察の法」(R§132)は「行為そのものへの洞察(§117)の法」(前掲箇所)とは異なった仕方で評価されるべきである、というものである。ヘーゲルはつぎのように述べる。行為に関して洞察の法が欠けているならば、行為者に彼の行ないを「帰すことができなくなる」(R§140)のに対して、善への洞察に関して誤りがあっても、行為が「悪い」ということになるのみである(後者の言明は、ヘーゲルが賛成して引いているアリストテレスの引用のなかにあ

---

(10) 道徳的判断も真か偽でありうる(誤謬も可能である)のであるから、この能力は認知上の尺度として規定されるべきである、というヘーゲルのテーゼにここで立ち入ることはできない。

る)。決定的なポイントは、道徳的性質と行為者の道徳的判断とが、彼の行ないが行為であることのために必要ではないということである。これに対して、知と意志の法は、ある行ないが一般に行為であるかどうかを確定し、またどのような記述のもとである出来事が行為者に彼の行為として帰されるべきかをも確定する。

つぎのことは第二の論拠にふさわしい。すなわち、道徳的態度が、「これこれの意志としてはなんら固有の内容をもたないような意志の活動の形式的側面」(R§137、強調はヘーゲル) のみを意欲の内容としてもつが、これに対して、行為の内容規定には、直接的で自然的な意志を内容とすることが属す。まさに、「道徳的自己意識」(R§135) においてこの内容は度外視されるがゆえに、道徳的自己意識は行為にとって必要ではない。行為にとっては、直接的意志が必要な構成要素である。[11] 行為の目標と目的が、自然的意志に関係づけられる幸福であるのに対して、道徳的態度は、まさに自然的意志を「捨象する」ような主体の形式的自己規定としての自律に関係づけられている。[12]

ヘーゲルの行為概念が道徳的態度の現存を含意しないことを支持する第三の論拠は、自由概念が別のものに変化する点にある。ある行為当事者 [Akteur] を行為者として記述するばあいには、彼の選択の自由を前提とするのに対して、彼の行ないを道徳的に評価するばあいには、彼の自律を前提とする。行為にとっては恣意すなわち選択の自由で十分である (E§476R、§123 を参照) のに対して、道徳的態度は「意志の純粋な無制約的自己規定」(R§135) を必要とする。合理的に行為することは、ある行為者が自分の欲求を理性的に調整し、自分の福祉を最大限度達成するために、自分の衝動を一つの体系へ、また階層をもたらすことを要求する。しかし、道徳的態度は、意志の形式 (その自己関係性) によってのみ規定されることを要求する。行為することにおいては、自然的意志が「反省された意志」(§123) によって内容となる (ヘーゲルは「受容すること」(R§123R) について語る) ことが可能である。これに対して、自律的な意志はこのような内容をもたない。すなわち、自体的な善は特殊的なものとしての自然的意志の内容から「区別される」(R§133)。したがって、幸福からそれ自体的な善への移行にあたって、主観的意志の概念もまた変化する。すなわち、行為 (幸福に向けられた活動) においては「主体がまだ普遍的に (善) であるのではなく」、「まだそれ自身において規定されて」(R§120R) いるのに対して、道徳的態度には、「自己意識」が「すべての眼

---

(11) ヘーゲルが人倫において展開した「義務」と「徳」に対しては、「それらが」、「衝動の形式をとる」、「同じ内容をその基礎とする」(R§150) ということがあてはまる。

(12) この点については、E§473–480 のヘーゲルの説明も参照。

前の与えられた規定が干渉できず、また干渉すべきでもないようなものとして」(R§138) 自分を知るということが、あてはまる。[13]

　これら三つの論拠 (すなわち二つの洞察の法の位置づけが異なること、自由概念が異なること、「主体」の意味が変化していること) と並んで、合理的な行為と道徳的な態度とのあいだにさらに概念上の大きな相違が認められる。[14] ヘーゲルによれば、このように行為から道徳的態度への移行によって、判断様式は、「反省の判断」から「概念の判断」へ変化する (R§114R)。このことによって、この判断のなかで表現される「普遍性」も「形式的な普遍性」(R§123) から「即自的かつ対自的に存在する普遍」(R§125) へ変化する。[15] さらに確証されうることは、責が行為の道徳的性質のばあいには行為者の性格に向けられるのに対して、意図的な行為のばあいには行為者の合理性を目指すということである。これらのあいだのさらに大きな相違点は、ヘーゲルが合理的行為と道徳的態度とを区別することの証拠となる。もちろん、これらの概念上の区別は、さきに三つの決定的な論拠として挙げた相違点の帰結である。

　総括すれば、つぎのようにいえる。すなわち、行為の概念は、自分の自然的意志を合理的な仕方で調整し、また意図的な行ないによって意図を遂行することができるような具体的主体に関係する。そのために主体は、選択の自由と自分の行ないを自分で選んだ目的の実現として理解する能力とを必要とする。これに対して、道徳的態度の概念は、いかなる内容も外部からは受け取らない自律的な意志、すなわち自己を自己自身から規定する意志としての主観的意志に関係する。この意志は理性的な主体性の意志として普遍的な性格を、すなわちヘーゲルにとっては法則的な性格をもつ。具体的な主体性が度外視され、特定の内容は「受け入れられない」のであるから、道徳的意志の目的設定は、普遍妥当性を要求する「法則と原則」(R§137) の形式をとる。しかし、ヘーゲルは、このテーゼを明らかに行為の概念からではなく、自律の概念から取ってくる。自律は、対自存在する自由であるという主観的意志の形式から導かれる。それゆえ道徳的行為が存在するのは、もっぱら、意志が自律的で普遍的であるからであるが、ヘーゲルの行為概

---

(13) §123 の欄外註でヘーゲルはつぎのことを二度強調する。主体は「意図において、それ自身のなかで特殊的なものとして規定されて」おり、行為にさいして「自我は具体的な主体として」前提されている。

(14) もちろんこれらの論拠は、ここに目的論的連関が現存することを排除しない。

(15) 引用は文法上適切なものにした。普遍性が本質論理的意味での「形式的」普遍性から概念論理的意味での普遍性へ論理的に展開されることは R§114 でも認められる。ヘーゲルはこの箇所で善を、「即自的かつ対自的な客観性へ高められたものと」呼ぶ。

念は、行為当事者にこの種の帰責可能性がまったく欠けているばあいにも当てはまる。この意味でヘーゲルの行為概念は「道徳に中立的」である。[16]

3　行為と自律

これまでの説明は解釈上の仮説のための論拠として理解していただきたい。それは、ヘーゲルの行為論においては、行為概念に属す規定と、主観的意志に割り当てられるべき規定とを正確に分離しうるということを裏づけている。また、・体・系・的・にみても、このようなヘーゲルの分析には同意できる。行為することが道徳的評価の基準のもとにおかれることにとって決め手となるのは、自律の概念のみである。ヘーゲルの道徳性の叙述と批判はカント理解（それは選択の余地がない唯一のものではない）に刻印されているとしても[17]見立ては正しい。すなわち、自律の概念は道徳的含意をもつ。ヘーゲルの理論も示しているとおり、合理的利己主義者の立場を越えずに、行為者の側の選択の自由と自由な決断とを前提とするような行為概念を展開することはなんら概念上の矛盾ではない。自由な決断という概念から道徳的態度のための概念上の連関を導出するという試みは、それ自身規範的な性格をもつ自律の概念に基づかざるをえない。[18]しかし、たんに目的合理的な行為者という概念は、

---

(16) ちなみに、このことはヘーゲルの刑罰論には当てはまらない。この刑罰論は明らかに自律概念に依拠している。ヘーゲルが行為概念のみから出発するならば、威嚇論に到達するだけであろう。なぜなら、威嚇論は個人的な利害のみを動機の基礎としているからである。犯罪者を彼自身の行為の格率に「包摂する」という可能性はこの格率の合法則的な形式に依存している。しかし、意志がこの普遍性をもつのは合理的な具体的主体としてではなく、自律的な主体としてのみである。この点については、Primoratz 1986, S.42ff. 参照。

(17) この点については、Willaschek 1992参照。道徳的行為にとっても経験的な尺度をもつという点でも人倫の経験と判断力の役割とを指摘するというヘーゲルの方向性はたしかに正当である。それゆえ、ヘーゲルの形式主義批判も正当であるが、ただし、それはカントの理論からよりも彼のカント理解から生じている。ヴィラシェクの論述が少なくとも示しているのは、カントの理論をヘーゲルのさまざまな洞察と両立可能であると解釈できるということである。私はこれとは反対に、本書によってヘーゲルの立場がいかなる点でカントの立場に従っているかを同様に示したと信じる。カントとヘーゲルとの相違点は天下に知られているが、それは全体となってはじめて自律的行為の概念を捉えるようなさまざまな契機を〔それぞれ〕区別しながら強調することによって、多面的に明示されるのである。

(18) ただし、この「自律の」概念はヘーゲルにとっては、意志の概念から彼の目的論的なアプローチに基づいて生じる。彼にとって自律は主観的意志の発現としての行為のテロスである。

行為の自由を（主体がつねにある特定の内容に距離をとることもできるという意味で）たんに選択の自由として理解するかぎりでは、なんら矛盾した概念ではない。

　われわれの（文化的な）自己理解が道徳的態度をもつことによって刻印されているということは、たしかにほとんど議論の余地がない。われわれは通常、道徳的非難を理解し、われわれの行ないを道徳的に重要なものとしても把握する。したがって、さきのテーゼは、道徳を基礎づけるために考えうる一つの道をふさぐという意味をもつにすぎない。すなわち、記述的に理解される行為概念から、理性と道徳との分析的な連関のための（究極的基礎づけを行なう）一つの論拠を導くことは不可能である。この連関が生じるのは、行為をすでに自律的な行為として把握するばあいに、すなわち自分自身を自律的に行為する主体として把握するばあいにのみである。しかし、そのさいに問題になるのは純粋に記述的な概念ではなく、目的—手段—合理性という規範をはるかに越える自己理解である。[19] しかし、行為概念と道徳的態度の概念とのあいだの概念上の連関を確立しようとするならば、二重の主張をしなければならない。すなわち、（Ⅰ）自由な決断の概念と行為の自由の意識とがたんに選択の自由の概念によって尽くされるのではなく、自律の概念を要求するということを示さなければならない。またさらに（Ⅱ）、この概念自身が、理性的自己規定と道徳的態度とを相互に結びつける構成要素を含むということを示さなければならない。[20]

　ヘーゲル自身は、彼の哲学によってこの連関を証明したと主張した。カントは選択の自由を他律と等置することによって、道徳的含意を獲得するが、ヘーゲルはカントとは異なって、選択の自由と自律とが目的論的に理解されるべき相互関係にあることを証明しようと試みる。すなわち、選択の自由の概念上の構造はある含意を含んでおり、その含意の実在化はようやく自律において与えられるというのである。この連関を指摘するためには、ヘーゲルは彼の思弁的論理学に訴えなければならない。というのは、思弁的論理学のみが、諸概念とその内部構造を目的論的連関にもたらすことを許すからである。[21]

---

(19) ヘーゲル自身、つねに同時に規範的な要素を含む彼の存在論の目的論的性格によってこの二分法を避けている（この点については、第3部、結語を参照）。
(20) この問題連関については、Christman 1989 の論文を参照。
(21) 私見では、『法哲学』においてこの連関は「普遍性」の概念の弁証法的解釈によって示される。しかし、この連関はヘーゲル論理学の文脈でのみ妥当性をもつのであり、その正当性はここでは主題でなかったのであるから、私はこのようなヘーゲルの論拠の分析とその利用とを断念した。

第3部
結　語

この結語は二つの部分から構成される。まず、ヘーゲルの行為論を展望することによって本書の中心的な成果をもう一度総括する。つぎに、私は、ヘーゲルが『法哲学』において述べなかった行為論の領域、すなわち行為の説明を手短かに概観したい。このような問題領域は、ヘーゲルが心身問題に関していかなる立場をとるかという問題を生じさせる。それは、独自の研究を必要とするテーマである。さらに、私はここでヘーゲルの行為論と彼による心身問題の解決とがどこまで両立するかを手短に素描したい。

(1) 結　論
　ヘーゲルにとっては、諸行為は「主観的意志の発現」である。すなわち、それらは、行為者にとって特殊な視点/記述において知られるということを本質的に含むような結果である。行為結果のこのような本質的特徴はそれ以外の結果から区別される。ヘーゲルは行為者のこのような内的視点を行為に特殊的な確信と見なし、その論理的形式を分析している。彼は (R§110 で)、行為者のこのような確信が自分に帰せられるという特徴を明確に表現しており、この確信の内容の最も普遍的な規定を示している。行為者はその行ない [Tun] を (行為遂行の時点まで)、自由に選択された目的の実現と見なす (本書、第2章を参照)。ヘーゲルが『法哲学』において展開している行為論は、行為結果とその記述との区別に基づく。行為結果は行為として特定の (規定された) 形で記述することにおいてのみ把握されるということをヘーゲルは意識している。行為は結果として因果関係におかれ、特殊的に記述された結果として行為者の責に帰せられることをヘーゲルは示している。この特殊的な記述は、行為者の行ないが意図的になるための条件である (第4章)。
　帰責可能性の問題に対してヘーゲルはつぎのようなテーゼによって回答を与えている。すなわち、行為者の行為に特殊的な確信はそのつどの行ないに関して、行ないが「行為」となるための条件であるような記述を確立する。そのばあいに結果のこの記述は (行為遂行の過程における行為者の特殊的な確信を除いて)、訂正可能である (第2章)。ただし、このばあいに二つの視点が区別されなければならない。内的視点と行為結果との関係を考慮に入れれば、行為者のこの確信

はその行為の記述に関しては訂正可能ではない。というのは、行為はその確信によって同時に構成されているからである。この訂正可能性は「主観的自由」の場であり、ヘーゲルによれば、この自由は行為において「現実性」を得る (R§124)。しかし、行為についての特殊的な確信は二つの点で訂正可能ではない。第一に、行為者は自分自身の動機の背景を解釈する (第2章)。第二に、行為者は、生み出された状況を彼の主観的目的の実現であると解釈する。行為者はこれら二つの点で誤ることもありうる。また、他の行為者によって訂正されることもありうる。

責任を帰すという実践は行為者の特殊的な行為の確信に立ち帰らなければならないというテーゼからヘーゲルは出発するのであるから、彼は行ないの意図性を認知上の基準として規定する (第4章 第2節)。特殊的な行為の確信が現存するばあいに、行ないは意図的行為となる。また、それはこの確信に照らして叙述されるばあいに、意図的な行ない (すなわち行為) として記述される。

「行為」ということでヘーゲルはつねに「意図的行為」を理解している。ヘーゲルによれば、この行為においては意図性はまさに行為の結果の特定の記述を要求する。すなわち、自分の行ないに関する行為者の特殊的な確信へ立ち帰ることを要求する。

さらに、行為あるいは選択意思 [Willkür] の自由という概念によって分析されるということがヘーゲルの行為論的前提のなかに含まれている (第5章)。そのばあいに行為者の内容はつねに自然的意志の内実であるが、この意志は主観的意志においては狭義の意志に属すものとして「理性的形式」へもたらされる。このばあいに「理性的形式」は二つのことを意味する。〔一方で〕個別的な目的に関しては、このことによって考えられているのは、表象の要素によって内実を意志の内容に転換するような命題化である。内容はこのように「思考に対して」与えられている。〔他方で〕これとは異なって、「理性的形式」が全体としての自然的意志に関係づけられるばあいには、それは、この意志が衝動や欲求の一つの「体系」へ「高められ形成されて」いるということを意味する。

ヘーゲルによれば、行為の自由の意識は二つの構成要素を含む。第一の要素は、行為者が、その行ないが意図的なものであると知るということである。行為者は、その行ないが、あらかじめ選択された目的の実現であることを把握しているのであるから、故意に行為する。さらに〔第二の要素に関しては〕、ヘーゲルがいう自由についての意識は、行為者が目的を選択する (ばあいによっては他のなにかを意欲する) ことができることを確信するということを含む。しかし、この選択の自由は、行為者がその自然的意志に理性的形式を与えることを可能とす

る。ヘーゲルのテーゼによれば、理性的行為者は自分自身の動機の背景を「解釈し」、自分のさまざまな願望や欲求の序列化によって最大の福祉や幸福をめざす。したがって、特殊的な行為の自由は選択の自由における目的―手段の合理性である。行為者は自分の動機と欲求が「従属的である」ことを「知る」(R§123)。したがって、ヘーゲルがいう自由は「衝動、自然的あり方の抑止」をも含む（前掲箇所）。そのばあいに「意図」は、行為者がその行ないを自分自身の長期的で視野の広い目的の文脈へ秩序づけるさいの目的を意味する。さらに意図はその形式の点では、行為者が他人の利益をも含み入れることをその普遍的形式によって可能とするようなものである。したがって、ヘーゲルによれば、目的は意図の点では、彼がいう自由の適切な形式であり、彼がいう合理性の実現である。

　ヘーゲルの行為論の要点はこのようなものである。本書ですでに述べたように、これらの点はすべて行為の理由づけの領域に属す。行為説明そのものの問題については、ヘーゲルはついでにこれに周辺的位置を与えているにすぎない。私はここでこの問題の位置をこのような視点から少なくとも手短に素描することにしたい。もちろん私が明らかにしたいのは、どのような記述のもとで行ないが行為に帰せられるかだけではなく、内実と内容との関連がどのようなものであるかである。なによりも私は、主観的目的の所有と結果の生起との関係をどのように考えるべきかを明らかにしたい。ところで、両者の問題は心身の関連についてのヘーゲルの理論につながる。

(2) 行為の説明の展望

　行為論に期待してしかるべきことは、それが行為の理由づけのテーマについて、またそれと結合した帰責可能性と評価可能性の問題についてなにかを示してくれるはずであるということだけではなく、行為の説明の問題にも向かうということである。最後に、なぜいったい特定の行為の生起が特定の時点で生じたのか、またそのために自由（ヘーゲルがいう主観的目的）がどのような役割を果たすかも興味ある問題である。ここで中心的問題となるのは、理由が同時に原因となりうるかどうかである。[1] すでに述べたように、ヘーゲルは、『法哲学』においてはこの問題についてほとんどなにも語っていない。このことの理由は、第一に、彼が行為概念を法哲学の枠内で展開していることにある。しかし、これとは別の理由もある。それは、ヘーゲルはたしかに、この問題がすでに彼の主観的精神論と論理

---

(1) 以降で原因について語るばあいはつねに、それを出来事の因果性という意味での因果的原因（作用原因）であると理解する。

学によって解決されたと主張したというものである。
　したがって、私はこれから問題をつぎのように扱うことにしたい。第一段階として、①行為説明の問題についてのヘーゲルの発言を解釈し、本書において得られた結果のなかにこの問題の解決のための手がかりを求めたい。つぎに、第二段階として、②主観的目的が原因でもありうるかどうかの問題に関するヘーゲルの立場を示したい。最後に、第三段階において、③心身問題についてのヘーゲルの解決と両立可能であるとともに、彼の行為論を行為説明の領域へ拡張することをも許すような立場を素描する。

①だれが行為の出来事の生起に責任を負うのか
　「行為」と「行ない」との関連、および「責」と「帰責可能」との関連の分析（第4章 第1節）から生じる結論はつぎのようなものである。ヘーゲルは、主観的意志と行為の生起とのあいだの因果連関を確定することを一貫して回避している。主観的意志に責を負うことについて語られるならば、この意志が責を負うような行為の出来事の結果がつねに存在する。このばあいには主観的意志とこの行為の出来事の発生とのあいだの関係は説明を必要とするものであり続ける。ここで提案した解釈においては「包含されたあり方」の概念がそのために役立つ。このような理論上の欠陥を除去するということが可能なアプローチを求めるならば、因果的行為はヘーゲルの立場とまったく一致する。このことから結論として生じるのは、「主観的意志」は結果の出来事の生起にとっての原因でありうるということである。〔しかし〕主観的意志の内容も、説明上の出来事にとっての原因として挙げられる必要はないということはまだこのことによって語られてはいない。

②意図は原因か
　ヘーゲルの『法哲学』においては、意図が行為の出来事にとっての原因であることを示唆するような一つの箇所がある（強調はヘーゲルのもの）。

> 「意図は主観的な本質的あり方であり、それについて行為は一つの結果をもつ。α）行為は結果をもち、その普遍性をそのなかに全体としてもつ。β）行為は、自分の側にもつ外面的あり方という規定の点では、それ自身結果でもある。」(R§120R)

　行為の出来事（すなわち外面的あり方という規定の点での行為）は意図の結果と見なされうるというヘーゲルの言明は因果的行為論を示唆するものとして解釈

される。しかし、〔ここでは〕結果を作用という意味に理解しなければならない。これは一つの解釈であって、必ずそうであるわけではない。むしろ反対につぎのようでさえある。ヘーゲルの理論の文脈全体をみれば、結果がここでは因果的意味では理解されていないことが示されるようになる(2)。

歴史的出来事の評価という文脈においてヘーゲルは、行為者の個人的関心をこれらの歴史的行為の本来の動機であると悟性が説明するような「歴史の心理学的見解」(R§124) を批判している(3)。「行為のバネ」についてのこのような言い回しはヘーゲルによってまさにこのような悟性的な心理主義と関連づけられる。このことは、〔行為の〕背景をなす表象〔心理〕を理論的に受け入れがたいと見なすことの助けとなる。『論理学』においてもヘーゲルは、歴史に因果的分析を加えようとする試みを批判している。この問題についてのヘーゲルの立場を規定するために決定的なのはつぎのような言明であると思われる (強調はヘーゲルのもの)。

「そのばあいに重要なことはさらに、因果関係を自然的、有機的な生命と精神的生命との関係へ不適切に適用することに対して注意しておくことである。」(LII S.193〔寺沢訳『大論理学』2、265頁〕)

ヘーゲルによれば、「心的に有機的なもの」の領域にとってもすでに、そこではいかなる因果説明ももはや許されないということが当てはまる。意図と行為との関係はそのばあいやはり特別なケースにすぎない。意図がある有機体の性向であり、行為が身体運動であるということから出発するばあいでさえ、さきに述べたことによれば、両者は因果的言明によっては結合されえないであろう。ヘーゲルからみれば、この根拠は心身問題のなかに見出されるべきである。しかし、ヘーゲルの行為論の別の解釈者たちはつぎのようなテーゼを主張する。それはすなわち、行為自身については意図が原因でありうることを排除するというものである。

---

(2) ヘーゲルがさきに引用した言明のなかで、「結果」を因果的結果という意味に理解しようとしているが、このことの意味は、このテキストに基づくかぎり、必ずそうであるというものではない。むしろ、この言明はすでに「帰責可能性」を指している。『法哲学』の第118節では、ヘーゲルが「結果」という用語を一義的に用いてはいないことが明確に示されている。

(3) このようなやり方に対するヘーゲルの反論が興味深いのは、これらの個人的な目的設定も行なわれていたということを彼が否定しているからである。しかし、彼はそのさいに再び (潜在的に)、理性の狡知についての彼の定理を適用している。このようにして、あたかも行為者の意図をつうじて絶対的理性の目的が実現されるということが可能になる。本書の第2章を参照。

この結語の第3部の最終部分に向かうまえに、このような異議を除去しておかなければならない。

いく人かの解釈者たちは、意図が原因となりうるというテーゼに反対するための論拠をヘーゲルの行為論から直接に展開しようと試みた。たとえば、テイラーは、ヘーゲルの行為論が発見したのは行為の理由づけの領域であって、行為の説明の領域ではないことを確認する。[4] このばあいにテイラーはたしかに、行為論のこれらの二つの課題領域が相互に排除しあう理論タイプであると説明した。また、テイラーは、ヘーゲルが一つの問題領域のみを扱っているにすぎないという事実から、彼が因果的行為論の敵対者であるという結論を引き出している。ヘーゲルは、テイラーがいう意味での「行為の質的な概念」を主張しているのであり、この点ではたしかにテイラーに同意すべきである。ただし、この概念が因果的行為論と一致しないということはこのことによってまだ示されていない。因果的行為論は行為についての知、「行為者の知」（テイラー）の質的な面を捉えていないということは事実として認められるが、この事実は、両者の議論〔行為の理由づけと行為の説明〕が合致しないことの根拠ではけっしてない。むしろ両者のアプローチは、異なる課題領域を詳しく考察するものである。しかし、不一致はたしかにそこからは導出されない。

ホフマンは、いわゆる論理的結合論を先取りしたという（疑わしい）名誉をヘーゲルがもつと認めることによって、ヘーゲルを因果的行為論の敵対者に仕立てようと試みている。ホフマンはつぎのような考察をヘーゲルの『精神現象学』の研究という文脈において示しているが、このような考察は『法哲学』の文脈に移し入れることが可能である。

> 「例えば、ヘーゲルが『精神現象学』における〈意図〉の概念を分析するばあいに、人相学や骨相学という学について論じるばあいに、彼が用いている主要な議論は明らかに伝統的な意志論へ適用可能である。このような議論は、心についての現代哲学にも見出されるような多くのものを先取りしている。われわれは、意図を明示する行為から独立に、〔行為を〕同定し、記述することはできないのであるから、意図は、行為から独立に生じるような明確な心的出来事とは見なされえない。意図は行為のなかにある。出来事と意図の意味とのいずれも行為者の遂行においてのみ見出される。同じように語られるばあいでも、意志についての語りは、公共的世界における行為の特殊な様式

---

(4) この点については、Taylor 1983 を参照。

との関係で用いられうるにすぎない。ヘーゲルにとってはそのばあい、ある人間の意志の行使はこの人間の振る舞いからは分離されない。」[5]

　私が見るかぎりでは、人相学や頭蓋学という「学」に対する批判をヘーゲルは『法哲学』の執筆の時点でもまだ行なっていた。ホフマンがそのばあいにたしかに、ヘーゲルのものであると見なしている論拠をヘーゲルは『法哲学』においては主張していない。たしかに意図は「内面にとどまるのではなく」、「行為とともに与えられている」(R§124R、強調はヘーゲルのもの)といわれているかぎりでは、たしかにこのことは『法哲学』にも当てはまる。それにもかかわらず、この箇所でヘーゲルは、行為においてはけっして明示されないような意図に照らして主体の性格を評価することをもっぱら批判している。ただし、このことからは、ヘーゲルが精神的状態としての意図の現存を否定したにちがいないという結論は生じない。ヘーゲルから見れば、この私的な状態は主体の道徳的価値を構成しないということで、十分である。それにもかかわらず、ヘーゲルはこの状況の現存を想定している。「意図して内面をうろつく」(前掲箇所)というヘーゲルの言い回しはつぎのことを示唆している。すなわち、心的状態としての意図の現存を、この意図を実現する行為から独立に想定することは可能であるとヘーゲルは見なしている。

　ホフマンの叙述は(ヘーゲルの立場を適切に再現していればでの話ではあるが)、論理的結合の論拠に比肩するであろう。この理論によれば、出来事の因果性の関係は、相互に独立した出来事においてのみ成立しうる。しかし、意図と行為の出来事とは相互に独立したものとしては記述されえないのであるから、それらのあいだにこのような因果関係が成立することは不可能である。デイヴィドソンが示したように、このような議論は欠陥をもつ。行為と意図とが相互に独立には記述できないことが認められるばあいでさえ、記述された存在がやはり存在論的には独立していないという結論が自動的に生じるわけではない。

　ここで解釈されたように、ヘーゲルの理論はデイヴィドソンの見解とまったく一致しうる。というのは、ヘーゲルも、出来事の性格と記述の側面とを明確に区別しているからである。このことは、「責を負うこと」と「責を帰すこと」との関係の分析(第4章 第1節)において見られたことである。

---

(5) Hoffman 1982, S.193. ヘーゲルの立場が『法哲学』においては変化したというテーゼをホフマンが主張しているとすれば、私の論述はもちろん不適切である。それにもかかわらず、彼の議論が『法哲学』に妥当するとすれば、この議論に反論することは有益である。

③ヘーゲルによる心身問題の扱い——その素描

ヘーゲルの観念論の意味についてのいま示したばかりの問題と並んで、心身問題の正しい理論をめぐる論争における彼の立場についての問題は、ここで立てられた問題——ヘーゲルは因果的行為論に同意できたかどうかという問題——にとって決定的である。ヘーゲルの心身問題の扱いと精神哲学の現代的立場との結合は諸文献においてすでに繰り返し再確認されている。(6)〔この問題に関して〕解釈者たちは二つの点で一致している。まず、ヘーゲルは、排他的な唯物論に陥らずに、一元論的立場を主張している。そのうえで彼は、心的なものが物理的（自然的）なものから因果的に独立しているという見解に反論している。そのばあいに存在論的次元における連関に関しては、ヘーゲルの立場を特徴づけるための創発 [Emergenz] の命題が優先される。(7) ヴォルフは『エンツュクロペディー』第389節についての注解のなかで、ヘーゲルが心身問題をつぎのように解決していることを明らかにした。すなわち、ヘーゲルからみれば、一種のカテゴリー上の誤りを犯すばあいに、このような問題が語られるにすぎない。ヘーゲルはつぎのように論じている。

「魂の非物質性をめぐる問題が興味あるのはつぎのばあいのみである。すなわち、一方で物質が真なるものとして表象され、他方で精神が事物として表象されるばあいのみである。」(E§389〔邦訳『精神哲学』第13節〕)

明らかにヘーゲルはここでは物質に特定の地位を認めまいとしている。物質は真なるものではない。また、彼は、精神を事物と見なしてもよいという見解に反論している。そう見なさないとすれば、魂の非物質性についての問題はもはやいかなる興味をももたらさないというのである。さらに、この問題の中心的な節においてつぎのようにいわれる。

「これと関連する問題は、魂と身体との共存についての問題である。この共存は事実であると想定されてきたのであり、この共存がいかに把握されるか

---

(6) この点については、Elder 1981, Kapitel 4、De Vries 1988, S.33–S.45、Wolff 1991 und 1992 を参照。

(7) 私はネーゲルの著作 (Nagel 1984, S.202) に依拠して、ここで「創発」ということで理解しているのは、つぎの三つの様式に還元されえないような諸性質を複合的体系がもつという主張である。①これらの性質は体系と他の体系とのあいだの関係である。②それらは体系の構成部分の諸性質である。③それらは、体系の構成部分のあいだに成立する諸関係の諸性質である。

のみが問題であった。通常の見解によれば、この共存は、把握できない秘密であるとされる。というのは、両者が相互に絶対的に独立したものとして前提にされるならば、いかなる物質も他の物質に対して侵入不可能であるように、両者も相互に侵入不可能であるからである。」(前掲箇所)

ヘーゲルはここでは明らかにつぎのような戦略を目指している。それはすなわち、目的の立て方に誤りがあることを指摘することによって、問題を解消するというものである。彼は、自然哲学の概念枠と精神哲学の概念枠とは共通化できないという見解に到達する。物質の概念枠は(「事物」のカテゴリーも)、精神の概念枠へ適用されない。心身問題のこのような扱いが理解されるようになるのは、彼が記述相対主義の哲学を主張するということに基づくことによってである。性質の概念(言語)は相対的にのみXに属す。このことによって、「魂」がまず精神哲学の冒頭に導入されるのに対して、なぜ生命は自然哲学の最後で扱われうるのかも明らかになる。このばあいに問題なのは、最後に扱われた複合的体系の新しい創発的な性質を示すような記述言語の転換である。有機体を精神哲学の概念枠によって記述するならば、自然哲学の概念枠によっては把握されないような性質を有機体がもつことを指摘することができる[8]。しかし、このばあい、もちろん、記述言語が交代しても恒常的であり続けるような性質も存在しうる。興味深い仕方で「有限」であるというまさに存在論的な地位がこれらの性質に帰属する[9]。

この出来事をヘーゲルの行為論に適用するならば、この出来事の根本的理念は、デイヴィドソンがいう〈非法則論一元論 [anomalous monism]〉のような理論タイプと一致する[10]。悟性心理学に対するヘーゲルの批判、精神哲学における因果

---

(8) ここで私が示そうとする短い素描にとっては、ド・ヴリェのつぎのような洞察は重要ではない(それはたしかに正しいが)。それはすなわち、ヘーゲルは、自然哲学および精神哲学の内部においてもなお、異なった記述言語を区別しているというものである。ここで出されている問題にとって決定的な移行は自然哲学から精神哲学への移行である。
(9) この点については、Elder 1981, S.63 (Anmerkung 8) を参照。
(10) デイヴィドソンは彼の論文「心の出来事」においてこのような立場を展開している。そのテーゼはつぎのようなものである。物理的なものの記述言語と心的なものの記述言語とのあいだにはいかなる法則的相関関係も存在しないが、両者の言語の基礎には同一の対象(出来事)があるということは排除されていない。物理的に記述された出来事を、心的に記述された出来事のタイプと同一視する(タイプ同一化)試みを彼は批判している。彼の理解によれば、無法則論 [Anomalismus] のテーゼによって、心的に記述された出来事は、物理的に記述された出来事と同一視すること(トークン同一性)が可能となる。

的説明の適用に対する彼の批判は、異なった記述言語のあいだの法則的連関を否定するものと理解されうる。たとえば歴史的過程においては、このような仕方では（因果説明によっては）把握できないようなさまざまな質が認められる。また、もちろん行為においても、因果説明の概念を用いた記述によっては把握できないような質が認められる。しかし、個別的な事物の同一性の命題が排除されるという結論がこのことから自動的に生じるわけではない。

この箇所において興味深いのは、主観的意志の発現の固有性の分析（第1章の2）が行なわれること、有機体の目的活動が行為の基礎におかれるということである。[11] このことは、複合的となっている意志の創発的性質をヘーゲルが指摘しようとしていることの証明となる。すべての有機体の全体量のなかには、一定の質によって表現されるような部分量が含まれるが、この質は行為として記述されることによってのみ、把握される。しかし、このことは、このような部分量の表現が自然事象としても把握されることはできないということを排除しない。

ここで示された解決は、ヘーゲルの行為論が因果的説明の構想と両立可能であるが、このことが成功するのは、デイヴィドソンの立場をそれと重ね合わせるばあいのみである。個別的事物の同一性が存在するが、さまざまな異なった記述言語のあいだにはいかなる法則的な対応関係もない。このことは、ヘーゲルによる心身問題の扱いに適合し、また、論理学における大部分の言明とも一致しうる。というのは、ヘーゲルにとっては、一元論の立場からみれば、すべての存在者は存在論的・神学的な意味で絶対者に還元可能であるからである。そもそも存在するのは（強調していえば）絶対的理念のみである。しかし、他のレベルの存在者については、物理的なものと精神的なものとは有限性のレベルにある。したがって、両者を存在論的に相互に対抗させることは無意味である。[12] しかし、私が見るかぎりでは、二つの異なった位置に関してヘーゲルの見解は少なくとも変更されなければならない。

第一の変更

これまで〔ヘーゲルの行為論を〕再構成するにあたって、私が前提にしてきたのはつぎのことである。すなわち、行為と（正確を期すという意味でいえば）有機体の目的活動とを同一のものと見なすことができるとすれば、因果的行為論はヘーゲルの見解と両立しうるということである。このばあい想定されているのは、有

---

(11) Planty-Bonjour 1983, S.25 も参照。
(12) 哲学における他の体系の克服についてのヘーゲルの所見もこのような意味に理解される。論理学（LII217〔寺沢訳『大論理学』3、19頁以下〕）を参照。

機体の目的活動そのものを因果的な力と見なすか、あるいは、この活動は因果概念において分析されうるということから出発するかである[13]。ヘーゲルはさまざまな理由で（ここではこれらについて論じることはできないが）このような提案に同意しなかったのであろう[14]。ヘーゲルは『論理学』の目的論の章において、カントが機械的自然観と目的論的自然観との一致のみを指摘したことを明確に批判している（LII388f.〔邦訳『大論理学』下巻、232頁以下〕）。ヘーゲルは〔二つの自然観の〕たんに認識論的な一致（それはまさにさきに提案した両立可能性にとって必要である）を妥当なものと見なさない。正当にもヘーゲルは、カントによる〔二つの自然観の対立の〕解決のなかに非対称性を見ている。すなわち、カントは因果的説明を存在論的に基本的なものと見なした。ヘーゲルはこのような立場に対抗して、有機体の目的活動を存在論的に真正な現象であるとして擁護する。カントが、〔自然の目的活動を〕「たんなる〈あたかも〉〔そのよう見えるにすぎないということ〕」に還元するのに対して、ヘーゲルは存在論的な均衡の立場を主張する。

さらに、絶対的主体性についてのヘーゲル哲学から、目的論的記述が高次の存在段階を把握するための論拠が生じる。このことも（ヘーゲルの見解に変更を加えるという点でのみ）私の解釈と一致しうる。

第二の変更

ヘーゲルがいう「より真なる」記述の基準はつぎのように理解されなければならない。すなわち、真なるものの尺度はけっしてたんに存在論的な基準ではなく、目的論的、存在論的な基準を表現しており、またはそのばあいに絶対的主体の自己認識の規範的基準を含んでいる。いかなる存在者に現存が帰されるかという問題からこの基準を分離するならば[15]、ヘーゲルの立場はつぎのように理解される。すなわち、われわれの行ないを行為として記述することは、われわれが自分を理

---

(13) Davidson 1985, S.101f. を参照。

(14) この点についてはホルストマンの著作（Horstmann 1991）におけるドイツ観念論と非機械論的自然哲学についての研究を参照。

(15) ここで提案した変更は、ヘーゲル哲学に一見そう見えるほどは深く加えられるわけではない。ヘーゲルが彼の体系によって空間と時間における個々の事物の現存をけっして否定しようとしているではないことは明らかであろう。したがって、彼がいう存在論的な止揚は還元という意味をもたない。私の提案は二つのレベルを相互に分離することを目指す。一方のレベルでは、ヘーゲルはより真なる存在についての問題を扱い、他方のレベルでは彼は存在者のさまざまな現存様式にとっての概念枠を展開している。第一のレベルでの止揚は第二のレベルにおける存在論的な否定を自動的には伴わない。

性的存在者として自己認識するために、放棄することはできない。われわれはこのような立場を受け入れなければならない。しかし、ここで用いられる記述言語は、意志が感性界において「直接的に」作用しうるということを含意する。このことが、精神は魂と身体とのいかなる対立をも認めないことの理由である。(16) また、ヘーゲルの存在目的論においてはこのような立場は同時に「より真なる立場」である。というのは、自分自身を認識し産出する絶対的なものがより高次の段階としての概念枠に至るからである。このような規範的基準に従わなければ、両者の記述を様式の合致に対する要求のみが残存するにすぎないことになる。しかし、カントによる解決が不十分であるとヘーゲルが見なす論拠についてはここではこれ以上論じることはできない。これらの議論は行為論と心身問題との関連に及ぶだけではなく、ヘーゲルの形而上学の中心にまで及ぶ。

---

(16) ヘーゲルの基礎づけの弁証法的方法はつぎのようなものと理解することができる。すなわち、彼の思弁的分析は、その基礎概念の構造を示すことによって、これらの記述言語の理性的あり方を示すものである。

文献表

1 本書ではヘーゲルのテキストについてはつぎのように略記する。(〔 〕内は邦訳。パラグラフ (§) の番号がついた著作に関しては頁数を省略する。)

R; Hegel, G.W.F. *Grundlinien der Philosophie des Rechts oder Naturrecht und Staatswissenschaft im Grundrisse*; in: derselbe; Werke; Band 7; herausgegeben von E. Moldenhauer und K.M. Michel; Frankfurt am Main 1986.〔『法哲学』、岩波書店『ヘーゲル全集』〔岩波『全集』と略記〕9a, 9b〕

E; Hegel, G.W.F. *Enzyklopädie der philosophischen Wissenschaften im Grundrisse (1830)*; in: derselbe; Werke; Bände 8 bis 10; herausgegeben von E. Moldenhauer und K.M. Michel; Frankfurt am Main 1986.〔『小論理学』、『自然哲学』上、『自然哲学』下、『精神哲学』、岩波『全集』1, 2a, 2b, 3〕

HE; Hegel, G.W.F. *Enzyklopädie der philosophischen Wissenschaften im Grundrisse*; in: derselbe; Sämtliche Werke (Jubiläumsausgabe in zwanzig Bänden); Band 6; herausgegeben von H. Glockner; Stuttgart 1968; S.1-310.〔『ハイデルベルク・エンツュクロペディー』〕

L; Hegel, G.W.F. *Wissenschaft der Logik*; zwei Bände; herausgegeben von G. Lasson; Hamburg 1975.〔『大論理学』、第1巻、有論、岩波『全集』6、第2巻、寺沢訳『大論理学』2、第3巻、寺沢訳『大論理学』3〕

SL; Hegel, G.W.F. Wissenschaft der Logik. *Erster Band. Die objektive Logik. Das Sein (1812)*; herausgegeben von H.-J. Gawoll; Hamburg 1986.〔『大論理学』初版、第1巻、寺沢恒信訳『大論理学』1、以文社〕

Hom; Hegel, G.W.F. *Die Philosophie des Rechts. Die Mitschrift Homeyer (Berlin 1818/19)*; in: derselbe; Die Philosophie des Rechts; herausgegeben von K.-H. Ilting; Stuttgart 1983; S.203-285.〔尼寺義弘訳『自然法および国家法』晃洋書房〕

Wan; Hegel, G.W.F. *Die Philosophie des Rechts. Die Mitschrift Wannenmann (Heidelberg 1817/18)*; in: derselbe; Die Philosophie des Rechts; herausgegeben von K.-H. Ilting; Stuttgart 1983; S.35-202.〔高柳良治監訳『自然法と国家学講義』法政大学出版局〕

Il; Hegel, G.W.F. *Vorlesungen über Rechtsphilosophie (1818-1881)*; sechs Bände (nur vier erschienen); herausgegeben von K.-H. Ilting; Stuttgart 1973 und 1974.〔第3巻『法哲学1822/23年講義』、尼寺義弘訳『ヘーゲル教授殿の講義による法の哲学』I、II、晃洋書房、第4巻『法哲学II 1824/25年講義』、長谷川宏訳『法哲学講義』作品社〕

『法哲学』(R) については、対応するパラグラフ (§) を挙げる。ヘーゲルが付した欄外注は、R と略記し、パラグラフ番号のあとに続け (たとえば、第 96 節の欄外注は R§96R と表記)、編集者が加えた補追 [Zusatz] は Z と略記し、パラグラフ番号のあとに続ける。『エンチュクロペディー』(E) の欄外注についても同様である。引用文には文法上の修正を施した。正書法は原著に従う。

2 ヘーゲルによるもの以外の文献については、つぎのように、著者と発行年のみを記す。原則として強調箇所はクヴァンテによるものであり、原著のものではない。この原則からはずれるばあいは、分かるように示した。

Amengual, G. (1990) ; „Natürlicher Wille und moralischer Wille im Moralitäts-Kapitel der Rechtsphilosophie Hegels"; in: *Hegel-Jahrbuch*, S.225-234.

Angehrn, E. (1977); *Freiheit und System bei Hegel*; Berlin.

Anscombe, G.E.M. (1957); *Intention*; Oxford. (菅豊彦 訳『インテンション』産業図書)

Anscombe, G.E.M. (1975); „The First Person"; in: *Mind and Language. Wolfson College Lectures 1974*; edited by Samuel Guttenplan; Oxford; S.45-65.

Austin, J.L. (l986); „Ein Plädoyer für Entschuldigungen"; in: derselbe; *Gesammelte philosophische Aufsätze*; Stuttgart; S.229-268.

Baum, M. (1978); „Gemeinwohl und allgemeiner Wille in Hegels Rechtsphilsophie"; in: *Archiv Für Geschichte Der Philosophie* 60; S.175-198.

Baum, M. (1990); „Kants Prinzip der Zweckmäßigkeit und Hegels Realisierung des Begriffs"; in: *Hegel und die „Kritik der Urteilskraft"*; herausgegeben von H.F. Fulda und R.P. Horstmann; Stuttgart; S.158-173.

Brand, M. (1984); *Intending and Acting*; Cambridge.

Brand, M. (1986); „Intentional Actions and Plans"; in: *Midwest Studies in Philosophy*; Volume X; S.213-230.

Bratman, M. (1983); „Taking Plans Seriously"; in: *Social Theory and Practise* 9; S.271-287.

Bratman, M. (1989); „Intention and Personal Policies"; in: *Philosophical Perspectives*; Volume 3; S.443-469.

Castañeda, H.N. (1967); „Indicators and Quasi-Indicators"; in: *American Philosophical Quarterly* 4; S.85-100.

Castañeda, H.N. (1975); *Thinking And Doing*; Dordrecht.

Castañeda, H.N. (1979); „Philosophical Method And Direct Awareness Of The Self"; in: *Grazer Philosophische Studien* 7/8; S.1-57.

Castañeda, H.N. (1982); *Sprache und Erfahrung*; Frankfurt am Main.

Castañeda H.N,. (1987); „The Self and the I-Guises, Empirical and Transcendental";

in: *Theorie der Subjektivität*; herausgegeben von K. Cramer, H.F. Fulda, R.P. Horstmann und U. Pothast; Frankfurt am Main; S.105-140.

Castañeda, H.N. (1987a); „Self-Consciousness, Demonstrative Reference, And The Self-Ascription View Of Believing"; in: *Philosophical Perspectives*; Volume I; edited by J.E. Tomberlin; S.405-454.

Castañeda, H.N. (1989); „Direct Reference, the Semantics of Thinking, and Guise Theory"; in: *Themes From Kaplan*; edited by J. Almog, J. Perry and H. Wettstein; New York; S.105-144.

Castañeda, H.N. (1991); „Die Refelexivität des Selbstbewußtseins: Eine phänomenologische Untersuchung"; in: *Dimensionen des Selbst*; herausgegeben von B. Kienzle und H. Pape; Frankfurt am Main; S.85-136.

Chisholm, R.M. (1981); *The First Person*; Brighton.

Chisholm, R.M. (1989); „Why Singular Propositions"; in.: *Themes from Kaplan*; edited by J. Almog, J. Perry and H. Wettstein; New York; S.145-150.

Christman, J. (1989); *The Inner Citadel*; edited by J. Christman; New York.

Davidson, D. (1985); *Handlung und Ereignis*; Frankfurt am Main.〔(Essays on Actions and Events, 1980) 服部裕幸福・柴田正良訳『行為と出来事』勁草書房〕

Davis, L.D. (1979); *Theory of Action*; Englewood Cliffs.

Dennett, D.C. (1969); *Content And Consciousness*; London.

Dennett, D.C. (1978); *Brainstorms. Philosophical Essays on Mind and Psychology*; Brighton.

Derbolav, J. (1975); „Hegels Theorie der Handlung"; in: *Materialien zu Hegels Rechtsphilosophie*; Band 2; herausgegeben von M. Riedel; Frankfurt am Main; S.201-216.

DeVries, W.A. (1988); *Hegel's Theory Of Mental Activity*; Ithaca.

Düsing, K. (1983); *Hegel und die Geschichte der Philosophie*; Darmstadt.

Düsing, K. (1983a); „Constitution and Structure of Self-Identity: Kant's Theory of Apperception and Hegel's Criticism"; in: *Midwest Studies in Philosophy*; Volume VIII; S.409-431.

Düsing, K. (1984); *Das Problem der Subjektivität in Hegels Logik*; zweite verbesserte und um ein Nachwort erweiterte Auflage; Bonn.

Düsing, K. (1992); „Gibt es einen Zirkel des Selbstbewußtseins?"; Manuskript (auf italienisch erschienen als „C'e un circulo dell'autocoscienza?"; in: *Teoria*; Volume XII; S.3-29).

Elder, C. (1981); *Appropriating Hegel*; Aberdeen.

Enskat, R. (1986); *Die hegelsche Theorie des praktischen Bewußtseins*; Frankfurt am Main.

Frankfurt, H.G. (1988); *The Importance Of What We Care About*; Cambridge.

Fulda, H.F. (1982); „Zum Theorietypus der Hegelschen Rechtsphilosophie"; in: *Hegels Philosophie des Rechts*; herausgegeben von D. Henrich und R.P. Horstmann; Stuttgart; S.393-427.

Fulda, H.F. (1989); „Hegels Dialektik als Begriffsbewegung und Darstellungsweise"; in: *Seminar: Dialektik in der Philosophie Hegels*; zweite aktualisierte Auflage; herausgegeben von R.P. Horstmann; Frankfurt am Main; S.124-174.

Fulda, H.F. (1989a); „Unzulängliche Bemerkungen zur Dialektik"; in: *Seminar: Dialektik in der Philosophie Hegels*; zweite aktualisierte Auflage; herausgegeben von R.P. Horstmann; Frankfurt am Main; S.33-69.

Giusti, M. (1987); „Bemerkungen zu Hegels Begriff der Handlung"; in: *Hegel-Studien* 22; S.51-71.

Goldman, A.I. (1970); *A Theory Of Human Action*; Princeton.

Hartmann, N. (1957); „Aristoteles und Hegel"; in: derselbe; *Kleinere Schriften*; Band II; Berlin; S.214-252.

Henrich, D. (1976); „Hegels Grundoperation"; in: *Der Idealismus und seine Gegenwart*; herausgegeben von U. Guzzoni, B. Rang und L. Siep; Hamburg; S.208-230.

Henrich, D. (1978); „Hegels Logik der Reflexion. Neue Fassung."; in: *Die Wissenschaft der Logik und die Logik der Reflexion*; herausgegeben von D. Henrich; Bonn; S.203-324.

Henrich, D. (1982); *Selbstverhältnisse*; Stuttgart.

Henrich, D. (1982a); *Fluchtlinien*; Frankfurt am Main.

Hoffman, P. (1982); „The Sensible And The Supersensible In Hegel's Theory Of Human Action; in: *Revue internationale De Philosophie* 139/140; S.183-194.

Horstmann, R.P. (1984); *Ontologie und Relationen*; Königstein/Ts.

Horstmann, R.P. (1990); *Wahrheit aus dem Begriff*; Königstein/Ts.

Horstmann, R.P. (1991); *Die Grenzen der Vernunft*; Königstein/Ts.

Jermann, Ch. (1987); „Die Moralität"; in: *Anspruch und Leistung von Hegels Rechtsphilosophie*; herausgegeben von Ch. Jermann; Stuttgart-Bad Cannstatt; S.101-144.

Kaplan, D. (1989); „Demonstratives"; in: *Themes from Kaplan*; herausgegeben von J. Almog, J. Perry and H. Wettstein., Oxford; S.481-563.

Kaulbach, F. (1978); *Das Prinzip Handlung in der Philosophie Kants*; Berin.

Kaulbach, F. (1982); *Einführung in die Philosophie des Handlens*; Darmstadt.〔有福孝岳監訳『行為の哲学』勁草書房〕

Larenz, K. (1927); *Hegels Zurechnungslehre und der Begriff der objektiven Zurechnung*; Leipzig.

Lewis, D. (1979); „Attitudes De Dicto And De Se"; *The Philosophical Review* LXXXVIII; S.513-543.

Löwith, K. (1984); „Burchhardts Stellung zu Hegels Geschichtsphilosophie"; in: derselbe; *Sämtliche Schriften*, Band 1; Stuttgart; S.9-38.

Mackie, J.L. (1974); *The Cement of the Universe*; Oxford.

Meiland, J.W. (1970); *The Nature of Intention*; London.

Merker, B. (1990); „Über Gewohnheit"; in: *Hegels Theorie des subjektiven Geistes in der „Enzyklopädie der philosophischen Wissenschaften im Grundrisse"*; herausgegeben von L. Eley; Stuttgart-Bad Cannstatt; S.227-243.

Michelet, K.L. (1827); *Das System der philosophischen Moral mit Rücksicht auf die juridische Imputation, die Geschichte der Moral und das christliche Morarlplinzip*; Berlin (Nachdruck Bruxelles 1968).

Mohr, G. (1991); *Das sinnliche Ich*; Würzburg.

Mohr, G. (1992); „Thesen über Zeitbewußtsein und innere Erfahrung"; in: *Zeiterfahrung und Personalität*; herausgegeben vom Forum für Philosophie Bad Homburg; Frankfurt am Main; S.181-206.

Nagel, Th. (1983); „Das objektive Selbst"; in: *Identität der Person*, herausgegeben von L. Siep; Basel; S.46-67.

Nagel, Th. (1984); *Über das Leben, die Seele und den Tod*; Königstein/Ts.

Nagel, Th. (1986); *The View From Nowhere*; New York.

Peperzak, A.Th. (1991); *Hegels praktische Philosophie*; Stuttgart-Bad Cannstatt.

Perry, J. (1979); „The Problem of the Essential Indexical"; *Nous* 13; S.3-21.

Perry, J. (1983); „Castañeda on He and I"; in: *Agent, Language, And The Structure Of The World*; edited by J.E. Tomberlin; Indianapolis; S.15-42.

Planty-Bonjour, G. (1983); „Hegel's Concept Of Action As Unity of Poiesis And Praxis"; in: *Hegel's Philosophy of Action*; edited by L.S. Stepelevich and D. Lamb; Atlantic Higlands; S.19-29.

Pöggeler, O. (1973); *Hegels ldee einer Phänomenologie des Geistes*; Freiburg.

Pöggeler, O. (1982); „Der junge Hegel und die Lehre vom weltgeschichtlichen Individuum"; in: *Hegels Philosophie des Rechts*; herausgegeben von D. Henrich und R.P. Horstmann; Stuttgart; S.17-37.

Pothast, U. (1980); *Die Unzulänglichkeit der Freiheitsbeweise*; Frankfurt am Main.

Primoratz, I. (1986); *Banquos Geist*; Bonn.

Quine, W.V.O. (1985); „Events and Reification"; in: *Actions and Events*; edited by E. LePore and B.P. McLaughlin; S.162-171.

Rohs, P. (1982); *Form und Grund*; dritte durchgesehene Auflage; Bonn.

Rorty, R. (1970); „Incorrigibility as the Mark of the Mental"; in: *The Journal of Philosophy* 67; S.406-424.

Rorty, R. (1981); *Der Spiegel der Natur*; Frankfurt am Main. 〔(Philosophy and the

Mirror of Nature, 1980) 野家啓一監訳『哲学と自然の鏡』産業図書〕
Salomon, W. (1982); *Urteil und Selbstverhältnis*; Frankfurt am Main.
Shatz, D. (1986); „Free Will and the Structure of Motivation"; *Midwest Studies in Philosophy*; Volume X; S.451-482.
Siep, L. (1979); *Anerkennung als Prinzip der praktischen Philosophie*; Freiburg.
Siep, L. (1981); „Kehraus mit Hegel?"; in: *Zeitschrift für philosophische Forschung* 35; S.518-531.
Siep, L. (1982); „Was heißt: „Aufhebung der Moralität in Sittlichkeit" in Hegels Rechtsphilosophie?" ; in: *Hegel-Studien* 17; S.75-96. 〔「『道徳性の人倫への揚棄』とは何を謂うか」上妻精監訳『ドイツ観念論における実践哲学』哲書房〕
Siep, L. (1982a); „Intersubjektivität, Recht und Staat in Hegels 'Grundlinien der Philosophie des Rechts'"; in: *Hegels Philosophie des Rechts. Die Theorie der Rechtsformen und ihre Logik*; herausgegeben von D. Henrich und R.-P. Horstmann; Stuttgart; S.255-276.
Siep, L. (1986); „Hegels Theorie der Gewaltenteilung", in: *Hegels Rechtsphilosophie im Zusammenhang der europäischen Verfassungsgeschichte*; herausgegeben von H-Ch. Lucas und O. Pöggeler, Stuttgart-Bad Cannstatt; S.387-420. 〔「ヘーゲルの権力分立の理論」上妻監訳『ドイツ観念論における実践哲学』〕
Siep. L. (1989); „Person and Law in Kant and Hegel"; in: *The Public Realm*; edited by R. Schürmann; New York; S.82-104.
Siep, L. (1990); „Leiblichkeit, Selbstgefühl und Personalität in Hegels Philosophie des Geistes", in: *Hegels Theorie des subjektiven Geistes in der „Enzyklopädie der philosophischen Wissenschaften im Grundrisse"*; herausgegeben von L. Eley; Stuttgart-Bad Cannstatt; S.203-226. 〔「ヘーゲルの精神哲学における身体性・自己感情・人格性」上妻監訳『ドイツ観念論における実践哲学』〕
Siep, L. (1991); „Hegel's Idea of a Conceptual Scheme"; *Inquiry* 34; S.63-76.
Siep, L. (1992); „Personbegriff und praktische Philosophie bei Locke, Kant und Hegel", in: derselbe; *Praktische Philosophie im Deutschen Idealismus*; Frankfurt am Main; S.81-115. 〔「ロック、カント、ヘーゲルにおける人格概念と実践哲学」上妻監訳『ドイツ観念論における実践哲学』〕
Taylor, Ch. (1983); „Hegel And The Philosoiphy Of Action"; in: *Hegel's Philosophy of Action*; edited by L.S. Stepelevich and D. Lamb; Atlantic Highlands; S.1-18.
Taylor, Ch. (1983); *Sourses Of The Selve*; erste Auflage der Paperbacksausgabe; Cambridge.
Tugendhat, E. (1979); *Selbstbewußtsein und Selbstbestimmung*; Frankfurt am Main.
Von Wright, G.H. (1979); *Norm und Handlung*; Königstein/Ts.
Von Wright, G.H. (1985); „Of Human Freedom"; *The Tanner Lectures On Human*

Values 6; S.109-170.
Watson, G. (1989); „*Free Action and Free Will*"; Mind XCVI; S.145-172.
Willaschek, M. (1992); Praktische Vernunft. *Handlungstheorie und Moralbegründung bei Kant*; Stuttgart.
Wolff, M. (1981); *Der Begriff des Widerspruchs*; Königsten/Ts.
Wolff, M. (1991); „Eine Skizze zur Auflösung des Leib-Seele-Problems"; in: *Psychologie und Anthropologie oder Philosophie des Geistes*; herausgegeben von F. Hespe und B. Tuschling; Stuttgart; S.188-249.
Wolff, M. (1992); *Das Körper-Seels-Problem*; Frankfurt am Main.
Wood, A.W. (1990); *Hegel's Ethical Thought*; Cambridge.

訳者あとがき

1　本訳の4名の分担はつぎのとおりである。
緒言、日本訳によせて、序論、第1部　第2章、第3部　結語　――高田　純
第1部　第2章、第三部　　　　　　　　　　　　　　　　　　――後藤弘志
第1部　第3章、第2部　第4章　　　　　　　　　　　　　　――渋谷繁明
第2部　第5章　　　　　　　　　　　　　　　　　　　　　　――竹島尚仁
訳の統一は最終的に筆者の高田が行なった。

2　原著の表題は『ヘーゲルの行為概念〔Hegels Begriff der Handlung〕』であるが、現代の分析哲学との関係を配慮して、副題を「現代行為論との対話」とした。

3　英訳を参照した。Hegel's Concept of Action. Translated by Dean Moyar, Cambridge University Press, 2004.

4　本書は著者の学位論文を基礎に1993年に刊行され、英語、スペイン語、ハンガリー語、イタリア語に翻訳されている。本書はヘーゲル研究書としてつぎの点で独創性とアクチュアリティーを維持している。
　第1に、筆者が知るかぎり、本書は国際的にみても、ヘーゲルの行為論を主題とした数少ない単著である。しかも、それは『法哲学』の「道徳」の部を主な題材としている点にも特徴がある。ここでのヘーゲルの考察は、行為における動機と結果、責任の関係を軸にしている。これまでは古代のギリシャにおける人倫的行為についてのヘーゲルの分析（『精神現象学』や『美学』における）は有名であり、これについては多く研究があるが、法哲学のこの部に焦点をしぼった研究は乏しいように思われる。ただし、本書はその反面として、ヘーゲルの考察の枠に拘束されて、行為の社会的、人倫的関係の具体的考察をおこなっておらず、『精神現象学』における豊かな叙述との関連を欠いており、この点に不満を覚える読者もいるかもしれない。筆者は、道徳の部におけるヘーゲル分析は行為における内的なものと外的なもの、動機と責任、個人的なものと社会的なものとの弁証法的関係を明らかにしていると理解している。著者の研究には弁証法の視点がやや弱いようにも思われる。
　本書の第2の特徴は、ヘーゲルの『法哲学』の行為論を分析哲学の行為論との関係で考察し、両者のあいだの共通性と相違とを明らかにしている点にある。行

為をたんに出来事として原因と結果の因果関係において理解するのか、動機と責任との規範的関係において理解するかに関して、戦後の分析哲学は緻密な解明を行なっている。著者によれば、ヘーゲルは『法哲学』においてすでに分析哲学の行為論を先取りする基本要素を示しており、しかも行為をより広い視野で考察している。しかし、ヘーゲルの行為論が論理学の図式に閉じ込められている点に、その弱点があることをも著者は指摘している。

著者は1970～80年代の分析哲学の成果（カスタニエダ、デイヴィドソンら）を摂取し、ヘーゲルの行為論を独自の視角から研究している。著者自身が「日本語訳によせて」において述べているように、分析哲学はヘーゲル哲学とはまったく異質であると分析哲学もヘーゲル哲学研究者も見なしてきた。ヘーゲルの行為論と分析哲学の行為論との結合の試みは当時も稀なものであり、現在でも依然としてそうである。ところで、近年アメリカでヘーゲル哲学の再評価の機運が高まり、ドイツでもそれに対するヴィヴィッドな反応が現れ、日本でもいくつかの紹介が登場している。たとえば、日本ヘーゲル学会は2009年の第9回研究大会で「ドイツ古典哲学と（ポスト）分析哲学」のシンポジウムを開催し、そのなかで徳増多加志氏がブランダムのヘーゲル解釈を紹介している（「ネオプラグマティズムとヘーゲル哲学」、『ヘーゲル哲学研究』第16号、2010年）。また、ハルビッヒ、ジープ、クヴァンテ「突破口か逃げ道か？　現代に対するヘーゲル哲学の挑戦」に関して訳者の一人の硲智樹氏が分析哲学とヘーゲルの関係について言及している（「訳者解題――ポスト分析哲学とヘーゲルの遺産――」、広島大学応用倫理学プロジェクト研究センター『ぷらくしす』第11号、2009年）。

ただし、ここで話題になっているのはプラグマティズム、またプラグマティズムに影響された分析哲学とヘーゲル哲学との関係である。しかも、分野は理論哲学や認識論に限定され、著者が行なったような実践哲学や行為論にまでは及んでいないように見える。プラグマティズムはもともとヘーゲル哲学（とくに有機体論）から影響を受けた。デューイには行為論があり、今日ヘーゲル哲学との関係を再評価することにはそれなりの必然性がある。しかし、行為論についてはヘーゲル哲学と分析哲学との対話の試みは今日もまだ、本書を越える次元には至っていない。

5　筆者は1996年から1年間ドイツのミュンスター大学に留学し、実践哲学講座のジープ教授のもとで研究をしたが、そのときの助手がクヴァンテであった。筆者の当初の目的はヘーゲルが中心のドイツ観念論の研究にあったが、向こうで

受けた印象は、英米哲学の影響が強いこと、古典研究だけでなく、現代の現実的諸問題への理論的取り組みが活発であり、とくに応用倫理学が重視されていることであった。ミュンスター大学はカント研究の伝統をもち（K・フォアレンダー、F・カウルバッハらが在職）で知られ、ドイツ観念論研究の拠点の一つであるが、分析哲学を重視する傾向が強まっていた。分析哲学の理論に対して批判的な研究者のあいだでも少なくとも方法論については分析哲学の手法がかなり受容されていた。講義や演習でも英語の文献が多く用いられ、筆者も、フランクフルトを扱ったクヴァンテの演習に参加できた。クヴァンテは北欧の分析哲学者と活発に交流していると語っていた。当時ミュンスター大学での同僚でカント研究者のヴィラシェク（理論哲学講座の助手）はカントの倫理学と分析哲学の行為論との関係を研究しており、クヴァンテもその刺激を受けたとのことである。クヴァンテによるヘーゲルの行為論と分析哲学の行為論との結合の先駆的試みはこのような知的雰囲気の産物であることを訳者なりに実感できた。

6　クヴァンテの略歴はつぎのとおりである。
1962年生まれ。ベルリン自由大学とミュンスター大学で哲学とドイツ学を専攻し、1989年に国家試験に合格。
1992年にミュンスター大学から博士号を授与（この博士論文が本書の基礎である）。
2001年にミュンスター大学に教授資格論文を提出し、教授資格を取得。
2001-03年　ミュンスター大学講師。
2004-05年　デュースブルク＝エッセン大学教授（法哲学・社会哲学担当）。
2005-09年　ケルン大学教授（近・現代哲学担当）、生命科学・倫理学研究所所長。
2009年冬学期以来　ジープの後任としてミュンスター大学教授（実践哲学）。生命倫理学センター代表。現在に至る。

7　クヴァンテはヘーゲル実践哲学を中心にドイツ観念論について幅広い研究を行ない、この分野でドイツにおける有望な中堅研究者として知られる。また、彼は応用倫理学（とくに生命倫理学）についても活発な議論を行ない、この分野でも指導的役割を果たしている。教授資格論文に基づく『人格の生と人間の死』（2001年）の邦訳を近く本訳と同一の出版社から刊行の予定である。
　クヴァンテにはドイツ観念論について多くの論文があるが、ドイツ観念論、ヘーゲル哲学、ヘーゲル学派に関係する主要著作としてつぎのものを彼自身が挙げている。

1. *Hegels Begriff der Handlung.* Stuttgart-Bad Cannstatt: frommann-holzboog (Spekulation und Erfahrung II, 32), 1993 (englische Übersetzung 2004; spanische Übersetzung 2010, ungarische und italienische Übersetzung 2011). (本訳書)
2. Reconceiling Mind and World. In: *Southern Journal of Philosophy* 40 (2002), S.75-96.
3. „The personality of the will" as the Principle of Abstract Right: An Analysis of §§34-40 of Hegel's ‚Philosophy of Right' in Terms of the Logical structure of the Concept. In: R.B. Pippin & O. Höffe (Eds.): *Hegel on Ethics and Politics.* Cambridge: Cambridge University Press 2004, pp. 81-100.
4. Christoph Halbig, Michael Quante & Ludwig Siep: *Hegels Erbe.* Frankfurt am Main: Suhrkamp 2004.
5. Dean Moyar & Michael Quante (Eds.): Hegel's „*Phenomenology of Spirit*": A Critical Guide. Cambridge University Press: Cambridge 2008
6. ‚Leading a Universal life': the systematic relevance of Hegel's social philosophy. In: *History of the Human Sciences* (22) 2009, 58-78 (mit David Schweikard).
7. Karl Marx: *Ökonomisch-Philosophische Manuskripte.* Studienausgabe mit Kommentar (S.209-410). Frankfurt am Main: Suhrkamp Verlag 2009.
8. After Hegel. The Realization of Philosophy through Action. In: D. Moyar (Ed.), *Routledge Companion to 19th Century Philosophy,* London, Routledge, 2010, 197-237.
9. Weltdeutungen und Ideologien. In: W. Demel & H.-U. Thamer (Hrsg.): Entstehung der Moderne. 1700 bis 1914 (= WBG Weltgeschichte, Band V). Darmstadt. Wissenschaftliche Buchgesellschaft 2010, S.209-263 (mit David Schweikard).
10. Hegel's Planning Theory of Action. In: Arto Laitinen and Constantine Sandis (eds.) *Hegel on Action.* Palgrave MacMillan. Houndmills, Basingstoke, Hampshire. 2010, S.212-231.
11. Die Wirklichkeit des Geistes. Studien zu Hegel. Frankfurt am Main: Suhrkamp Verlag 2011.

また、生命倫理学についてはいっそう多数の論文があるが、単著にしぼって紹介したい。

1．Personale Indentität, Paderborn: UTB, 1999.
2．Person, Berlin New York: Walter de Gruyter, 2007.
3．Einführung in die Allgemeine Ethik, Darmstadt: Wissenschaftliche Buchgesellschaft, 2003, 2008.
4．Menschenwürde und personale Autonomie, Hamburg: Felx Meiner Verlag. 2010.
5．Aktualität und Grenzen der Prakischen Philosophie Hegels, Ludwig Siep, Annemaries Gethmann-Siefeld, Michael Quante, München: Wilhelm Fink Verlag, 2010.

日本で翻訳された論文は以下のものである（いずれもⅠ・ジープ/ K・バイエルツ/ M・クヴァンテ著『ドイツ応用倫理学の現在』、ナカニシヤ出版、2002年所収）。

1．「自然・自然性・自然主義的誤謬」
2．「『脳死』と臓器移植」
3．「だけど僕には君しかいない」

人名索引

数字は本訳書の頁を示す。f. は次頁に続き、ff. は次々頁に続く。
A は脚注の頁である。原書の索引を簡略化した。

アンスコム [Anscombe]　13, 36A, 41A, 91A, 119, 136A, 158A, 171A
アリストテレス [Aristoteles]　11, 103, 153A, 161, 179A
ヴィラシェク [Willaschek]　86A, 183A, 192A
ヴォルフ [Wolff]　28A, 203
ウッド [Wood]　96A, 121A, 141A, 155A
エルダー [Elder]　203A, 204A
エンスカト [Enskat]　26A, 121A
カウルバッハ [Kaulbach]　86A, 97A, 145A
カスタニエダ [Castañeda]　13, 36A, 59A, 75A, 77 f., 106A, 162A
カント [Kant]　27A, 31A, 44A, 46, 63A, 86 f., 91A, 103, 110, 153, 183A, 192A, 193
ゴールドマン [Goldman]　13, 154A, 168A, 173A
サロモン [Salomon]　160A, 162A
ジープ [Siep]　14A, 37A, 44A, 55A, 61A, 81A
チザム [Chisholm]　19A, 36A, 77 f.

デイヴィドソン [Davidson]　13, 19A, 122A, 123A, 130A, 180A, 202, 204A, 205, 206A
テイラー [Taylor]　15A, 91A, 105A, 201A
デュージング [Düsing]　14A, 44A, 60A, 95A
ネーゲル [Nagel]　38A, 203A
バウム [Baum]　27, 63
フィヒテ [Fichte]　27A, 86A
フォン・ウリクト [Von Wright]　82, 130A
ブラットマン [Bratman]　13, 173A
ブランド [Brand]　13, 173A
フルダ [Fulda]　14A, 19A
ヘンリッヒ [Henrich]　14A, 34A
ペリー [Perry]　36A, 77
ペゲラー [Pöggeler]　95A, 183A
ホフマン [Hoffman]　201, 202A
ホルストマン [Hostmann]　14A, 67A, 206A
ミシュレ [Michelet]　11, 122A, 161, 172A
ラレンツ [Larenz]　132A, 138A
ルソー [Rousseau]　27A

事項索引

数字は本訳書の頁を示す。f. は次頁に続き、ff. は次々頁に続く。
A は脚注の頁である。原書の索引を改変した。

悪 [Böse]　53, 55, 62, 87, 152
意志 [Wille]　18 ff., 25 f., 66 f., 78, 84, 87 ff., 107, 126, 131, 182 ff., 190 ff., 197, 199
意図 [Absicht]　22, 74, 79, 117, 146 ff., 158 f., 164 f., 168 ff., 174, 177, 197, 199, 201
因果関係 [Kausalverhältnis]　50, 121, 123, 131, 136, 139, 196, 200, 202
因果説明 [Kausalerklärung]　12, 135 f., 205 f.
行ない [Tun]　26 f., 122, 129, 136A, 180 f., 196
解釈 [Intepretaion]　76, 79, 82, 96, 98, 113
確信 [Überzeugung]　140, 147 f., 153 f.
　→信念
格率 [Maxime]　140, 147 f., 153 f.
慣習・伝統 [Gewohnheit, Habitus, Tradition]　66, 78, 82, 137, 142, 151 f., 172A
起因 [Verurschung]　119, 124, 131, 133 ff.
　→帰責可能性
記述 [Beschreibung]　26, 47, 83, 96, 110, 121 ff., 129, 138, 146 ff., 149 f., 154, 159, 169 ff., 173, 180, 187, 191A, 196
帰責 [Zurechnung]　123, 133 ff., 137-140, 145, 147, 189
　帰責可能性 [Zurechenbarkeit]　12, 15, 119, 124, 131, 138, 140, 142, 145-148, 151, 157, 170, 192, 196, 198 f.
　帰責能力 [Zurechnungsfähigkeit]　123, 170 f.
企図 [Vorsatz]、（企図されたもの）80, 116-121, 134-145, 152, 156 ff., 170
　企図と意図　80, 120, 140, 145, 147, 156 ff., 160, 164 f.
客観 [Objekt]、（客観性、客観的）38, 65 ff., 73 f., 79 f., 98 ff., 82, 84 f., 87
形式 [Form]（形式的）20, 22, 24A, 57, 68, 72 f., 85, 87, 101, 108, 117 f.
刑罰 [Strafe]　28 f., 32, 47, 52 ff., 112
契約 [Vertrag]　44, 83, 101 ff.
結果（帰結）[Folge]　123, 128, 131, 137 ff., 146 f., 149, 172
決断 [Entscheidung]　21, 33, 46 ff., 51, 53-56, 61 f., 71 ff., 79, 82 f., 98, 109, 124 ff., 131, 183, 193　→自己規定、自由
原因 [Ursache]　123, 129-135, 137, 145
行為の根拠（理由）づけ、行為説明 [Handlungsbegründung, Handlungserklärung]　12, 123, 130, 198, 201
合理性 [Rationalität]　120, 170, 174 f., 177, 181, 183, 187, 191, 198
個体（個人性）[Individualität]　37, 47, 61, 81
個別性 [Einzelheit]　20, 35, 51, 58, 60, 126, 153, 158
幸福 [Glückseligkeit]　177, 179 f., 184　→福祉
誤謬、誤り [Fehler, Irrtum]　91, 94, 113,

189A
差し控え（不作為）[Unterlassung] 40, 129A, 149
思考 [Denken] 23, 25, 39 ff., 49, 72, 76, 99, 111, 126, 175, 183 f.
自己意識 [Selbstbewusstsein] 36, 43, 48 f., 189 f.
自己関係 [Selbstvehältnis] 20, 23 f., 32-38, 41, 43, 45-48, 54
自己規定 [Selbstbestimmung] 21, 36, 43, 48 f., 51, 53-57, 160, 189 ff., 193
自己帰着 [Selbstzuschreibung] 44A, 66A, 76 f., 145, 171 f.　→起因、帰責可能性
自然哲学 [Naturphilosophie] 25, 71A, 204
視点 [Perspektive] 19, 26, 38A, 47, 74, 77, 83, 92A, 104, 109 ff., 147, 196
　一人称の視点 13, 38A, 73, 77, 84, 89, 106A
思弁 [Spekulation] （思弁的）33, 35, 51, 62, 64, 96, 98, 193
自由 [Freiheit] 20 ff., 27, 32 f., 36, 38-40, 51-58, 62 ff., 70 f., 79-83, 125, 172, 183, 193
主観（主体）[Subjekt]、（主観性）20, 22, 34 f., 37, 39, 47 f. 51, 59, 68, 74 ff., 89 f., 97 f., 102, 107, 152
　主観と客観 23, 49, 58, 63 ff., 73, 80, 88 f.
止揚 [Aufheben] 5, 56, 68
衝動 [Trieb] 71, 76, 184, 198
承認 [Anerkennung] 41, 44, 96 ff., 101 f., 106 f., 147, 152, 174
所行 [Tat] 26, 47, 121 f., 127 ff.
　行ない、行為と所行 26, 26A, 47, 121 f.
所有 [Eigentum] 20, 23, 25A, 38, 40A, 44,

99-101　→物件
自律 [Autonomie] 20 f., 120, 177 f., 183, 187, 189, 191 ff.
人格 [Person] （人格性）20, 23, 34-47, 61
心身問題 [Seele-Körper-Problem] 13, 15, 196, 199, 200, 203 ff.
信念 [Glaube] 76-79, 84, 119, 142, 149, 156, 180, 183　→確信
人倫 [Sittlichkeit] 21A, 62, 172A, 183, 190A, 192A
精神 [Geist] 21A, 36, 50A, 85, 198, 203 f.
正義 [Gerechtigkeit] 23, 29 ff., 47, 52
責 [Schuld] 116, 121, 123, 131, 134, 142, 199
　責を負う [schuld haben] 119, 123, 131, 133 f., 139, 147, 199
　責がある [schuld sein] 133 f., 139
責任 [Verantwortung] 134, 140, 142, 176
善 [Gute] 116, 118, 152 f., 188 ff.
選択 [Wahl] 12, 48, 71A, 77, 126, 192, 196 f.
　選択の自由 46A, 125 f., 190-193, 197 f.
占有獲得、占有取得
[Besitzergreifung, Besitznahme] 23, 42, 44 f., 63A
相互主観性 [Intersubjektivität] 22, 89, 106
存在論 [Ontologie]、（存在的）15, 34, 84, 123, 138A, 160, 166A, 205 f.
他者 [das Andere] 18, 44, 47, 80, 96 f., 99-141, 151
妥当請求 [Geltungsanspruch] 89A, 97-105, 111, 174
知 [Wissen] 36 f., 46, 50, 73 f., 76, 136, 150 f.
適法性 [Legalität] 21-24, 26-31, 38, 46 f.,

83, 85, 101, 121
出来事 [Ereignis]　12f., 27, 109-124, 127f., 130-140, 165f., 169, 187, 201f.
特殊性 [Besonderheit]　48, 51, 60, 76, 87ff.
当為 [Sollen]　29, 59, 76, 97ff., 103, 110
道　徳 [Moralität]　11, 21, 24f, 27, 29, 31ff., 46, 51, 54-57, 86f., 107
動物 [Tier]　18, 2, 31ff., 72ff., 81
内実 [Gehalt]　26, 49, 71A, 72, 93, 112
内容 [Inhalt]　15, 26, 64, 68f., 71, 79, 88, 119
　内容と形式　57, 59,73, 85, 88f., 125f.
　内容と内実　26, 72f., 85, 87, 198
犯罪 [Verbrechen]　18, 23, 27ff., 33, 45ff., 52ff., 112
判断 [Urteil]　65, 156ff., 160-169, 189ff., 193, 229
否定 [Nagation]　28ff., 55A, 63, 68
　否定の否定 30ff.
評価 [Bewertung]　54, 80, 83, 92, 105, 94, 111, 120, 146ff., 151, 155f., 158, 160, 169f., 173, 200
表象 [Vorstellung]　49, 70, 72, 145
福祉 [Wohl]　80, 117, 142f., 179f., 182, 184f., 188f.
不作為 [Unterlassung]　→差し控え
物件 [Sache]　20, 41f., 44f., 100f., 104
普遍化、普遍化可能性 [Verallgemeinerung, Verallgemeinerbarkeit]　24, 25A, 26, 40A, 42, 85ff.
普遍性 [Allgemeihneit]　51, 60, 97A, 159, 177, 191, 193A
弁証法 [Dialektik]　14, 62
無限性 [Unendlichkeit]　29, 125, 166
命題 [Propositon]（命題性、命題化）49, 59A, 72, 77ff., 86, 90, 110, 162, 181, 197
目的 [Zweck]　25, 48ff., 51, 62, 70, 72-75, 78f, 81ff., 89ff., 107, 112f., 139ff., 144, 156, 158, 173ff., 177, 198
　目的活動 [Zwecktätigkeit]　25, 76, 78, 81f., 206
　目的と手段 156, 173ff., 177, 198
有機体 [Organismus]　25, 86, 200, 295
欲求 [Bedürfnis]　70ff., 81, 182
利害（関心）[Interesse]　30, 38, 80, 127, 143, 179A, 185, 200
良心 [Gewissen]　55, 67, 87, 111A, 116
歴史 [Geschichte]　39A, 94f., 95A, 200, 204
論理（論理学）[Logik]（論理的）14, 19-22, 28, 35, 37, 43, 47ff., 51f., 57, 64, 85 87, 96, 160, 162, 170f.
理　性 [Vernunft]　24, 27ff., 85, 87f., 95, 98f., 112, 153
　理性の狡知 [List der Vernunft]　91A, 94f.
私＝私 [Ich=Ich]　23f., 36, 38f., 43

【著者略歴】
Michael Quante（ミヒャエル・クヴァンテ）
1962年生まれ。ベルリン自由大学、ミュンスター大学で哲学を専攻。1992年に本訳書の基礎となった論文でミュンスター大学で博士号取得、2001年に教授資格を取得。デュースブルク＝エッセン大学教授、ケルン大学教授を経て、2009年からミュンスター大学教授。
ヘーゲルを中心としたドイツ観念論の研究のほか、生命医療倫理学の面でもドイツの研究をリードしている。

【訳者略歴】
高田 純（たかだ まこと）
1946年生まれ。北海道大学大学院文学研究科博士課程終了。文学博士（北海道大学）。札幌大学外国語学部教授。
〈主要業績〉『ヘーゲル用語事典』〔共著〕（未来社、1991年）、『承認と自由』〔単著〕（未来社、1993年）、『実践と相互承認』〔単著〕（北海道大学図書刊行会1998年）、『カント実践哲学とイギリス道徳哲学』〔単著〕（梓出版社、2011年）

後藤 弘志（ごとう ひろし）
1961年生まれ。広島大学大学院文学研究科博士課程終了。ドイツ、トリア大学哲学博士。広島大学大学院文学研究科教授。
〈主要業績〉『フッサールにおける現象学の倫理学的解釈』〔単著〕（ナカニシヤ出版、2011年）、「フッサールにおける習性概念の倫理的および方法的意義―シャフツベリーおよびカントとの対決を通して―」（日本倫理学会編『倫理学年報』第58集、2009年）、ルートヴィヒ・ジープ『ジープ応用倫理学』〔共訳〕（丸善、2007年）、アンネマリー・ピーパー『フェミニスト倫理学は可能か？』〔監訳〕（知泉書館、2006年）他。

渋谷 繁明（しぶや しげあき）
1964年生まれ。ドイツ、ライプツィッヒ大学哲学博士。鎌倉女子大学非常勤講師
〈主要業績〉 R・P・ホルストマン「絶対者はまだどれほどアクチュアルであるか？――ドイツ古典哲学の現状に寄せる思索」（『ヘーゲル哲学研究』日本ヘーゲル学会編、第13号、2007年）、ヨハン・シュルツ『カント「純粋理性批判」を読むために』〔共訳〕（梓出版社、2008年）、クリストフ・ヤメ「観念論の遺産」（『ヘーゲル哲学研究』日本ヘーゲル学会編、第15号、2009年）、クリストフ・ヤメ「青年期著作集におけるヘーゲルの個体性概念」（『ヘーゲル哲学研究』日本ヘーゲル学会編、第16号、2010年）

竹島 尚仁（たけしま なおひと）
1964年生まれ。京都大学大学院文学研究科博士後期課程終了、文学博士（京都大学）。岡山大学非常勤講師
〈主要業績〉「「概念」再考」（『理想』第660号、理想社、1997年）、「技術者倫理規程が自然環境を取り扱う仕方について」（『PROSPECTUS』第6号、京都大学大学院文学研究科哲学研究室、2003年）、「『精神現象学』における学の概念の正当化の問題」（久保陽一編『ヘーゲル体系の見直し』、理想社、2010年）、「ヘーゲルの言う「矛盾」（1）（2）」（岡山大学大学院社会文化科学研究科紀要、第30号、2010年、第31号、2011年）

ヘーゲルの行為概念──現代行為論との対話

2011年10月5日　第1刷発行

著　者　ミヒャエル・クヴァンテ
訳　者　高田 純／後藤弘志／渋谷繁明／竹島尚仁
発行者　真田範幸
発行所　リベルタス出版
　　　　〒166-0003　東京都杉並区高円寺南1-10-18
　　　　（株）リベルタス内
　　　　電話：03-3311-2612
　　　　http://www.libertas-pub.com
組　版　延里達也
装　丁　渡辺美知子デザイン室
印刷・製本　シナノ印刷株式会社

ISBN 978-4-905208-01-3 C3010
©1993 Friedrich Frommann Verlag・Günter Holzboog
Stuttgart-Bad Cannstatt
Japanese translation ©2011 Libertas Co., Ltd.
©2011 Makoto Takada, Hiroshi Goto, Shigeaki Shibuya, Naohito Takeshima
Printed in Japan
落丁本・乱丁本はお取り換えいたします。
この著作物の全部または一部を権利者に無断で複製（コピー）することは、
著作権の侵害にあたり、著作権法により罰せられます。